APPRENDRE
LE JAPONAIS

OBJECTIF LANGUES

APPRENDRE LE JAPONAIS
Niveau débutants
A2

Marion Saucier
Hiroko Oshima

LA COLLECTION

OBJECTIF LANGUES

À PROPOS DU CADRE EUROPÉEN COMMUN DE RÉFÉRENCE POUR LES LANGUES

À partir de quel moment peut-on considérer que l'on « parle » une langue étrangère ? Et quand peut-on dire qu'on la parle « correctement », couramment ? Voire qu'on la « maîtrise » ? Cette question agite les spécialistes de la linguistique et de l'enseignement depuis toujours. Elle pourrait être de peu d'intérêt si les locuteurs d'aujourd'hui n'avaient pas à justifier leurs compétences dans ce domaine, notamment pour accéder à l'emploi.

C'est en partie pour répondre à cette question que le Cadre européen commun de référence pour les langues (CECRL), appelé plus communément « Cadre européen des langues », a été créé par le Conseil de l'Europe en 2001. Sa vocation première est de proposer un modèle d'évaluation de la maîtrise des langues neutre et adapté à toutes les langues afin de faciliter leur apprentissage sur le territoire européen. À l'origine, il entendait favoriser les échanges et la mobilité, mais aussi mettre un peu d'ordre dans les tests d'évaluation privés qui fleurissaient à la fin du XXe siècle et qui étaient, la plupart du temps, propres à une langue.

Plus de 15 ans après son lancement, son succès est tel qu'il a dépassé les simples limites de l'Europe et qu'il est utilisé dans le monde entier ; pour preuve, son cahier des charges est disponible en 39 langues. Les enseignants, les recruteurs et les entreprises y ont largement recours et les praticiens « trouvent un avantage à travailler avec des mesures et des normes stables et reconnues[1]. »

LES 6 NIVEAUX DU CADRE EUROPÉEN DES LANGUES

Le cadre européen se divise en 3 niveaux généraux et en 6 niveaux communs de compétence :

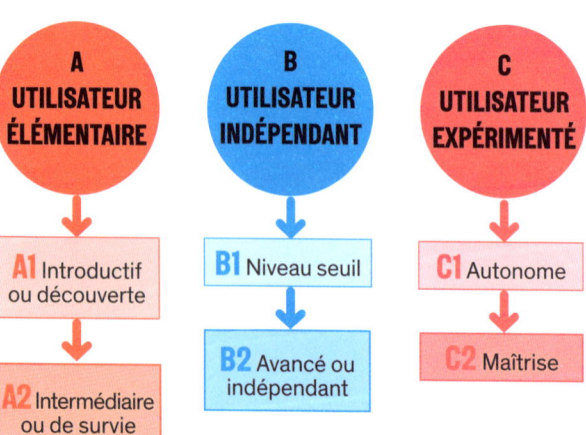

Chacun des niveaux communs de compétence est détaillé selon des activités de communication langagières :

- la production orale (parler) et écrite (écrire) ;
- la réception (compréhension de l'oral et de l'écrit) ;
- l'interaction (orale et écrite) ;
- la médiation (orale et écrite) ;
- la communication non verbale.

Dans le cadre de notre méthode d'apprentissage et de son utilisation, les activités de communication se limitent bien sûr à la réception (principalement) et à la production (un peu). L'interaction, la médiation et la communication non verbale s'exercent sous forme d'échanges en rencontrant des locuteurs et/ou en échangeant avec eux (avec ou sans présence réelle pour dire les choses autrement).

LES COMPÉTENCES DU NIVEAU A2

Avec le niveau A2, je peux :
- **comprendre** des expressions et des messages simples et très fréquents ;
- **lire** des textes courts et trouver une information dans des documents courants ;
- **comprendre** des courriers personnels courts et simples ;
- **communiquer** lors de tâches simples et habituelles ;
- **décrire** en termes simples ma famille, d'autres gens, mes conditions de vie, ma formation et mon activité professionnelle ;
- **écrire** des notes et des messages courts et simples.

La plupart des méthodes d'auto-apprentissage de langues actuelles utilisent la mention d'un des niveaux du cadre de référence (la plupart du temps B2), mais cette catégorisation a souvent été faite *a posteriori* et ne correspond pas forcément à leur cahier des charges.

En suivant les leçons à la lettre, en écoutant les dialogues et en faisant les exercices proposés, vous parviendrez au niveau A2. Mais n'oubliez pas qu'il ne s'agit que d'un début. Le plus important commence ensuite : échanger avec des locuteurs natifs, entretenir sa langue et ne pas la laisser rouiller et, ainsi, améliorer sans cesse la compréhension et l'expression.

1. *Cadre européen commun de référence pour les langues,* Éditions Didier (2005).

APPRENDRE LE JAPONAIS

NOTIONS

- **LE SYSTÈME D'ÉCRITURE**
- **LA PRONONCIATION**
- **LE LEXIQUE**
- **LA GRAMMAIRE**

■ QUELQUES MOTS AVANT DE COMMENCER

Les enregistrements audio suivent la progression de l'ouvrage. Les pistes lues sont signalées par la petite icône ⏵.

Dans un premier temps, vous retrouverez la lecture des sons japonais. N'hésitez pas à appuyer sur le bouton « pause » afin de bien assimiler chacun de ces sons. Viennent ensuite les dialogues et exercices enregistrés de chaque leçon suivant la progression de l'ouvrage.

■ LE SYSTÈME D'ÉCRITURE

La langue japonaise est souvent présentée comme une langue très difficile. Est-ce vrai ? Oui et non. Cela est vrai si l'on veut la maîtriser parfaitement et accéder à l'écrit : lire, communiquer par écrit. Le système d'écriture japonais est complexe et constitué de trois éléments : les sinogrammes, ces caractères chinois que les Japonais appellent les **kanji**, dont chaque caractère véhicule un sens (d'où leur appellation courante d'idéogrammes) mais aussi deux syllabaires, alphabets où chaque caractère représente une syllabe, les **hiragana** (46 signes) et les **katakana** (46 signes), regroupés sous le terme global de **kana**, qui permettent de noter la prononciation. Ces deux alphabets seront présentés un peu plus loin sous forme de tableaux. Les **katakana** sont réservés de nos jours aux termes d'origine étrangère et parfois à la graphie de mots que l'on souhaite mettre en valeur dans un texte (onomatopée par exemple). Les **hiragana** permettent de noter n'importe quel mot japonais. Pour comprendre comment s'articulent ces deux systèmes, il suffit de penser aux verbes et aux adjectifs : on notera en **kanji** le radical du verbe ou de l'adjectif, qui porte le sens, et en **hiragana** la terminaison, qui n'a qu'un rôle morphosyntaxique (ou indique la conjugaison). Dans une phrase, les éléments sémantiques (noms) seront notés le plus souvent en **kanji**, et les éléments grammaticaux (particules) seront notés en **hiragana**. Lorsqu'on ne connaît pas un **kanji**, on note le mot en **hiragana**.

Cet ensemble est vraiment complexe, mais on peut l'aborder de façon progressive ou même partielle. Ignorer complètement l'écriture serait irréaliste et à vrai dire dommage. Ce système, rebutant pour certains, est aussi un des charmes de la langue japonaise. Nous vous proposerons donc dans cet ouvrage une approche en douceur, en écrivant d'emblée les premiers dialogues en **kana**, mais en donnant aussi à chaque fois la translittération en caractères latins, appelés **rôma-ji** *caractères romains*. Nous n'aurons pas la possibilité d'introduire les **kanji** dans ce volume et nous vous conseillons de vous reporter à l'ouvrage *L'écriture japonaise* de Catherine Garnier, publié chez Assimil, si vous voulez en savoir plus.

■ LA PRONONCIATION

La langue orale ne présente pas plus de difficulté qu'une autre langue. Le japonais est plutôt facile à prononcer.

Tableau 1 : Les 46 sons japonais de base, en **rôma-ji** et **hiragana** (Les sons du tableau suivant sont enregistrés une première fois verticalement (de haut en bas, colonne après colonne), et une seconde fois horizontalement (de gauche à droite, ligne après ligne).)

a あ	ka か	sa さ	ta た	na な	ha は	ma ま	ya や	ra ら	wa わ	n ん
i い	ki き	shi し	chi ち	ni に	hi ひ	mi み		ri り		
u う	ku く	su す	tsu つ	nu ぬ	fu ふ	mu む	yu ゆ	ru る		
e え	ke け	se せ	te て	ne ね	he へ	me め		re れ		
o お	ko こ	so そ	to と	no の	ho ほ	mo も	yo よ	ro ろ	o を (wo)	

La première colonne à gauche est constituée des cinq voyelles, **a** あ, **i** い, **u** う, **e** え, **o** お, à prononcer comme en italien, par exemple (**e** (え)= [é] ; **u** (う) = [ou]). Les voyelles se prononcent toutes indépendamment :

Aoi *bleu* se prononce [a-o-i] (あおい)

Samui *il fait froid* : [sa-mu-i] (さむい)

À partir de la deuxième colonne, les syllabes sont composées d'une consonne suivie d'une voyelle (par exemple : **ka** か).

- Attention aux sons **shi** し et **chi** ち (et non [si] et [ti]). **Shi** se prononcera presque comme [chi] en français, mais le son japonais **chi** correspond au son anglais dans *chicken* [tchikeun].

- Même au milieu d'un mot, les syllabes **sa** さ, **su** す, **se** せ, **so** そ se prononcent avec un **s** sec comme dans *savon*. On dit **Ôsaka** [ôssaka] et **wasabi** [wassabi] et non [ôzaka] et [wazabi].

- À l'usage, vous constaterez que souvent les syllabes **shi** し et **su** す sont étouffées, dans les mots pour **shi**, ou à la fin des mots pour **su**. Ex. :

tabemashita たべました *j'ai mangé* on entend [tabemashta]

desu です (derrière un nom pour former un noyau de proposition) ou **masu** ます (terminaison verbale) : on entend [dess] ou [mass].

- La sixième colonne concerne le **h** (toujours aspiré) (**ha** は, **hi** ひ, **fu** ふ, **he** へ, **ho** ほ). La syllabe **fu** ふ est un peu particulière, il ne faut pas prononcer un **f**, mais quelque chose entre un [h] aspiré et un [f] comme si l'on soufflait une bougie.

- La colonne des semi-voyelles **ya** や, **yu** ゆ, **yo** よ, est incomplète parce que **yi** et **ye** ont disparu de la langue.

- La colonne des **r** (**ra** ら, **ri** り, **ru** る, **re** れ, **ro** ろ) :

Il n'y a pas de **l** en japonais (on ne trouve que des **r** en translittération). Cependant, le **r** se prononce en plaçant la langue dans la bouche comme si l'on prononçait un **d**, ce qui rapproche le son produit d'un **l**.

- L'avant-dernière colonne est incomplète parce que des sons ont disparu avec le temps. D'ailleurs, le son **wo** を ne sert plus que pour noter la particule du complément d'objet direct (voir plus loin) et se prononce [o].

- Le **n** ん de la dernière colonne est la seule consonne pouvant se trouver à la fin d'une syllabe. On le prononce indépendamment, un peu comme [hmmm], son émis bouche fermée, comme quelqu'un qui réfléchit. Attention, quelquefois, une syllabe se terminant par **n** peut être suivie d'une voyelle, il faut alors marquer une coupure. Ainsi le mot **zen.in** *tous les participants*, *tout le monde* est composé de la syllabe **zen** puis de **in** et non de **ze** puis **nin**. Le point au milieu du mot permet de tenir compte de cette particularité. Notons qu'un des noms de garçon les plus courants, **Ken.ichi**, se trouve presque systématiquement déformé par l'usage à l'étranger, devenant **Kenichi** (**Ke nichi**).

- Les voyelles peuvent être courtes ou allongées. En **rôma-ji**, on notera l'allongement par un accent circonflexe sur la voyelle. Par exemple :

    obasan おばさん *la tante* ; **o-bâsan** おばあさん *la grand-mère*.

- Attention à certains mots dans lesquels des consonnes comme **tt**, **ss**, etc. sont redoublées. Il faut alors faire sonner ces consonnes pour faire entendre le redoublement : amorcer la prononciation de la première consonne, la retenir une fraction de seconde avant de prononcer la seconde. Par exemple :

    kite きて *viens*, **kitte** きって *timbre* (prononcer [kit-te]).

Tableau 2 : Les sons dérivés du tableau 1 (Les sons du tableau suivant sont enregistrés verticalement ; lisez-les donc de haut en bas, colonne après colonne.)

k → g	s → z	t → d	h → b	h → p
ga が	za ざ	da だ	ba ば	pa ぱ
gi ぎ	ji じ	ji ぢ	bi び	pi ぴ

gu ぐ	zu ず	zu づ	bu ぶ	pu ぷ
ge げ	ze ぜ	de で	be べ	pe ぺ
go ご	zo ぞ	do ど	bo ぼ	po ぽ

Il n'y a pas de différence de prononciation aujourd'hui entre le **ji** じ de la colonne 2 et le **ji** ぢ de la colonne 3, ni entre le **zu** ず de la colonne 2 et le **zu** づ de la colonne 3. Cependant, ils viennent de sons différents et sont notés différemment en japonais.

Ce tableau montre que la consonne **b** existe en japonais, mais pas le **v**.

🔊 Tableau 3 : Les sons composés (Les sons du tableau suivant sont enregistrés verticalement ; lisez-les donc de haut en bas, colonne après colonne.)

kya きゃ	sha しゃ	cha ちゃ	nya にゃ	hya ひゃ	mya みゃ	rya りゃ	gya ぎゃ	ja じゃ	bya びゃ	pya ぴゃ
kyu きゅ	shu しゅ	chu ちゅ	nyu にゅ	hyu ひゅ	myu みゅ	ryu りゅ	gyu ぎゅ	ju じゅ	byu びゅ	pyu ぴゅ
kyo きょ	sho しょ	cho ちょ	nyo にょ	hyo ひょ	myo みょ	ryo りょ	gyo ぎょ	jo じょ	byo びょ	pyo ぴょ

🔊 Ces sons sont obtenus en combinant la ligne des syllabes en **i** et les semi-voyelles **ya** や, **yu** ゆ et **yo** よ. Ces dernières sont alors notées en plus petit. Attention **kya** きゃ (comme dans **kyaku** きゃく *le client)* est différent de **kiya** (comme dans **kiyaku** きやく *le règlement*).

🔊 Tableau 4 : Les **katakana** (Les sons du tableau suivant sont enregistrés une première fois verticalement (de haut en bas, colonne après colonne), et une seconde fois horizontalement (de gauche à droite, ligne après ligne.)

a ア	ka カ	sa サ	ta タ	na ナ	ha ハ	ma マ	ya ヤ	ra ラ	wa ワ	n ン
i イ	ki キ	shi シ	chi チ	ni ニ	hi ヒ	mi ミ		ri リ		
u ウ	ku ク	su ス	tsu ツ	nu ヌ	fu フ	mu ム	yu ユ	ru ル		
e エ	ke ケ	se セ	te テ	ne ネ	he ヘ	me メ		re レ		
o オ	ko コ	so ソ	to ト	no ノ	ho ホ	mo モ	yo ヨ	ro ロ	o ヲ (wo)	

- Les tableaux de sons dérivés et de sons composés du **katakana** fonctionnent exactement comme pour le **hiragana**.

- L'allongement des syllabes existe aussi pour des mots d'origine étrangère écrits en **katakana** et il est noté par un tiret : **kôhî** コーヒー *le café*.

- Il existe des combinaisons spécifiques aux **katakana**, pour noter les sons étrangers, comme par exemple ファ **fa** dans ファッション **fasshon** *fashion, la mode*, ou ティ **ti** dans パーティー **pâtî** *party, fête*.

Remarque sur la graphie : Les **hiragana** et les **katakana** semblent très différents en termes de graphie. Cela vient du fait qu'ils ont été formés de deux manières différentes : les **hiragana** sont le résultat de l'abréviation cursive d'un **kanji** homophone, par exemple pour le son **ma** :

末 → 求 → ま → ま

Les **katakana** ont été formés par isolement d'une partie d'un **kanji** homophone, par exemple :

(a) 阿 → ア　阿　　　(i) 伊 → イ　伊
(u) 宇 → ウ　宇　　　(e) 江 → エ　江
(o) 於 → オ　於

Remarque sur la translittération : Le système de **rôma-ji** a été inventé pour favoriser l'apprentissage du japonais par les étrangers, mais il n'est pas naturel pour les japonophones. Le japonais étant une langue agglutinante (voir la partie « La grammaire » de cette introduction), le découpage des mots n'est pas toujours clair. Lorsque le problème s'est posé, nous avons opté pour le découpage le plus lisible.

■ LE LEXIQUE

Il est composé de trois strates :

Les **wago**, mots japonais, vocabulaire souvent plus concret et quotidien.

Les **kango**, mots venus de Chine, combinaisons de deux **kanji** le plus souvent, qui servent pour un vocabulaire plus abstrait, voire technique.

Les **gairaigo**, littéralement « mots venus de l'étranger », qui viennent très souvent de langues occidentales et surtout de l'anglais. Ils servent pour le vocabulaire nouveau, « à la mode », qui s'inscrit ensuite en **katakana** dans la langue.

Ces trois strates se mélangent et parfois pour une même réalité, on a le choix entre plusieurs termes. Par exemple, le *riz* dans un repas s'appellera **gohan** (**kango**) dans un menu japonais et sera servi dans un bol, mais, servi sur une assiette pour accompagner un plat occidental, il sera appelé **raisu** *rice* (= *riz* en anglais).

LA GRAMMAIRE

La phrase japonaise se caractérise par le fait que le noyau est à la fin. Ce noyau peut être un verbe (V), un adjectif (adj.) ou un ensemble /nom + **desu (N + desu)**/. La modification du noyau (aspect temporel, aspect désidératif, marque de l'hypothèse etc.) s'opère par l'adjonction de suffixes variables qui « s'agglutinent » à la fin de ces éléments. On dit que la langue japonaise est une langue agglutinante. Il en résulte des expressions parfois longues et difficiles à découper.

Le rôle (la fonction) des noms (sujets, compléments) par rapport au noyau est indiqué par des particules (p) qui viennent se mettre derrière le nom (N) : N1p N2p N3p… verbe. Certaines particules permettent de relier des noms entre eux, enfin d'autres particules permettent aussi de relier des propositions entre elles, on les appelle « particules connectives ».

Lorsqu'une précision doit être apportée sur un nom (adjectif, marque de la possession, proposition « relative »), cette précision, qui détermine le nom, est toujours placée avant celui-ci. On résume ce principe fondamental en disant : « le déterminant précède le déterminé ». C'est ce qui explique qu'une date sera présentée dans l'ordre : année, mois, jour, c'est-à-dire du plus général au plus particulier, principe que l'on retrouve dans les adresses (département, ville, quartier).

Il n'y a pas de genre ni de pluriel pour les noms, adjectifs ou verbes. Pour les noms, on utilise parfois des suffixes de pluralisation (par ex. : **-tachi**), mais ce n'est pas le cas général.

Les modules de cet ouvrage reposent sur des dialogues, ce qui suppose des relations personnelles. Or, l'usage des termes d'adresse en japonais (*tu*, *vous*) est compliqué par l'importance de la politesse et la connotation que prennent ces termes en fonction du contexte. Nous avons donc choisi de ne pas les utiliser (notamment le mot **anata** *tu*, *vous*, très délicat), ce qui n'a rien de bizarre en japonais. C'est au contraire l'usage le plus normal que de ne pas désigner quelqu'un à la deuxième personne. On se sert de la troisième personne.

Il nous reste à vous souhaiter *Bienvenue* (**yôkoso** ようこそ) dans la langue japonaise !

I. SALUTATIONS ET PREMIERS CONTACTS

II. LA VIE QUOTIDIENNE

1. À L'AÉROPORT — 21

2. UNE BELLE VOITURE — 29

3. TOURISME — 37

4. DISCUSSION SUR LE CINÉMA — 45

5. MANGER DES GLACES — 53

6. INVITATION — 61

7. ACHATS — 73

8. L'AMI DE ROLAND — 81

9. PRÉPARATION DU DÎNER — 89

10. SOUVENIRS — 97

11. PROMENADE MATINALE — 105

12. LECTURE DES E-MAILS — 113

13. LA CHAMBRE DE LA RÉSIDENCE — 121

14. LE COLIS — 129

III.
EN VILLE

IV.
LES LOISIRS

15.
VOL DANS UN FAST-FOOD 141

16.
DANS L'AVION 149

17.
AU BUREAU
D'INFORMATION 157

18.
PREMIER JOUR DE STAGE 165

19.
LE TRAVAIL
DU DEUXIÈME JOUR 173

20.
ALLER FAIRE UNE COURSE 181

21.
PERDRE SON CHEMIN 189

22.
ACCIDENT 197

23.
BASE-BALL 209

24.
APRÈS LE KABUKI 217

25.
EXPÉRIENCE
DE CALLIGRAPHIE 225

26.
NOUVEL AN 233

27.
AU SANCTUAIRE SHINTO 241

28.
LE SPECTACLE
DES CERISIERS DE NUIT 249

I

SALUTATIONS

ET

PREMIERS

CONTACTS

1.
À L'AÉROPORT
KÛKÔ DE

OBJECTIFS

- SE SALUER ET SE PRÉSENTER

- ÉCHANGER DES INFORMATIONS SUR LA SITUATION PERSONNELLE

NOTIONS

- LA PHRASE AFFIRMATIVE AVEC *DESU*

- LA PHRASE INTERROGATIVE

- LES PARTICULES FONCTIONNELLES *DE*, *NO*, *E* ET *WA*

- LES CHIFFRES ET NOMBRES DE 1 À 10

くうこうで
KÛKÔ DE
À L'AÉROPORT

À la demande du bureau des relations internationales de son université, Roland Rossi est venu chercher une Japonaise à l'aéroport.

ロラン： あのう、すみません。かわさきあかりさんですか。
Roran : Anô sumimasen. Kawasaki Akari-san desu ka.
Roland : Euh… Excusez-moi. Êtes-vous Mlle Kawasaki Akari ?

じょせい： いいえ。
Josei : Iie.
Une femme : Non.

ロラン： あ、しつれいしました。
Roran : A, shitsurei-shimashita.
Roland : Ah, veuillez m'excuser.

ロラン： あのう、すみません。かわさきあかりさんですか。
Roran : Anô sumimasen. Kawasaki Akari-san desu ka.
Roland : Euh… Excusez-moi. Êtes-vous Mlle Kawasaki Akari ?

あかり： はい、そうです。
Akari : Hai, sô desu.
Akari : Oui, c'est ça.

ロラン： ロラン・ロッシです。にほんごのがくせいです。フランスへ、ようこそ。
Roran : Roran Rosshi desu. Nihon-go no gakusei desu. Furansu e, yôkoso.
Roland : Je suis Roland Rossi. Je suis étudiant en japonais. Bienvenue en France.

あかり： はじめまして。あかりです。とうきょうのもみじだいがくのがくせいです。ロランさんは、なんねんせいですか。
Akari : Hajimemashite. Akari desu. Tôkyô no Momiji daigaku no gakusei desu. Roran-san wa, nan-nen-sei desu ka.
Akari : Bonjour. Je m'appelle Akari. Je suis étudiante à l'Université Momiji de Tokyo. Tu es en quelle année, Roland ?

ロラン： マスターのいちねんせいです。あかりさんは。
Roran : Masutâ no ichi-nen-sei desu. Akari-san wa.
Roland : Je suis en master 1. Et toi Akari ?

あかり： わたしは、がくぶのよねんせいです。どうぞよろしくおねがいします。
Akari : Watashi wa, gakubu no yo-nen-sei desu. Dôzo yoroshiku o-negai-shimasu.
Akari : Je suis en quatrième année de licence. Je suis enchantée de faire ta connaissance.

ロラン： こちらこそ、よろしくおねがいします。
Roran : Kochira koso, yoroshiku o-negai-shimasu.
Roland : Tout le plaisir est pour moi.

◼ COMPRENDRE LE DIALOGUE
FORMULES ET EXPRESSIONS

→ **Anô...**, *euh...* à utiliser quand on ne trouve pas ses mots. Tant qu'à bafouiller, bafouillons en japonais !
→ **Sumimasen** : ce terme sert à attirer l'attention d'une personne que l'on ne connaît pas, par exemple pour lui poser une question. Il sert aussi à exprimer des excuses pour quelque chose de mineur, par exemple si l'on bouscule quelqu'un.
→ **Shitsurei-shimashita**, litt. « j'ai commis une impolitesse », donc *excusez-moi*. On présente des excuses pour ce que l'on vient de faire. Beaucoup plus formel et poli que **sumimasen**.
→ **Yôkoso**, *bienvenue*, doit être précédé d'un nom de lieu (ici **furansu**, *la France*) et de la particule **e** (écrite **he** en hiragana mais prononcée **e**), qui marque la direction : *bienvenue en France*.
→ **Hajimemashite**, *bonjour* (litt. « c'est la première fois »). C'est le premier mot que l'on prononce lors d'une première rencontre quand on se présente formellement.
→ **Dôzo yoroshiku o-negai-shimasu** : une fois que l'on a donné les informations de base à son interlocuteur (nom, fonction), on termine par cette formule, qui correspond en français à *je suis enchanté de faire votre connaissance*. Vous constaterez que dans notre dialogue, la deuxième occurrence est plus courte, Roland disant simplement **yoroshiku o-negai shimasu**. Certaines parties de la formule peuvent en effet être omises pour la rendre moins formelle. Par ordre décroissant de politesse, on peut donc avoir : **Dôzo yoroshiku o-negai-shimasu**, **yoroshiku o-negai-shimasu** ou **yoroshiku**.
→ **Kochira koso** s'utilise quand on reçoit des remerciements ou des excuses pour les retourner à l'interlocuteur : *Mais non, c'est moi !*

NOTE CULTURELLE

Se présenter : Il est très important de se présenter formellement en donnant son nom complet (les Japonais donnent d'abord le nom de famille puis le nom personnel, mais les étrangers sont censés garder l'ordre d'origine de leurs noms), puis la fonction ou le statut (ici étudiant).

Importance de la politesse : On entend souvent dire que la langue japonaise n'est pas très précise. En fait, elle ne place pas la précision sur les mêmes points qu'en français par exemple. Les règles et le niveau de politesse sont assez précis. On distingue trois niveaux de politesse, le niveau standard, également appelé style en **desu/masu** (**Roran Rosshi desu/shitsurei-shimashita**), le niveau neutre, utilisé entre amis ou pour un ton familier, et le niveau très poli, que nous ne rencontrerons que dans des formules de politesse ou de salutation.

La politesse se niche aussi dans des préfixes ou suffixes que l'on accole aux noms. Ainsi dans notre dialogue, vous notez que lorsque Roland s'adresse à une personne pour lui demander si elle est bien Kawasaki Akari, il dit **Kawasaki Akari-san**, ce qui peut se traduire par *Mlle Kawasaki Akari*. Mais lorsque cette dernière se présente, elle n'utilise pas **-san**. Ce suffixe ne sert que pour autrui, jamais pour soi-même. Il sert aussi bien pour les femmes que pour les hommes.

Cursus universitaire : La licence dure quatre ans au Japon, le cursus s'appelle **gakubu**. Akari et Roland, sont en fait au même niveau d'études, ils sont tous les deux à « bac + 4 ».

◆ GRAMMAIRE
LA PHRASE AFFIRMATIVE AVEC *DESU*

Précédé d'un nom (ou d'un adjectif comme nous le verrons plus tard), l'élément **desu** permet de définir, par le nom, par la fonction, par une qualité, etc. **Roran Rosshi desu**, *[Je] suis Roland Rossi* ; **Akari desu**, *[Je] m'appelle Akari* ; **Gakusei desu**, *[Je] suis étudiant(e)*. Dans ces phrases, on n'utilise pas de mot pour préciser « je ». En effet, ce n'est pas indispensable en japonais sauf s'il risque d'y avoir une ambiguïté ou si l'on veut créer un effet de contraste comme dans la phrase **watashi wa gakubu no yo-nen-sei desu**, *je suis étudiante en quatrième année d'université*, où Akari a besoin de souligner la différence de statut avec Roland. Par ailleurs, le suffixe **-san** est là pour indiquer à l'autre quand on parle de lui, dans les questions par exemple. Les indices de politesse servent donc aussi à lever des ambiguïtés de ce type.

Pour s'adresser directement à une personne, il est très courant d'utiliser la troisième personne en disant le nom : **Roran-san wa nan-nen-sei desu ka**, *Roland, tu es en quelle année ?*

LA PHRASE INTERROGATIVE

Pour transformer une affirmation en interrogation (question fermée, réponse par *oui* ou *non*), il suffit d'ajouter **ka** après le noyau de phrase et de prononcer avec une intonation montante : **Kawasaki Akari-san desu ka**, *Êtes-vous Kawasaki Akari ?* Si la question est ouverte, il faut un mot interrogatif. Dans notre dialogue, quand Akari interroge Roland sur son niveau d'études, on utilise l'interrogatif **nan**, le plus utilisé, qui veut dire fondamentalement *quoi, que*, mais qui, associé à un mot, donne l'idée de *combien ?* Ex. : **nan-nen**, *combien d'années ?* Parfois, une simple intonation suffit à indiquer une question, comme dans **Akari-san wa**, *Et toi Akari ?*

Il n'y a ni inversion, ni point d'interrogation en japonais.

Réponse par *oui* ou par *non* : **hai** et **iie**. Noter la réponse **Hai, sô desu**, *Oui c'est ça*. **Sô**, litt. « ainsi ». **Hai** seul paraît souvent brutal.

LES PARTICULES FONCTIONNELLES DE, NO, E ET WA

Nous trouvons quatre de ces indices de la fonction des noms dans notre dialogue.

- **De** (**kûkô de**, *à l'aéroport*) indique le lieu où se passe l'action.

- **No** (**nihon-go no gakusei**, *étudiant de japonais* ou *étudiant en japonais*) relie deux noms, N1 et N2, dans lesquels N1 est une information sur N2. On dit que N1 est déterminant, et N2 déterminé. Le déterminant précède toujours le déterminé en japonais.

- **E** (on écrit **he** en hiragana, mais on prononce [e]) marque la direction d'un déplacement. Ex. : **Pari e yôkoso**, *Bienvenue à Paris*.

- **Wa** (on écrit **ha** en hiragana, mais on prononce [wa]) indique le thème, c'est-à-dire ce dont on parle dans la phrase.

LES CHIFFRES ET NOMBRES DE 1 À 10

Voici un petit mémo qui vous permettra de compter jusqu'à 10. Vous noterez que pour certains chiffres, il existe plus d'une possibilité.

1	ichi	いち	6	roku	ろく
2	ni	に	7	shichi/nana	しち/なな
3	san	さん	8	hachi	はち
4	shi/yo(n)	し / よ （ん）	9	kyû/ku	きゅう/く
5	go	ご	10	jû	じゅう

VOCABULAIRE

Cette liste regroupe les mots que vous venez de rencontrer au cours de ce module. Ils sont listés selon leur ordre d'apparition.

くうこう **kûkô** *aéroport*

あのう **anô** *euh*

すみません **sumimasen** *excusez-moi*

−さん **-san** *mademoiselle, madame, monsieur*

じょせい **josei** *une femme*

いいえ **iie** *non*

あ **a** *ah*

しつれいしました **shitsurei-shimashita** *veuillez m'excuser*

はい **hai** *oui*

そう **sô** *ainsi*

にほんご **nihon-go** *langue japonaise* (nom de pays **nihon** *le Japon* + **go** *la langue*)

がくせい **gakusei** *étudiant*

フランス **furansu** *France*

ようこそ **yôkoso** *bienvenue*

はじめまして **hajimemashite** *bonjour* (lors d'une première rencontre uniquement)

だいがく **daigaku** *université*

なんねんせい **nan-nen-sei** *étudiant de quelle année ?*

なん **nan** *quoi, que*

マスター **masutâ** *master*

いちねんせい **ichi-nen-sei** *étudiant de première année (un + an + étudiant)*

わたし **watashi** *je, moi*

がくぶ **gakubu** *premier cycle d'université, licence*

よねんせい **yo-nen-sei** *étudiant de quatrième année (quatre + an + étudiant)*

どうぞよろしくおねがいします **dôzo yoroshiku o-negai-shimasu** *je suis enchanté de faire votre connaissance*

こちらこそ **kochira koso** *non, c'est moi…*

🟢 EXERCICES

1. ÉCOUTEZ LES CHIFFRES ET ÉCRIVEZ-LES (EN CHIFFRES ARABES).

a. . . . .   b. . . . .   c. . . . .   d. . . . .   e. . . . .

2. ÉCOUTEZ L'ENREGISTREMENT. QUEL MOT ENTENDEZ-VOUS ? ENTOUREZ LA BONNE RÉPONSE.

a. kukô くこう / kûkô くうこう

b. kûko くうこ / kûkô くうこう

c. tokyô ときょう / tôkyo とうきょ

d. tôkyo とうきょ / tôkyô とうきょう

e. dôzo どうぞ / dozô どぞう

f. dôzo どうぞ / dôzô どうぞう

g. yokoso よこそ / yôkoso ようこそ

h. anô あのう / ano あの

i. sô desu そうです / so desu そです

3. COMPLÉTEZ LES QUESTIONS AVEC LA/LES PARTICULE/S MANQUANTE/S ET RÉPONDEZ PAR « OUI » *HAI* OU « NON » *IIE*.

a. Akari-san (........) ichi-nen-sei desu ka. あかりさん（........）いちねんせいですか。
. . . .

b. Roran-san (........) masutâ (........) gakusei desu ka. ロランさん（........）マスター（........）がくせいですか。
. . . .

c. Akari-san (........) gakubu (........) yo-nen-sei desu ka. あかりさん（........）がくぶ（........）よねんせいですか。
. . . .

d. Roran-san (........) nihon-go (........) gakusei desu ka. ロランさん（........）にほんご（........）がくせいですか。
. . . .

e. Roran-san (........) Tôkyô (........) Momiji daigaku (........) gakusei desu ka. ロランさん（........）とうきょう（........）もみじだいがく（........）がくせいですか。
. . . .

4. THÈME. PRÉSENTEZ-VOUS : BONJOUR, JE M'APPELLE… ENCHANTÉ DE FAIRE VOTRE CONNAISSANCE.

. . . .
. . . .

2.
UNE BELLE VOITURE
SUTEKINA KURUMA

OBJECTIFS

- DÉCRIRE DES OBJETS
- ÉCHANGER DES INFORMATIONS SUR LA FAMILLE

NOTIONS

- LES DÉMONSTRATIFS
- PREMIÈRES FORMES VERBALES
- LES ADJECTIFS
- LES PARTICULES CASUELLES *DE*, *NO* ET *TO* FINALES *YO*, *NE* ET *KA* CONNECTIVES *GA* ET *KARA*
- *DESU* (SUITE)

すてきなくるま
SUTEKINA KURUMA
UNE BELLE VOITURE

04

ロラン： くるまはあちらです。いきましょう。
Roran : Kuruma wa achira desu. Ikimashô.
Roland : La voiture est là-bas. Allons-y.

Roland prend le bagage d'Akari.

あかり： あ、すみません。おもいですよ。
Akari : A, sumimasen. Omoi desu yo.
Akari : Ah, merci. C'est lourd tu sais !

ロラン： だいじょうぶです。
Roran : Daijôbu desu.
Roland : Il n'y a pas de problème.

あかり： ロランさんは、しんせつですね。
Akari : Roran-san wa, shinsetsu desu ne.
Akari : Tu es gentil, dis donc.

Dans la voiture

あかり： わあ、すてきなくるま。これはロランさんのくるまですか。
Akari : Wâ, sutekina kuruma. Kore wa Roran-san no kuruma desu ka.
Akari : Waouh, (quelle) belle voiture ! C'est la tienne ?

ロラン： ざんねんですが、わたしのくるまではありません。ははのです。
Roran : Zannen desu ga, watashi no kuruma dewa arimasen. Haha no desu.
Roland : (Non,) c'est dommage, mais ce n'est pas ma voiture. C'est celle de ma mère.

あかり： どこのくるまですか。
Akari : Doko no kuruma desu ka.
Akari : C'est une voiture d'où (de quel pays) ?

ロラン： ドイツのくるまです。ははは、ドイツじんですから。
Roran : Doitsu no kuruma desu. Haha wa, doitsu-jin desu kara.
Roland : C'est une voiture allemande. Parce que ma mère est allemande.

あかり： おかあさんはドイツじんですか。おとうさんは。
Akari : O-kâsan wa doitsu-jin desu ka. O-tôsan wa.
Akari : Ta mère est allemande ? Et ton père ?

ロラン： ちちは、イタリアじんです。ちちとははは、フランスごではなします。
Roran : Chichi wa, itaria-jin desu. Chichi to haha wa, furansu-go de hanashimasu.
Roland : Mon père est italien. Mon père et ma mère (se) parlent en français.

あかり： へえ、おもしろいかぞく。でも、ふくざつですね。
Akari : Hê, omoshiroi kazoku. Demo, fukuzatsu desu ne.
Akari : Oh, (quelle) famille intéressante ! Mais c'est compliqué n'est-cc pas ?

■ COMPRENDRE LE DIALOGUE
FORMULES ET EXPRESSIONS

→ **A**, **Wâ**, **Hê** sont des interjections. **A** marque une réaction semblable à notre *ah*. **Wâ** exprime l'admiration et **hê** un étonnement appuyé. Notez que les voyelles sont allongées dans **wâ** et **hê**. Il n'existe pas de point d'exclamation en japonais, mais l'intonation change selon le sentiment exprimé.

→ **Sumimasen** : nous avons déjà vu ce terme dans le premier module, pour présenter des excuses. Notez qu'ici il correspond plutôt à *merci*, même si l'on pourrait aussi imaginer *je suis confuse*.

NOTE CULTURELLE

Les termes désignant les membres de la famille diffèrent selon que l'on parle de sa propre famille ou de celle de quelqu'un d'autre. Roland parle de son père en disant **chichi**, *mon père*, mais quand Akari veut l'interroger sur son père, elle dit **o-tôsan**, qui comprend le préfixe **o** et le suffixe **-san**, tous les deux honorifiques. De la même manière, Roland parle de sa propre *mère* en disant **haha**, mais Akari dit **o-kâsan**.

◆ GRAMMAIRE
LES DÉMONSTRATIFS

Il existe trois séries de démonstratifs qui désignent trois sphères. La sphère autour du locuteur (série **ko-**), celle de l'interlocuteur (**so-**) et la sphère éloignée des deux personnes en présence (**a-**).

Objets	**kore**, *ceci*	**sore**, *cela*	**are**, *ce qui est là-bas*
Lieu	**koko**, *ici*	**soko**, *là*	**asoko**, *là-bas*
Direction	**kochira**, *par ici*	**sochira**, *par là*	**achira**, *par là-bas*

Dans cette leçon, **achira** apparaît : **Kuruma wa achira desu**, *La voiture est par là-bas*. **Kore** apparaît aussi dans **Kore wa Roran-san no kuruma desu ka**, *C'est ta voiture ?*

Nous avons déjà vu dans le module 1 le terme **kochira** dans l'expression **kochira koso**, *non, c'est moi*, après un remerciement. **Kochira**, **sochira** et **achira** peuvent donc aussi désigner directement des personnes, dans un registre poli. **Kochira** et **sochira** peuvent notamment être interprétés comme *je* et *tu/vous*.

PREMIÈRES FORMES VERBALES

Ikimashô : il s'agit du verbe **iku**, *aller*. **Ikimasu**, *je vais*, *il va*, etc. **Ikimashô** est une forme qui permet d'inciter à une action. Ici *allons-y*.

Hanashimasu, *parler*, verbe à la forme en **-masu**, c'est-à-dire au registre poli. Vous retrouverez ce verbe dans le dictionnaire sous la forme **hanasu**.

LES ADJECTIFS

On utilise un adjectif comme en français, soit comme déterminant devant un nom (épithète) soit avec **desu** en fin de proposition (attribut). Il y a deux sortes d'adjectifs. Les adjectifs en **-i** (**omoi**, *lourd* ; **omoshiroi**, *intéressant* ou *drôle*) qui se terminent tous par la voyelle **-i**, et les autres, qui sont suivis de la syllabe **-na** quand ils sont placés devant un nom (**suteki**, *beau*, qui fait **sutekina kuruma**). À l'affirmatif et au présent, à la position d'attribut (fin de phrase), les deux sortes d'adjectifs sont juste suivies de **desu**.

Attention : La voyelle **i** finale des adjectifs en **i** est indépendante. Deux cas d'adjectifs ressemblent à des adjectifs en **i** mais sont des adjectifs en **na**. **Suteki**, *beau*, n'est pas un adjectif en **-i** puisque le **i** n'est pas indépendant. De même, plusieurs adjectifs en **na** très courants se terminent par une syllabe en **ei** : **kirei** *beau* ; **yûmei**, *célèbre*, combinaison particulière, allongement du son **e** qui ne peut être décomposé.

LES PARTICULES CASUELLES *DE, NO* ET *TO*

• La particule *de*

Cette particule présente deux utilisations différentes. **Kûkô de**, *à l'aéroport*, comme dans le module 1, où **de** indique le lieu où se passe l'action. Mais dans la leçon du jour, **furansu-go de hanashimasu**, *parlent en français*, **de** indique le moyen (ici, de communication).

• La particule *no*

Nous l'avons déjà vue dans le module 1. Ici remarquez ce que dit Roland : **Watashi no kuruma dewa arimasen. Haha no desu**, *Ce n'est pas ma voiture. C'est celle de ma mère*. Une fois qu'on a dit **Watashi no kuruma**, il suffit de dire **Haha no desu** pour que l'interlocuteur comprenne qu'il est toujours question de la voiture. On peut aussi avoir la construction /Mot interrogatif **no** Nom/ comme dans **Doko no kuruma**, *Une voiture d'où (de quel pays)* ?

- **La particule *to***

Entre deux noms et uniquement dans ce cas, elle permet une énumération, *et* : **chichi to haha**, *mon père et ma mère*.

LES PARTICULES FINALES *YO*, *NE* ET *KA*

- **La particule *yo***

Cette particule permet d'accentuer une affirmation pour insister : **Omoi desu yo**, *C'est lourd tu sais !*

- **La particule *ne***

En général, elle donne une nuance de demande de confirmation. Elle est très utilisée, notamment lorsque l'on affirme quelque chose concernant son interlocuteur : **Roran-san wa shinsetsu desu ne**, *Tu es gentil, dis donc !* ; **Fukuzatsu desu ne**, *C'est compliqué, n'est-ce pas ?*

- **La particule *ka***

Kore wa Roran-san no kuruma desu ka, *C'est ta voiture, Roland ?* On a une vraie question, comme dans le module 1. L'intonation est montante. Mais attention à **O-kâ-san wa doitsu-jin desu ka**, *Ta mère est allemande.* Ce n'est pas une vraie question, c'est plutôt une exclamation. L'intonation ne monte pas.

LES PARTICULES CONNECTIVES *GA* ET *KARA*

Ces particules relient des propositions. Nous avons :

- **La particule *ga***

Cette particule s'utilise à la fin d'une proposition, généralement dans le sens de *mais* : **Zannen desu ga, watashi no kuruma dewa arimasen**, *C'est dommage, mais ce n'est pas ma voiture.*

- **La particule *kara***

Kara à la fin d'une proposition, dans le sens de *parce que* : **haha wa doitsu-jin desu kara**, *parce que ma mère est allemande*.

DESU (SUITE)

Watashi no kuruma dewa arimasen, *Ce n'est pas ma voiture* : **dewa arimasen** est la forme négative de **desu**.
Wâ sutekina kuruma, *Waouh quelle belle voiture !* ; **Wâ omoshiroi kazoku**, *Quelle famille intéressante !*, sont des phrases exclamatives, qui n'ont pas besoin de **desu**.

VOCABULAIRE

すてき（な） **suteki(na)** *beau, chouette*
くるま **kuruma** *voiture*
あちら **achira** *là-bas*
いきましょう **ikimashô** *allons-y*
おもい **omoi** *lourd*
よ **yo** *particule finale d'insistance*
だいじょうぶ **daijôbu** *OK, sans problème, ça va*
しんせつ（な） **shinsetsu(na)** *gentil*
ね **ne** *particule finale pour demander une confirmation*
わあ **wâ** *waouh*
これ **kore** *ceci*
ざんねん（な） **zannen(na)** *dommage*
が **ga** *particule connective mais*
はは **haha** *ma mère*
どこ **doko** *où ?*
ドイツじん **doitsu-jin** *Allemand/e* (ドイツ *Allemagne* + *personne*)
から **kara** *particule connective parce que*
おかあさん **o-kâsan** *mère*
おとうさん **o-tôsan** *père*
ちち **chichi** *mon père*
イタリアじん **itaria-jin** *Italien/ne* (*Italie* + *personne*)
と **to** *particule et*
フランスご **furansu-go** *langue française*
で **de** *particule de moyen*
はなします **hanashimasu** *parler* (du verbe **hanasu**)
へえ **hê** *oh !*
おもしろい **omoshiroi** *intéressant*
かぞく **kazoku** *famille*
でも **demo** *mais*
ふくざつ（な） **fukuzatsu(na)** *compliqué*

EXERCICES

1. TRADUISEZ CES EXPRESSIONS EN JAPONAIS EN FAISANT ATTENTION AUX DEUX CATÉGORIES D'ADJECTIFS.

a. une voiture lourde → ....
b. un étudiant gentil → ....
c. une famille compliquée → ....
d. une belle voiture → ....
e. une étudiante intéressante → ....

2. RÉPONDEZ NÉGATIVEMENT AUX QUESTIONS SUIVANTES ET DONNEZ LES RÉPONSES CORRESPONDANT AU DIALOGUE ÉTUDIÉ.

a. Kore wa, Roran-san no kuruma desu ka.
これは、ロランさんのくるまですか。
. . . .

b. Roran-san no o-kâsan wa itaria-jin desu ka.
ロランさんのおかあさんはイタリアじんですか。
. . . .

c. Roran-san no o-kâsan no kuruma wa, furansu no kuruma desu ka.
ロランさんのおかあさんのくるまは、フランスのくるまですか。
. . . .

3. VOICI DE COURTS DIALOGUES ENTRE ROLAND ET AKARI. COMPLÉTEZ LES PHRASES EN ÉCOUTANT LES ENREGISTREMENTS.

04

a. Akari : Kore wa, Roran-san no o-kâsan no kuruma desu ka.
Roran : Hai, ... no kuruma desu.
あかり：これは、ロランさんのおかあさんのくるまですか。
ロラン：はい、. . . . . のくるまです。

b. Akari : Roran-san no o-kâsan to o-tôsan wa, furansu-go de hanashimasu ka.
Roran : Hai, ... to . . . . wa, furansu-go de hanashimasu.
あかり：ロランさんのおかあさんとおとうさんは、フランスごではなしますか。
ロラン：はい、. . . . . と . . . . は、フランスごではなします。

4. THÈME. TRADUISEZ LES PHRASES SUIVANTES EN JAPONAIS.

a. L'université est là-bas. Allons-y.
. . . .

b. Quelle chouette voiture ! Elle vient de quel pays ?
– C'est une voiture italienne.
. . . .
. . . .

c. C'est dommage, mais je ne suis pas allemande.
. . . .

3.
TOURISME
KANKÔ

OBJECTIFS	NOTIONS
• EXPRIMER LES GOÛTS	• LES VERBES
• LOCALISER	• LES PARTICULES *GA* ET *TO*
• INVITER	• LES ADJECTIFS EN *-NA* ET EN *-I*
	• LES MOTS INTERROGATIFS
	• LES ADVERBES

05

かんこう
KANKÔ
TOURISME

ロラン： すこしくるまでまちをかんこうしましょうか。
Roran : Sukoshi kuruma de machi o kankô-shimashô ka.
Roland : Et si nous visitions un peu la ville en voiture ?

あかり： はい、おねがいします。うれしいです。
Akari : Hai, o-negai-shimasu. Ureshii desu.
Akari : Oui, s'il te plaît. Je suis contente !

あかり： ここはどこですか。いろいろなみせがありますね。
Akari : Koko wa doko desu ka. Iroirona mise ga arimasu ne.
Akari : Où sommes-nous ? Il y a plein de magasins, dis donc !

ロラン： まちのちゅうしんですよ。
Roran : Machi no chûshin desu yo.
Roland : C'est le centre-ville !

あかり： きれいなたてものですね。びじゅつかんですか。
Akari : Kireina tatemono desu ne. Bijutsu-kan desu ka.
Akari : C'est un superbe bâtiment, dis donc ! C'est un musée ?

ロラン： いいえ、びじゅつかんではありません。ゆうめいなえいがかんです。
Roran : Iie, bijutsu-kan dewa arimasen. Yûmeina eiga-kan desu.
Roland : Non, ce n'est pas un musée. C'est un cinéma célèbre.

あかり： あ、そうですか。ロランさんは、えいががすきですか。
Akari : A, sô desu ka. Roran-san wa, eiga ga suki desu ka.
Akari : Ah bon. Tu aimes le cinéma ?

ロラン： はい、とてもすきです。こんどわたしといっしょに、にほんのえいがをみませんか。
Roran : Hai, totemo suki desu. Kondo watashi to issho ni, nihon no eiga o mimasen ka.
Roland : Oui beaucoup. Tu ne voudrais pas voir un film japonais avec moi un de ces jours ?

あかり： いいですね。どんなえいががすきですか。
Akari : Ii desu ne. Donna eiga ga suki desu ka.
Akari : Bonne idée ! Quel genre de film aimes-tu ?

ロラン： おばけのえいががすきです。
Roran : Obake no eiga ga suki desu.
Roland : J'aime bien les films de fantômes.

あかり： えっ。
Akari : E.
Akari : Hein ?

■ COMPRENDRE LE DIALOGUE
FORMULES ET EXPRESSIONS

→ **O-negai-shimasu**, *s'il te plaît*. Nous avons déjà vu cette expression dans le module 1, au moment des présentations. Le sens littéral est *je vous prie*. Elle sert donc à accepter une proposition. Ici, Akari s'en remet à la décision de Roland, qui doit maintenant passer à l'action. On voit tout de suite qu'**o-negai-shimasu** peut, dans certains cas, correspondre à un ordre donné très poliment.

→ **Bijutsu-kan**, *musée* ; **eiga-kan**, *salle de cinéma*. **Kan** désigne un bâtiment, il permet de former des mots complexes désignant des bâtiments avec chacun une fonction particulière. **Bijutsu** désigne *l'art* et **eiga** désigne *le cinéma* ou *les films*.

→ **A, sô desu ka**, *Ah bon*. Formule qui permet de manifester son intérêt pour ce que dit l'autre.

NOTE CULTURELLE

Il est courant d'omettre les éléments que l'interlocuteur peut deviner tout seul dans un contexte donné. Ainsi nous avons vu dans le module 1 que « je » n'était pas systématiquement utilisé. Les verbes sont souvent utilisés sans thème ou sujet. Un verbe affirmatif sans indication de personne sera généralement interprété comme étant à la première personne (*je*). Dans une question, on interprètera que le locuteur s'adresse à l'autre (*tu, vous*). Lorsqu'il est question d'une tierce personne, normalement, une précision est donnée dans la phrase. Lorsqu'on utilise un thème (**watashi wa**, **Akari-san wa**), c'est généralement pour induire un effet de contraste.

◆ GRAMMAIRE
LES VERBES

Kankô-shimasu, **o-negai-shimasu** : beaucoup de verbes sont construits sur ce modèle : nom + verbe **suru**, *faire*. La plupart du temps, le nom appartient au lexique sino-japonais comme **kankô** et **shitsurei** (module 1).

Aru, **arimasu**, *exister, il y a*. **Mise ga arimasu**, *Des magasins existent / Il y a des magasins*. Verbe intransitif, construit généralement avec la particule **ga** qui marque le sujet.

Négation : Une forme en **-masu** devient **-masen** à la négation, par ex. : **arimasu** devient **arimasen**. La forme négative peut être utilisée dans une question pour proposer quelque chose, de façon polie, par ex. : **Mimasen ka**, *Tu ne voudrais pas voir ?*

LES PARTICULES *GA* ET *TO*

• La particule *ga*, particule du sujet

Mise ga arimasu, *Il y a des magasins.* **Ga** s'utilise systématiquement avec certains adjectifs en **-na**, ex. : **Donna eiga ga suki desu ka**, *Quel genre de films aimes-tu ?* ; **O-bake no eiga ga suki desu**, *J'aime les films de fantômes.*

• La particule *to* « avec »

Il s'agit d'une particule d'accompagnement, toujours avec un nom de personne. **Watashi to issho ni nihon no eiga o mimasen ka**, *Tu ne voudrais pas voir un film japonais avec moi ?*

LES ADJECTIFS EN *-NA* ET EN *-I*

• Les adjectifs en *-na*

Iroirona mise, *des magasins de toutes sortes* ; **kireina tatemono**, *un superbe bâtiment* ; **yûmeina eiga-kan**, *un cinéma célèbre.* **Suki**, *aimé*, *préféré*, est un adjectif en **-na** qui permet de dire *aimer*. La structure utilisée est : Thème (la personne) **wa** Nom **ga suki desu**. Ex. : **Roran-san wa eiga ga suki desu ka**, *Roland, aimes-tu le cinéma ?* (litt. « en ce qui concerne Roland, le cinéma est-il aimé ? »).

• Les adjectifs en *-i*

Ii desu ne, *bonne idée.* **Ii** est un adjectif en **-i** très utilisé, dont le sens le plus courant est *bien*, *bon*, mais il apparaît aussi dans beaucoup d'expressions courantes.

LES MOTS INTERROGATIFS

Doko, *où ?* : **Doko no kuruma desu ka**, *C'est une voiture d'où (de quel pays) ?* (dans le module 1). On voit que **doko** se comporte toujours comme un nom. **Koko wa doko desu ka**, (litt. « ici c'est où ») *Où sommes-nous ?*

Donna + **N*** : *quel genre de* + *N ?* **Donna eiga**, *Quel genre de film ?*

* N = nom

LES ADVERBES

Sukoshi, *un peu* ; **totemo**, *très* ; **kondo**, *dans le futur proche*. La position des adverbes dans la phrase est assez libre, même s'ils se placent souvent devant le verbe ou l'adjectif.

⬢ EXERCICES

1. ÉCOUTEZ LES VERBES ET PRODUISEZ LES EXPRESSIONS D'INVITATION CORRESPONDANTES.

a. Issho ni eiga o . . . . いっしょにえいがを . . . .

b. Issho ni machi o . . . . いっしょにまちを . . . .

c. Issho ni furansu-go de . . . . いっしょにフランスごで . . . .

d. Issho ni . . . . いっしょに . . . .

2. RÉPONDEZ AUX QUESTIONS EN NE GARDANT QUE LE NOYAU DE PROPOSITION (VERBE, ADJECTIF OU N + *DESU*).

a. Roran-san wa eiga ga suki desu ka.
ロランさんはえいががすきですか。

. . . .

b. Kireina tatemono wa bijutsu-kan desu ka.
きれいなたてものはびじゅつかんですか。

. . . .

c. Akari-san to Roran-san wa kondo issho ni eiga o mimasu ka.
あかりさんとロランさんはこんどいっしょにえいがをみますか。

. . . .

d. Roran-san wa o-bake no eiga ga suki desu ka.
ロランさんはおばけのえいががすきですか。

. . . .

VOCABULAIRE

かんこう **kankô** *tourisme*

すこし **sukoshi** *un peu*

まち **machi** *ville*

かんこうしましょう **kankô-shimashô** *faisons du tourisme, visitons* (du verbe **kankô-suru**)

おねがいします **o-negai-shimasu** (exp. politesse) *s'il te/vous plaît*

うれしい **ureshii** *content*

ここ **koko** *ici*

いろいろ（な） **iroiro(na)** *divers, plein de*

みせ **mise** *magasin*

あります **arimasu** *il y a, exister* (du verbe **aru**)

ちゅうしん **chûshin** *centre*

きれい（な） **kirei(na)** *beau, belle, superbe*

たてもの **tatemono** *bâtiment*

びじゅつかん **bijutsu-kan** *musée* (beaux-arts + bâtiment)

ゆうめい（な） **yûmei(na)** *célèbre*

えいがかん **eiga-kan** *salle de cinéma* (film + bâtiment)

えいが **eiga** *film*

すき（な） **suki(na)** *aimé, préféré*

とても **totemo** *très*

こんど **kondo** *un de ces jours*

と **to** *particule d'accompagnement avec*

いっしょに **issho ni** *ensemble*

みません **mimasen** *ne pas regarder, ne pas voir* (du verbe **miru**)

いいですね **ii desu ne** *bonne idée !*

どんな **donna** *quel genre de*

おばけ **obake** *fantôme*

えっ **e** *hein ?*

3. CHOISISSEZ LE MOT INTERROGATIF ADÉQUAT.

a. ーKore wa (................) no kuruma desu ka. これは（................）のくるまですか。
   ーItaria no kuruma desu. イタリアのくるまです。

b. ーKoko wa (................) desu ka. ここは（................）ですか。
   ーMachi no chûshin desu. まちのちゅうしんです。

c. ーRoran-san wa (................)-nen-sei desu ka. ロランさんは（................）ねんせいですか。
   ーMasutâ no ichi-nen-sei desu. マスターのいちねんせいです。

4. THÈME. TRADUISEZ LES PHRASES SUIVANTES EN JAPONAIS.

a. Je vois des films japonais avec Akari.
   . . . .

b. J'ai visité une jolie ville avec ma mère.
   . . . .

c. Le père de Roland est très gentil.
   . . . .

d. Ici, c'est le centre-ville. Il y a plein de (toutes sortes de) magasins.
   . . . .

4.

DISCUSSION SUR LE CINÉMA

EIGA NO HANASHI

| OBJECTIFS | NOTIONS |

- **EXPRIMER SES GOÛTS**

- **INTERROGER LES AUTRES SUR LEURS GOÛTS**

- **RACONTER UN ÉVÉNEMENT PASSÉ**

- **LA FORME PASSÉE DES VERBES**

- **LA FORME NÉGATIVE DES ADJECTIFS EN -NA, LES ADJECTIFS EN -I**

- **LES PARTICULES MO, DE ET WA**

- **QUELQUES ADVERBES (SUITE)**

- **LE SUPERLATIF**

えいがのはなし
EIGA NO HANASHI
DISCUSSION SUR LE CINÉMA

06

あかり： わたしは、ホラーえいがはあまりすきではありません。
Akari : Watashi wa, horâ-eiga wa amari suki dewa arimasen.
Akari : Moi, je n'aime pas tellement les films d'horreur.

ロラン： わたしもホラーえいががきらいです。でも、おばけのはなしは、ホラーえいがではありませんよ。
Roran : Watashi mo horâ-eiga ga kirai desu. Demo, obake no hanashi wa, horâ-eiga dewa arimasen yo.
Roland : Moi aussi, je déteste les films d'horreur. Mais les films de fantômes ne sont pas des films d'horreur, tu sais !

あかり： じゃ、どんなはなしですか。
Akari : Ja, donna hanashi desu ka.
Akari : Alors, il s'agit de quel genre d'histoires ?

ロラン： たとえば、ようかいのはなしです。かわいいようかいも、いいようかいもいますよ。とてもおもしろいです。
Roran : Tatoeba, yôkai no hanashi desu. Kawaii yôkai mo, ii yôkai mo imasu yo. Totemo omoshiroi desu.
Roland : Par exemple, des histoires de *yôkai* [monstres fantastiques]. Il y en a des mignons et aussi des gentils. C'est très amusant.

あかり： へえ、そうですか。ようかいのほんもよみましたか。
Akari : Hê, sô desu ka. Yôkai no hon mo yomimashita ka.
Akari : Ah bon ? Tu as lu aussi des livres sur les *yôkai* ?

ロラン：ええ、としょかんで、えいごでよみました。
Roran : Ê, tosho-kan de, ei-go de yomimashita.
Roland : Oui, j'en ai lu en anglais à la bibliothèque.

あかり： そうですか。わたしは、ロマンチックなはなしがいちばんすきです。
Akari : Sô desu ka. Watashi wa, romanchikkuna hanashi ga ichiban suki desu.
Akari : Ah bon ! Moi ce que je préfère, ce sont les histoires romantiques.

ロラン： わかりました。じゃ、こんどいっしょに、ようかいのラブストーリーをみましょう。
Roran : Wakarimashita. Ja, kondo issho ni, yôkai no rabu-sutôrî o mimashô.
Roland : D'accord. Dans ce cas, allons voir une histoire d'amour chez les *yôkai*, un de ces jours !

■ COMPRENDRE LE DIALOGUE
FORMULES ET EXPRESSIONS

→ **Ja**, *alors*. Mot de liaison qui est une contraction de **dewa**, qui vient lui-même de **sore dewa**, litt. « avec cela ».
→ **Tatoeba**, *par exemple* : forme dérivée d'un verbe mais utilisée exactement comme notre expression *par exemple*, en tête de phrase ou devant un mot.
→ **Sô desu ka**, *ah bon*. Il ne s'agit pas ici d'une vraie question, cette formule sert juste à marquer son intérêt pour ce que dit l'autre.
→ **Ê**, *oui*, est une forme orale d'acquiescement.

NOTE CULTURELLE

Les **yôkai** sont des *monstres fantastiques*. Ce terme regroupe des personnages variés de la littérature ou des arts. On les retrouve dans les estampes de l'époque d'Edo comme dans les mangas de notre époque. Le terme japonais a tendance à être utilisé tel quel en français par les spécialistes.

◆ GRAMMAIRE
LES VERBES

Imasu : verbe **iru**, *exister, se trouver*, « il y a ». Ce verbe a exactement le même sens et se construit comme le verbe **aru**, mais il ne s'utilise que pour les êtres animés (humains, animaux… et **yôkai** !).

Yomimashita : verbe **yomu**, *lire*. La forme en **-mashita** est la forme du passé, *avoir lu*. **Hon o yomimashita**, *J'ai lu des livres*.

Wakarimashita : du verbe **wakaru**, *comprendre*. À la forme **-mashita**, cela donne *J'ai compris* d'où la traduction par *D'accord*.

LES ADJECTIFS

Suki dewa arimasen, *Je n'aime pas*. Il s'agit d'un adjectif en **-na**, **suki**, en fonction attribut, à la forme négative. Remarquez que la construction est la même que pour les noms.

Kirai, *détesté*, est un adjectif en **-na** qui se construit exactement comme **suki** : **Watashi mo horâ eiga ga kirai desu**, *Moi aussi je déteste les films d'horreur* (litt. « en ce qui me concerne aussi, les films d'horreur sont détestés »). Attention, l'adjectif **kirai** est trompeur, il pourrait être un adjectif en **-i** mais c'est une exception, il s'agit bien d'un adjectif en **-na** (**kiraina eiga** signifierait *les films que je déteste*).

Kawaii, *mignon* est un adjectif en **-i**. Attention aux deux **i** qui se trouvent à la fin de cet adjectif. Le mot est constitué de **kawai** + **i** de terminaison.

Ii, *bon*, *bien*, ici *gentil*. Cet adjectif en **-i** est l'un des plus employés. Son sens est très large. S'il fallait le définir, nous dirions que c'est un sens toujours positif. Attention, cet adjectif existe sous deux formes : **ii** ou **yoi**. C'est le même mot, mais seule la seconde forme peut être utilisée à la forme négative. À la forme affirmative, **ii** est plus employé que **yoi**, qui est réservé à un registre un peu soutenu.

Romanchikku, *romantique*, vient de l'anglais. Il s'agit d'un adjectif en **-na**, comme tous les adjectifs venant d'une langue étrangère.

LES PARTICULES *MO*, *DE* ET *WA*

- **La particule *mo***

Watashi mo horâ-eiga ga kirai desu, *Moi aussi, je déteste les films d'horreur*.
Hon mo yomimashita ka, *Tu as lu aussi des livres ?*

Dans ces propositions, la particule **mo** remplace la particule de thème **wa** et la particule du complément d'objet direct **o**. La particule **mo** sert à intégrer un nouvel élément dans une situation déjà évoquée. On la traduit par *aussi* ou par *même*. Lorsqu'elle porte sur un thème, un sujet ou un complément d'objet direct, elle se substitue aux particules **wa**, **ga** ou **o**.

- **La particule *de***

Elle accompagne le complément de lieu dans la description d'une action : **Tosho-kan de [...] yomimashita**, *J'ai lu à la bibliothèque [...]*. Remarquez dans la phrase du dialogue l'autre particule **de** (déjà vue dans le module 2), celle qui accompagne le complément de moyen : **ei-go de**, *en anglais*, déjà vue dans le module 2 (**furansu-go de**). Attention, pour utiliser la particule **de** de complément de lieu, il faut que l'action se déroule dans un lieu sans qu'il y ait un mouvement pour y entrer ou en sortir. Pour accompagner un lieu vers lequel on se dirige ou dont on s'éloigne, on utilisera d'autres particules.

- **La particule *wa* avec forme négative**

Watashi wa horâ-eiga wa amari suki dewa arimasen, *Moi, je n'aime pas tellement les films d'horreur*. Rappel : à la forme affirmative, on aurait **Watashi**

wa horâ-eiga ga suki desu, *J'aime les films d'horreur*. À la forme négative, la particule **ga** est le plus souvent changée en **wa**. Ceci a pour effet de minimiser la portée de la négation, comme si l'on disait « les films d'horreur je n'aime pas trop… mais j'aime d'autres types de cinéma ». Vous constaterez ce mécanisme très souvent.

QUELQUES ADVERBES (SUITE)

Amari est généralement suivi de la forme négative et prend le sens de *pas tellement* : **Amari suki dewa arimasen**, *Je n'aime pas tellement*. On pourrait le trouver devant un verbe : **amari mimasen** → *Je n'en vois pas tellement* (en parlant de films par exemple).

Totemo, *très*, se place devant un adjectif : **Totemo omoshiroi desu**, *C'est très amusant*.

Ichiban est un adverbe très courant qui signifie littéralement « numéro 1 » et donc *le plus*. Devant un adjectif, il permet de former le superlatif : **ichiban suki desu**, *j'aime le plus / je préfère*.

● EXERCICES

1. ÉCOUTEZ L'ENREGISTREMENT. APRÈS LA QUESTION, QUATRE RÉPONSES SONT PROPOSÉES. COCHEZ LA RÉPONSE (R) EXACTE.

a. ☐ R1 ☐ R2 ☐ R3 ☐ R4   b. ☐ R1 ☐ R2 ☐ R3 ☐ R4

2. RÉPONDEZ EN JAPONAIS EN UTILISANT LES DIALOGUES VUS JUSQU'À PRÉSENT.

a. Roran-san wa eigo no gakusei desu ka.
ロランさんはえいごのがくせいですか。
. . . .

b. Akari-san wa Momiji daigaku no gakusei desu ka.
あかりさんはもみじだいがくのがくせいですか。
. . . .

c. Roran-san no o-kâsan no kuruma wa, nihon no kuruma desu ka.
ロランさんのおかあさんのくるまは、にほんのくるまですか。
. . . .

d. Roran-san wa nihon no eiga ga suki desu ka.
ロランさんはにほんのえいががすきですか。
. . . .

4. Discussion sur le cinéma

VOCABULAIRE

はなし **hanashi** *histoire*

ホラー **horâ** *horreur*

あまり **amari** *pas tellement*

きらい **kirai** *détesté, détestable* → *détester*

じゃ **ja** *alors* (forme contractée de **dewa**)

たとえば **tatoeba** *par exemple*

ようかい **yôkai** *monstres fantastiques*

かわいい **kawaii** *mignon*

いい、よい **ii, yoi** *bon, gentil*

います **imasu** *il y a, exister* (pour les êtres animés ; du verbe **iru**)

そうですか **sô desu ka** *ah bon ?*

ほん **hon** *livre*

よみました **yomimashita** *avoir lu* (du verbe **yomu**)

ええ **ê** *oui* utilisé à l'oral

としょかん **tosho-kan** *bibliothèque*

で **de** particule qui marque le lieu où se passe une action

えいご **ei-go** *anglais* (langue)

ロマンチック（な）**romanchikku(na)** *romantique*

わかりました **wakarimashita** *avoir compris* (du verbe **wakaru**)

ラブストーリー **rabu-sutôrî** *histoire d'amour*

e. Akari-san wa horâ-eiga ga suki desu ka.
   あかりさんはホラーえいががすきですか。
   ....

3. COMPLÉTEZ LES PHRASES À L'AIDE DES PARTICULES ADÉQUATES.

a. Roran-san (. . .) toshokan (. . .) yôkai (. . .) hon (. . .) yomimashita.
   ロランさん(. . .)としょかん(. . .)ようかい(. . .)ほん(. . .)よみました。

b. Kondo issho ni nihon (. . .) eiga (. . .) mimashô.
   こんどいっしょににほん(. . .)えいが(. . .)みましょう。

c. Roran-san (. . .) otôsan (. . .) okâsan (. . .) furansu-go (. . .) hanashimasu.
   ロランさん (. . .) おとうさん (. . .) おかあさん (. . .) フランスご (. . .) はなします。

4. THÈME. TRADUISEZ LES PHRASES SUIVANTES EN JAPONAIS.

a. Quel genre de films Akari aime-t-elle ? Elle aime les films romantiques.
   ....

b. La famille de Roland est une famille intéressante.
   ....

c. L'université Momiji n'est pas une université réputée.
   ....

d. La mère d'Akari admire (« regarde ») l'art français dans les musées japonais.
   ....

5.
MANGER DES GLACES
AISUKURÎMU O TABERU

OBJECTIFS

- PAYER
- COMPTER
- EXPRIMER UN CHOIX, DES PRÉFÉRENCES

NOTIONS

- LES PARTICULES *GA*, *DE* ET *NI*
- LE COMPARATIF DES ADJECTIFS
- LA NÉGATION DES ADJECTIFS EN *-I*
- LE PASSÉ DES ADJECTIFS EN *-I*
- LES DÉMONSTRATIFS (SUITE)
- LES PRIX ET LES QUANTITÉS

アイスクリームをたべる
AISUKURÎMU O TABERU
MANGER DES GLACES

ロラン： いろいろなあじがあります。どれがいいですか。
Roran : Iroirona aji ga arimasu. Dore ga ii desu ka.
Roland : Il y a beaucoup de parfums. Lequel tu veux (est bien) ?

あかり： ううん、ヌガーとピスタチオ。
Akari : Ûn, nugâ to pisutachio.
Akari : Hum… Nougat et pistache.

ロラン： わたしはコーヒーとバニラにします。コーンとカップと、どちらがいいですか。
Roran : Watashi wa kôhî to banira ni shimasu. Kôn to kappu to, dochira ga ii desu ka.
Roland : Moi j'opte pour café et vanille. Tu préfères un cornet ou une coupe ?

あかり： コーンのほうがいいです。ぜんぶでいくらですか。
Akari : Kôn no hô ga ii desu. Zenbu de ikura desu ka.
Akari : Un cornet. C'est combien en tout ?

ロラン： ダブルは6,5ユーロですから、ふたつで13ユーロになります。たかいですね。
Roran : Daburu wa roku-ten-go-yûro desu kara, futatsu de jû-san-yûro ni narimasu. Takai desu ne.
Roland : Les doubles sont à 6,50 euros, donc deux, cela fait (devient) 13 euros. C'est cher, n'est-ce pas ?

あかり： そんなにたかくないですよ。だいじょうぶです。わたしがはらいます。
Akari : Sonna ni takaku nai desu yo. Daijôbu desu. Watashi ga haraimasu.
Akari : Ce n'est pas si cher que cela. Pas de problème. C'est moi qui paie.

ロラン： えっ、ほんとうに。
Roran : E, hontô ni.
Roland : Hein, vraiment ?

あかり： さっきくうこうでりょうがえしましたから、おかねがこんなにあります。ほら。
Akari : Sakki kûkô de ryôgae-shimashita kara, o-kane ga konna ni arimasu. Hora.
Akari : J'ai tout ceci comme argent parce que j'en ai changé à l'aéroport tout à l'heure. Regarde.

ロラン： あかりさん、こんなところでだめですよ。ここは、にほんほどあんぜんではありませんよ。
Roran : Akari-san, konna tokoro de dame desu yo. Koko wa, nihon hodo anzen dewa arimasen yo.
Roland : Akari, pas ici ! Ici ce n'est pas aussi sûr que le Japon tu sais !

Dans la voiture

ロラン： ごちそうさまでした。とてもおいしかったです。
Roran : Go-chisô-sama deshita. Totemo oishikatta desu.
Roland : Merci. C'était très bon !

あかり： それはよかったです。
Akari : Sore wa yokatta desu.
Akari : Tant mieux !

■ COMPRENDRE LE DIALOGUE
FORMULES ET EXPRESSIONS

- **Ûn**, *hum…* son émis pour signifier son incertitude et gagner du temps.
- **Sakki**, *tout à l'heure*. Désigne un moment proche dans le passé.
- **Hora** : interjection qui attire l'attention de l'autre, soit pour qu'il regarde, soit pour qu'il écoute. Dans le dialogue, cela signifie qu'Akari sort l'argent de son portefeuille pour le montrer à Roland.
- **Dame desu** (litt. « c'est mal ! »), *Il ne faut pas*, *Ce n'est pas bien*. Très utilisée par les parents japonais vis-à-vis des enfants, cette expression très courante peut également servir quand quelque chose tourne mal, ne va pas à son terme etc. **Dame** est un adjectif en **-na** : **damena gakusei**, *un mauvais étudiant*.
- **Go-chisô-sama** s'emploie à la fin du repas, souvent sous la forme **go-chisô-sama deshita** (litt. « c'était un festin », où **deshita** est la forme passée de **desu**) pour remercier celui qui a cuisiné ou qui a invité, mais aussi plus généralement pour signifier qu'on a fini de manger.
- **Sore wa yokatta desu**, *Tant mieux !* Expression construite à partir de l'adjectif **yoi**, qui est la forme plus littéraire de **ii**.

NOTE CULTURELLE

Le Japon est connu comme un pays très sûr, où les vols à la tire ou activités des pickpockets sont quasiment inexistantes. La criminalité existe notamment sous la forme du crime organisé (les **yakuza**), mais les touristes peuvent se promener tranquillement à toute heure du jour ou de la nuit sans aucun souci. Si vous oubliez votre portefeuille ou porte-monnaie quelque part, vous le retrouverez soit sur place soit au poste de *police du coin* (**koban**, dont l'enseigne est l'une des seules à être libellée en **rôma-ji**). Cela explique que les touristes japonais qui viennent en Europe, même s'ils sont de mieux en mieux informés sur les précautions à prendre, aient parfois un comportement trop confiant. Cela explique aussi que les Japonais paient beaucoup de choses en espèces, même pour de grosses sommes.

◆ GRAMMAIRE
LES PARTICULES *GA*, *DE* ET *NI*

- **La particule *ga***

Dans des questions comme **Dore ga ii desu ka**, *Lequel [entre plus de deux éléments] tu préfères ?*, ou **Dochira ga ii desu ka**, *Lequel [des deux] tu préfères ?*, la particule de thème ne pourrait pas être utilisée. Dans la phrase **Watashi ga haraimasu**, *C'est moi qui paie*, **ga** est emphatique. Akari insiste pour payer elle-même alors que Roland était prêt à le faire.

- **La particule *de***

Elle s'utilise après une indication de quantité : **zenbu de**, *en tout* ; **futatsu de**, *pour deux*.

Après un lieu comme dans **konna tokoro de**, *dans un lieu comme celui-ci*, il s'agit de la particule du lieu de l'action que nous avons déjà vue, mais ici l'action n'est pas exprimée, elle est sous-entendue : « il ne faut pas montrer ton argent dans un lieu comme celui-ci ! ».

- **La particule *ni***

Nous rencontrons deux utilisations de **ni** dans ce module :

- N + **ni shimasu**, *opter pour* : **Kôhî ni shimasu**, *Je prends (j'opte pour) un café*.
- N + **ni narimasu**, *cela devient (fait)…* **Ni** accompagne l'objet d'un changement : **Futatsu de jû-san-yûro ni narimasu**, *Cela fait (devient) 13 euros*.

LES ADJECTIFS

- **Le comparatif**

Dore ga ii desu ka, *Lequel* [entre plus de deux éléments] *vous convient ?* On propose un choix entre plus de deux éléments, d'où l'interrogatif **dore**, qui est l'interrogatif correspondant à **kore, sore, are**. La réponse complète à cette question sera **Nugâ to pisutachio ga ii desu**, *(C'est) le nougat et la pistache (qui) sont bien*.

Décomposons **A to B to dochira ga ii desu ka**, *Lequel des deux entre A et B, vous convient ?* Dans cette phrase, on propose un choix entre deux éléments, qui sont d'abord présentés (dans notre dialogue, il s'agit de choisir entre un cornet et une coupe ; **Kôn to kappu to dochira ga ii desu ka**, *Que préfères-tu, un cornet ou une coupe ?*). C'est également cette structure qui servira pour le comparatif. Pour la réponse, on utilise la formule **N + no hô ga ii desu** : **Kôn no hô ga ii desu**, *(C'est) le cornet (qui) est le mieux*. L'utilisation de **hô** n'est pas obligatoire : **Kôn ga ii desu** est possible, mais **hô** permet de souligner un côté de la comparaison. Enfin, **dochira** est un interrogatif correspondant à la série **kochira, sochira, achira**.

Hodo est un nom qui signifie *degré* mais, utilisé dans une comparaison, il indique qu'un élément n'est pas au niveau de l'autre. On forme l'expression ainsi : **A wa B hodo** + adj. à la négation. Ex. **Koko wa nihon hodo anzen dewa arimasen**, *Ici, ce n'est pas aussi sûr que le Japon*.

- **La négation des adjectifs en *-i***

Takaku nai desu ne : le **-i** de terminaison de l'adjectif (ici **takai**, *cher*) disparaît, remplacé par la terminaison **ku**, suivie de **nai**. **Desu** ici ne sert qu'à indiquer le registre poli.

- **Le passé des adjectifs en *-i***

Oishikatta desu, *C'était délicieux* ; **Yokatta desu**, *Tant mieux, C'était bien*. Le suffixe **-katta** marque la forme passée des adjectifs en **-i**. Le **-i** disparaît, remplacé par **-katta**. Attention à l'adjectif **yoi** qui s'utilise le plus souvent sous la forme **ii**, comme nous l'avons vu dans le module précédent. **Ii** n'a pas de forme négative ni de forme au passé. Dans ce cas, on repart de **yoi** : **yoku nai**, et **yokatta**.

LES DÉMONSTRATIFS (SUITE)

Nous avons rencontré la série de démonstratifs **kore**, **sore**, **are** dans le module 2. **Dore** est l'interrogatif de cette série. On le traduit par *lequel* ou *laquelle* et il suppose plus de deux éléments entre lesquels choisir.

Konna, **sonna**, **anna**, **donna** sont toujours suivis d'un nom. **Konna**, **sonna**, **anna** correspondent à *un(e) tel(le)*, *de ce genre*, *comme ceci*, *comme cela*, ex. : **konna tokoro**, *un endroit comme celui-ci*. **Donna** est un interrogatif qui correspond à *quelle sorte de ?*

Konna ni, **sonna ni**, **anna ni** (forme adverbiale, pas de nom derrière) correspondent à *comme ça*, *comme ceci*, *de cette façon*. **Konna ni** s'emploie en faisant un geste pour désigner ce que l'on a sous les yeux ou donner une idée visuelle de la quantité **O-kane ga konna ni arimasu**, *J'ai tout ceci comme argent* (litt. « de l'argent j'en ai comme ceci »). **Sonna ni** s'emploie souvent avec la négation dans l'idée de *pas tant que cela* : **Sonna ni takaku nai desu**, *Ce n'est pas si cher que cela*.

LES PRIX ET LES QUANTITÉS

Nous avons déjà vu les chiffres de 1 à 10 dans le module 1. Au-delà de 10, pour exprimer une dizaine suivie d'unités, il suffit de dire 10 (**jû**) et d'ajouter les unités : *11* **jû-ichi**, *12* **jû-ni**, *13* **jû-san**, *14* **jû-shi/jû-yon**, *15* **jû-go**, *16* **jû-roku**, *17* **jû-shichi/jû-nana**, *18* **jû-hachi**, *19* **jû-kyû/jû-ku**.

Pour *6,50 euros*, on dit **roku-ten-go-yûro**, où **ten** désigne un point ou une virgule.

Dans l'annexe sur les chiffres/nombres (p. 278-279), nous avons utilisé les chiffres venus du chinois, ce qu'on appelle la série sino-japonaise des chiffres. Mais, pour les dix premiers chiffres uniquement, il existe une série japonaise : 1 **hitotsu**, 2 **futatsu**, 3 **mittsu**, 4 **yottsu**, 5 **itsutsu**, 6 **muttsu**, 7 **nanatsu**, 8 **yattsu**, 9 **kokonotsu**, 10 **tô**. Au-delà, on revient à la série sino-japonaise.

VOCABULAIRE

アイスクリーム **aisukurîmu** *glace*
たべる **taberu** *manger* (forme neutre du verbe **tabemasu**)
あじ **aji** *goût, parfum*
どれ **dore** *lequel*
ううん **ûn** *hum*
ヌガー **nugâ** *nougat*
ピスタチオ **pisutachio** *pistache*
コーヒー **kôhî** *café*
バニラ **banira** *vanille*
Nにします **N + ni shimasu** *opter pour, choisir, décider* (du verbe **suru**)
コーン **kôn** *cornet*
カップ **kappu** *coupe*
どちら **dochira** *lequel [des deux]*
Nのほうが **N + no hô ga** *formule du comparatif*
ぜんぶで **zenbu de** *en tout*
いくら **ikura** *combien* (argent)
ダブル **daburu** *double*
ユーロ **yûro** *euros*
なります **narimasu** *devenir (cela fait, devient)* (de **naru**)
たかい **takai** *cher* (nég. **takaku nai**)
そんなに **sonna ni** *si, autant*
はらいます **haraimasu** *payer* (du verbe **harau**)
ほんとうに **hontô ni** *vraiment*
さっき **sakki** *tout à l'heure* (dans le passé)
りょうがえしました **ryôgae-shimashita** *avoir changé (de l'argent)* (de **ryôgae-suru**)
おかね **o-kane** *argent*
ほら **hora** *interjection* (ici : *regarde !*)
こんなN **konna + N** *un/e tel/le*
ところ **tokoro** *lieu, endroit*
だめ(な) **dame(na)** *pas bien, mal*
ほど **hodo** *degré* (+ négation *ne pas être aussi... que*)
あんぜん(な) **anzen(na)** *sûr/e* (sécurité)
ごちそうさまでした **go-chisô-sama deshita** *merci* (à la fin d'un repas)
おいしかった **oishikatta** *bon, délicieux* (forme au passé de **oishii**)
それ **sore** *cela*
よかった **yokatta** *bien* (forme au passé de **ii/yoi**)

◆ EXERCICES

1. ÉCOUTEZ LES CHIFFRES/NOMBRES ET ÉCRIVEZ-LES.

a. . . . b. . . . c. . . . d. . . . e. . . . f. . . . g. . . . h. . . . i. . . . j. . . . k. . . .

2. LISEZ À HAUTE VOIX LES CHIFFRES/NOMBRES DONNÉS (REPORTEZ-VOUS À L'ANNEXE SUR LES CHIFFRES P. 278-279).

a. 16   b. 17   c. 10   d. 3,5   e. 8,4   f. 13,5   g. 12

3. COMPLÉTEZ LA SÉRIE DE CHIFFRES.

Hitotsu, (............), (............), yottsu, itsutsu, (............), (............), (............), kokonotsu, (............)

ひとつ、（............）、（............）、よっつ、いつつ、（............）、（............）、（............）、ここのつ、（............）

4. RÉPONDEZ AUX QUESTIONS RELATIVES AU DIALOGUE ÉTUDIÉ AUJOURD'HUI.

a. Roran-san wa, kôhî to banira no aisukurîmu o tabemashita ka.
ロランさんは、コーヒーとバニラのアイスクリームをたべましたか。
b. Akari-san wa, doko de ryôgae-shimashita ka.
あかりさんは、どこでりょうがえしましたか。
c. Aisukurîmu wa oishikatta desu ka.
アイスクリームはおいしかったですか。
d. Akari-san ga aisukurîmu no o-kane o haraimashita ka.
あかりさんがアイスクリームのおかねをはらいましたか。
e. Kôn to kappu to dochira ni shimashita ka.
コーンとカップとどちらにしましたか。
f. Aisukurîmu wa, zenbu de ikura ni narimashita ka.
アイスクリームは、ぜんぶでいくらになりましたか。

5. THÈME. TRADUISEZ LES PHRASES SUIVANTES EN JAPONAIS.

a. La glace à la vanille n'est pas aussi bonne que la glace à la pistache.
b. Les magasins du centre-ville ne sont pas si bien que cela.
c. Que préférez-vous, le cinéma (= les films) japonais ou le cinéma italien ?
d. Le café est à 2,50 euros. Pour deux, cela fait 5 euros.
e. Il y a plusieurs sortes de cafés. Lequel préfères-tu ?
f. Tout à l'heure, j'ai changé de l'argent dans le centre-ville.

6.
INVITATION
SHÔTAI

OBJECTIFS	NOTIONS
• EXPRIMER UN DÉSIR	• LES JOURS DE LA SEMAINE
• INVITER QUELQU'UN	• LE SUFFIXE *-TAI* D'EXPRESSION DU DÉSIR
• RÉAGIR À UNE INVITATION	• EXPRESSIONS RELATIVES AU TEMPS
• SE REPÉRER DANS LE TEMPS	

しょうたい
SHÔTAI
INVITATION

あかり： つかれました。もうおそいですから、りょうにいきたいです。
Akari : Tsukaremashita. Mô osoi desu kara, ryô ni ikitai desu.
Akari : Je suis fatiguée. Comme il est déjà tard, j'aimerais aller à la résidence étudiante.

ロラン： りょうはげつようびからです。
Roran : Ryô wa getsu-yôbi kara desu.
Roland : La résidence, c'est à partir de lundi.

あかり： えっ、じゃ、わたしはどこにとまりますか。ホテルのよやくはしませんでした。
Akari : E, ja, watashi wa doko ni tomarimasu ka. Hoteru no yoyaku wa shimasen deshita.
Akari : Hein, alors, où vais-je passer la nuit ? Je n'ai pas réservé d'hôtel.

ロラン： わたしのうちです。うちには、へやがたくさんありますから。
Roran : Watashi no uchi desu. Uchi ni wa, heya ga takusan arimasu kara.
Roland : Chez moi. Parce que chez nous il y a beaucoup de chambres.

あかり： でも、わるいです。
Akari : Demo, warui desu.
Akari : Mais je crains de vous déranger…

ロラン： だいじょうぶです。げつようびまでですから。
Roran : Daijôbu desu. Getsu-yôbi made desukara.
Roland : Aucun problème. C'est jusqu'à lundi.

あかり：きょうはきんようびですよ。きょうも、あしたも、あさっても、ロランさんのうちにおせわになりますか。
Akari : Kyô wa kin-yôbi desu yo. Kyô mo, ashita mo, asatte mo, Roran-san no uchi ni o-sewa ni narimasu ka.
Akari : Mais on est vendredi aujourd'hui tu sais ! Je vais être à votre charge aujourd'hui, demain et après-demain ?

ロラン：ごえんりょなく。かぞくもよろこびます。
Roran : Go-enryo naku. Kazoku mo yorokobimasu.
Roland : Ne te sens pas gênée. Ma famille sera très contente aussi.

あかり：ほんとうにだいじょうぶですか。
Akari : Hontô ni daijôbu desu ka.
Akari : Vraiment, cela ne pose pas de problème ?

ロラン：はい、ちちはイタリアりょうりがじょうずですから、こんばんはパスタです。パスタはすきではありませんか。
Roran : Hai, chichi wa itaria ryôri ga jôzu desu kara, konban wa pasuta desu. Pasuta wa suki dewa arimasen ka.
Roland : Non, comme mon père fait très bien la cuisine italienne, ce soir, ce sera des pâtes. Tu n'aimes pas les pâtes ?

あかり：いいえ、だいすきです。
Akari : Iie, dai-suki desu.
Akari : Si, j'adore !

■ COMPRENDRE LE DIALOGUE
FORMULES ET EXPRESSIONS

→ **Tsukaremashita**, *Je suis fatiguée*, vient du verbe **tsukareru**, *être fatigant, fatiguer*. On utilise ce verbe au passé pour exprimer le changement d'état.

→ **Mô**, *déjà*, est un adverbe. Il apparaît soit devant un verbe, soit devant un adjectif, comme ici dans **Mô osoi**, *Il est déjà tard*.

→ **Demo**, *mais*, est un mot de liaison de l'on place en tête de phrase pour marquer une opposition à la phrase précédente. Ce terme appartient au registre oral.

→ **Warui desu**, *Je crains de vous déranger…* Le premier sens de **warui** est *mal, mauvais*. La personne se sent gênée d'accepter une invitation. C'est un refus poli.

→ Les jours de la semaine : **getsu-yôbi**, **kin-yôbi**, *lundi* et *vendredi* ; **ka-yôbi**, *mardi* ; **sui-yôbi**, *mercredi* ; **moku-yôbi**, *jeudi* ; **do-yôbi**, *samedi* et **nichi-yôbi**, *dimanche*.

→ **Kyô**, **ashita**, **asatte** respectivement *aujourd'hui*, *demain* et *après-demain* ; **konban**, *ce soir*. Toutes ces expressions peuvent s'utiliser sans particule, comme des adverbes, ou thématisées par **wa**.

→ **O-sewa ni narimasu**, *Je suis à votre charge*. **Sewa** désigne le soin qu'une personne prend d'une autre. **O-sewa ni naru** exprime le sentiment de la personne dont on s'occupe.

→ **Go-enryo naku**, *Ne te sens pas gênée*. **Enryo** décrit un mouvement de retrait dû à la gêne. **Go-enryo naku** s'utilise quand on veut mettre un invité à l'aise.

NOTE CULTURELLE

Uchi, *chez moi*, *ma maison*. Le premier sens de **uchi** est « intérieur », et donc par extension, il désigne l'intérieur ou les gens qui se trouvent à l'intérieur, notamment d'une maison. Il est aussi utilisé pour désigner ce qui appartient à la famille : **uchi no kuruma**, *ma voiture* ou *notre voiture*. Le mot **kazoku** que nous avons déjà vu signifie uniquement *famille*, donc **uchi no kazoku** signifie *ma famille*.

◆ GRAMMAIRE
LES VERBES

Ikitai desu, *je voudrais aller / j'ai envie d'aller*. Le suffixe **-tai** s'accroche au verbe à la place du suffixe **-masu**. Ici nous avons le verbe *aller* **ikimasu (iku)**, donc

ikitai veut dire *avoir envie d'aller*. Attention **ikitai** devient un adjectif en **-i** et il se conjugue donc comme tel. À la forme négative, ce sera **ikitaku nai desu**, *je n'ai pas envie d'aller* ; au passé, **ikitakatta desu**, *j'avais envie d'aller*. Par ailleurs, s'agissant de l'expression d'un sentiment personnel, l'expression est perçue comme étant à la première personne (je).

Tomarimasu, *passer la nuit.* Le premier sens de ce verbe est *s'arrêter*. On l'utilise pour l'idée de passer la nuit à l'extérieur de chez soi. Il s'agit donc de s'arrêter temporairement quelque part.

Yoyaku wa shimasen deshita, *Je n'ai pas réservé d'hôtel.* **Yoyaku** est un nom qui veut dire *réservation* et en le combinant au verbe **suru**, *faire*, on obtient le sens de *réserver*.

Le verbe **suru/shimasu** est ici utilisé à la forme négative passée.

Yorokobimasu, *se réjouir, être content* (du verbe **yorokobu**). Même s'il existe un adjectif signifiant *content*, ici nous utilisons un verbe parce qu'il ne s'agit pas de la première personne. Roland décrit les sentiments de sa famille.

Remarquons que la forme en **-masu** des verbes ne sert pas uniquement pour le temps présent (comme dans **uchi ni heya ga takusan arimasu**, *il y a beaucoup de chambres chez nous*), mais aussi pour le futur : **Kazoku mo yorokobimasu**, *Ma famille sera très contente aussi*.

LES ADJECTIFS

Osoi desu, *Il est tard*. **Osoi** est un adjectif en **-i**.

Warui desu, litt. « c'est mal », donc *Je crains de vous déranger.* **Warui** est le contraire de **ii**, *bien*.

Jôzu desu, *être fort* (dans un domaine) suppose une compétence ou une habilité. Il s'agit d'un adjectif en **-na** : **Chichi wa itaria ryôri ga jôzu desu**, *Mon père fait bien la cuisine italienne.* La construction type est donc **N1** (généralement une personne) **wa N2** (domaine) **ga jôzu desu**.

Suki dewa arimasen ka, *Tu n'aimes pas ?* est une phrase interro-négative. La personne qui pose la question imagine que la réponse sera que l'interlocuteur n'aime pas les pâtes.

Dai-suki desu, *J'adore !* **Dai-suki** est composé du préfixe **dai**, qui signifie *grand* et de l'adjectif **suki**, qui signifie *aimé*. Il se conjugue comme **suki**.

LES PARTICULES

- **La particule *ni* :**

Ryô ni ikitai desu, *J'ai envie d'aller à la résidence*. Avec un verbe de mouvement, **ni** accompagne le complément de destination. **Doko ni tomarimasu ka**, *Où vais-je passer la nuit ?* Le verbe **tomaru** exige la particule **ni** pour marquer le lieu.

Uchi ni heya ga takusan arimasu, *Chez nous, il y a beaucoup de chambres*. Avec un verbe d'état comme **aru/arimasu**, le lieu est marqué par la particule **ni**. **Roran-san no uchi ni o-sewa ni narimasu**, *Je serai à votre charge* (litt. « à la charge de la famille de Roland »). **Uchi** joue ici le rôle d'un complément d'agent grâce auquel le locuteur (ici Akari) reçoit un certain bénéfice (ici, la famille de Roland s'occupe d'elle).

- **La particule *kara* « à partir de » :**

Getsu-yôbi kara desu, *C'est à partir de lundi*. **Kara** accompagne le point d'origine dans le temps. Attention cette particule se trouve derrière un nom. Elle est différente du **kara** particule connective déjà rencontrée dans le module 2, que l'on trouve à la fin d'une proposition et qui signifie *parce que*.

- **La particule de thème *wa* :**

Hoteru no yoyaku wa shimasen deshita, *Je n'ai pas réservé d'hôtel*. En raison de la négation, le **o** de COD a été remplacé par la particule **wa**.

Pasuta wa suki dewa arimasen ka, *Les pâtes, vous ne les aimez pas ?* Avec une proposition négative, la particule **wa** est plus naturelle que la particule **ga**.
Uchi ni wa heya ga takusan arimasu, *Chez nous, il y a beaucoup de chambres*. On place la particule de thème **wa** derrière la particule **ni** de lieu pour donner un effet de contraste. Le complément de lieu est en tête de la phrase comme le serait un thème (cf. **Watashi wa doko ni tomarimasu ka**, *Où vais-je passer la nuit ?*) Remarquons que **wa** s'ajoute à la particule **ni**, alors qu'elle remplace les particules **ga** ou **o** (**Yoyaku wa shimasen deshita**, *Je n'ai pas réservé* ; **Pasuta wa suki de wa arimasen ka**, *Tu n'aimes pas les pâtes ?*), mais l'effet est le même.
Kyô wa kin-yôbi desu, *Aujourd'hui c'est vendredi* ; **Konban wa pasuta desu**, *Ce soir, c'est des pâtes*. Les termes **kyô** ou **konban** qui désignent des moments dans la journée s'utilisent souvent sans particule, mais l'ajout de la particule de thème **wa** permet de présenter les informations de façon plus claire.

- **La particule *made*, « jusqu'à » :**

Getsu-yôbi made desu, *C'est jusqu'à lundi*. **Made** accompagne le complément de temps qui marque une limite.

VOCABULAIRE

しょうたい **shôtai** *invitation*
つかれました **tsukaremashita**
je suis fatiguée (du verbe **tsukareru**)
もう **mô** *déjà*
おそい **osoi** *tard*
りょう **ryô** *foyer, résidence*
V* + たい **V + tai** *avoir envie de*
(+ verbe)
げつようび **getsu-yôbi** *lundi*
から **kara** particule *à partir de*
とまります **tomarimasu** *passer la nuit* (du verbe **tomaru**)
ホテル **hoteru** *hôtel*
よやく **yoyaku** *réservation*
うち **uchi** *maison, chez moi ; famille*
へや **heya** *chambre, pièce*
たくさん **takusan** *beaucoup*
でも **demo** *mais*
わるい **warui** *mal, mauvais*
まで **made** particule *jusqu'à*
きょう **kyô** *aujourd'hui*

きんようび **kin-yôbi** *vendredi*
あした **ashita** *demain*
あさって **asatte** *après-demain*
おせわになります **o-sewa ni narimasu** *être à la charge*
(du verbe **naru**)
ごえんりょなく **go-enryo naku**
sans gêne, sans être gêné
よろこびます **yorokobimasu**
se réjouir, être content
りょうり **ryôri** *cuisine*
じょうず **jôzu** *être fort dans un domaine*
こんばん **konban** *ce soir*
パスタ **pasuta** *pâtes*
だいすき **dai-suki** *adoré*
かようび **ka-yôbi** *mardi*
すいようび **sui-yôbi** *mercredi*
もくようび **moku-yôbi** *jeudi*
どようび **do-yôbi** *samedi*
にちようび **nichi-yôbi** *dimanche*

• **La particule, *mo* « aussi »** :

Kyô mo ashita mo asatte mo o-sewa ni narimasu ka, *Je serai à votre charge aujourd'hui, demain et après-demain ?* La particule **mo** insiste ici sur tous ces jours où Akari va rester chez Roland.

Kazoku mo yorokobimasu, *Ma famille sera très contente aussi.* Dans cette phrase **mo** remplace **ga** (**kazoku ga yorokobimasu**, *ma famille sera contente*).

⬢ EXERCICES

1. COMPLÉTEZ LES SÉRIES.

a. (..................................), ka-yôbi かようび, sui-yôbi すいようび, moku-yôbi もくようび, (..)

b. ichi いち (................................), san さん, (..................................), go ご, roku ろく, (..................................), hachi はち, (..................................), jû じゅう

2. ÉCOUTEZ, ÉCRIVEZ ET TRADUISEZ.

a. . . . . / . . . .
b. . . . . / . . . .
c. . . . . / . . . .
d. . . . . / . . . .
e. . . . . / . . . .

3. RÉPONDEZ NÉGATIVEMENT AUX QUESTIONS.

a. Asatte ryô ni tomarimasu ka.
あさってりょうにとまりますか。

. . . .

b. Hoteru no yoyaku o shimashita ka.
ホテルのよやくをしましたか。

. . . .

c. Aisukurîmu ga kirai desu ka.
アイスクリームがきらいですか。
....

d. Kono machi ni eiga-kan ga takusan arimasu ka.
このまちにえいがかんがたくさんありますか。
....

4. CHOISISSEZ LA PARTICULE ADÉQUATE.

a. Getsu-yôbi (........) kin-yôbi (........) hoteru (........) tomarimasu.
げつようび (........) きんようび (........) ホテル (........) とまります。

b. Koko (........) (........) bijutsu-kan (........) arimasu.
ここ (........) (........) びじゅつかん (........) あります。

c. Roran-san (........) nihon (........) eiga (........) suki desu.
ロランさん (........) にほん (........) えいが (........) すきです。

d. Akari-san (........) horâ-eiga (........) suki dewa arimasen.
あかりさん (........) ホラーえいが (........) すきではありません。

5. THÈME. TRADUISEZ LES PHRASES SUIVANTES EN JAPONAIS.

a. Roland voudrait aller au musée avec Akari.
....

b. Akari mangera des pâtes avec la famille de Roland ce soir.
....

c. Akari adore les glaces.
....

d. Akari passera la nuit chez Roland et ce soir, et demain, et après-demain.
....

e. Il y a beaucoup de magasins dans le centre-ville.
....

II LA VIE QUOTIDIENNE

7.

ACHATS

KAIMONO

OBJECTIFS

- EXPRIMER DES NOMBRES AU-DELÀ DE 100
- EXPRIMER DES QUANTITÉS
- COMPARER
- EXPRIMER DES QUALITÉS À LA NÉGATION PASSÉE

NOTIONS

- LES ADJECTIFS AU PASSÉ NÉGATIF
- LE COMPARATIF
- LA PARTICULE *GA* ET LE DÉSIDÉRATIF (EXPRESSION DU DÉSIR)
- LA PARTICULE *WA* DE THÈME
- LES DÉMONSTRATIFS *KONO* + N, *SONO* + N, *ANO* + N
- LES ADVERBES DE QUANTITÉ
- LES INDÉFINIS
- LES NOMBRES AU-DELÀ DE 100

かいもの
KAIMONO
ACHATS

🔊 09

ロラン： このみせはゆうめいです。なにかかいましょうか。

Roran : Kono mise wa yûmei desu. Nanika kaimashô ka.
Roland : Ce magasin est célèbre. On achète quelque chose ?

あかり： ええ、くだものがすこしかいたいです。

Akari : Ê, kudamono ga sukoshi kaitai desu.
Akari : Oui, je voudrais acheter un peu de fruits.

（みせのなかで　Mise no naka de *Dans le magasin*）

あかり： わあ、ワインがたくさんありますね。ぜんぶのみたいです。

Akari : Wâ, wain ga takusan arimasu ne. Zenbu nomitai desu.
Akari : Waouh, il y a beaucoup de vins ! J'ai envie de tout boire.

ロラン： あかりさん、くだもののうりばは、むこうです。ワインは、こんばんうちでのみましょう。

Roran : Akari-san, kudamono no uriba wa, mukô desu. Wain wa, konban uchi de nomimashô.
Roland : Akari, le rayon des fruits est là-bas. Le vin, on en boira ce soir chez moi.

あかり： あ、すみません。くだものは、にほんよりずっとやすいですね。それに、しゅるいもおおいですね。

Akari : A, sumimasen. Kudamono wa, nihon yori zutto yasui desu ne. Sore ni, shurui mo ôi desu ne.
Akari : Ah, désolée. Les fruits sont bien meilleur marché qu'au Japon, hein ! En plus, il y a beaucoup de variétés dis donc !

ロラン： じゃ、いろいろなくだものを、すこしずつえらびましょう。

Roran : Jâ, iroirona kudamono o, sukoshi zutsu erabimashô.
Roland : Alors choisissons un peu de fruits de plusieurs sortes.

あかり： さんせい。ひこうきのなかでは、くだものをたべませんでした。
Akari : Sansei. Hikôki no naka de wa, kudamono o tabemasen deshita.
Akari : D'accord ! Dans l'avion, je n'ai pas mangé de fruits.

ロラン： ひこうきのごはんは、おいしくなかったですか。
Roran : Hikôki no gohan wa, oishiku nakatta desu ka.
Roland : Le repas de l'avion n'était pas bon ?

あかり： ええ、あまりおいしくなかったです。
Akari : Ê, amari oishiku nakatta desu.
Akari : Non, ce n'était pas très bon.

ロラン： じゃ、まずこのりんごを、ごひゃくグラムかいましょう。
Roran : Jâ, mazu kono ringo o, go-hyaku-guramu kaimashô.
Roland : Bon alors achetons d'abord 500 g de ces pommes.

あかり： いくらになりますか。でも、これは、なしですね。
Akari : Ikura ni narimasu ka. Demo, kore wa, nashi desu ne.
Akari : Cela fait combien ? Mais ce sont des poires n'est-ce pas ?

ロラン： りんごです。いちキロよんユーロですから、にユーロです。
Roran : Ringo desu. Ichi-kiro yon-yûro desu kara, ni-yûro desu.
Roland : Ce sont des pommes. Puisque ces pommes sont à 4 euros le kilo, c'est 2 euros.

あかり： わあ、ほんとうにやすいですね。
Akari : Wâ, hontô ni yasui desu ne.
Akari : Waouh, c'est vraiment bon marché !

■ COMPRENDRE LE DIALOGUE
FORMULES ET EXPRESSIONS

→ **Naka**, *intérieur*. Permet d'exprimer l'équivalent de *dans* en combinant un nom avec **naka**. **Sûpâ no naka de**, *dans le supermarché* ; **hikôki no naka de**, *dans l'avion*.

→ **Uriba**, *rayon* (dans un magasin). Mot composé du verbe **urimasu (uru)** qui signifie *vendre* et de **ba** qui désigne un *endroit*.

→ **Mukô**, *là-bas*. Nous avons déjà vu **achira** dans le module 2 au sens également de *là-bas*. Le premier sens de **mukô** est *de l'autre côté*. Il souligne donc l'espace restant à franchir pour atteindre l'endroit désigné.

→ **Sore ni**, *en plus*, *de plus*… Mot de liaison que l'on place en tête de phrase pour ajouter un élément dans une argumentation.

→ **Sansei**, *d'accord*. Apparaît dans des discussions entre amis, avec une nuance dynamique. Peut servir aussi lors de votes pour dire « oui ».

→ **Mazu**, *d'abord*. Apparaît la plupart du temps en début de phrase pour ordonner les idées.

NOTE CULTURELLE

Les fruits sont très chers au Japon. On n'achète pas les pommes ou les poires au kilo, mais elles sont vendues soit à l'unité, soit par quatre ou cinq en général. On les déguste coupées en quartier, presque jamais entières. Les *poires* **nashi** ne sont pas comme les poires occidentales. Elles sont rondes et plutôt jaunes, très aqueuses. Certaines ressemblent à des pommes de la variété Reinette Blanche du Canada.

◆ GRAMMAIRE
LES ADJECTIFS

Oishiku nakatta desu, *Ce n'était pas bon*, avec l'adjectif **oishii** au passé négatif. Pour le former, il faut partir de la forme négative non accomplie et mettre le suffixe **-katta**. Rappel : **oishii desu**, *c'est bon* ; **oishikatta desu**, *c'était bon* ; **oishiku nai desu** (en enlevant le **-i** de terminaison), *ce n'est pas bon*, puis **oishiku nakatta desu**, *ce n'était pas bon*. Remarquez que le **-i** de terminaison de **oishiku nai** a été enlevé aussi. Rappelons que le suffixe **-tai** de désidératif (expression du désir) se conjugue comme un adjectif. **Ii**, *bien, bon*, qui existe aussi sous la forme plus littéraire de **yoi** (comme nous l'avons vu dans le module 5), se conjugue en **yoku nai**, **yokatta**, **yoku nakatta**.

• **Le comparatif**

Kudamono wa nihon yori zutto yasui desu, *Les fruits sont bien meilleur marché qu'au Japon*, litt. « par rapport au Japon, en France les fruits sont bon marché ». **Yori**, *par rapport à* accompagne un nom qui sert de repère. **Zutto** dans une comparaison insiste sur la grande différence qui existe entre les deux éléments comparés (*beaucoup plus que…*).

LES PARTICULES

Kudamono ga sukoshi kaitai desu, *Je voudrais acheter un peu de fruits.* Le suffixe **-tai** de désidératif se conjugue comme un adjectif en **-i**. Ainsi, le verbe qui porte ce suffixe (**kaitai**) se comporte comme un adjectif. **Kudamono o kaimasu**, *J'achète des fruits,* devient **Kudamono ga kaitai desu**, *J'ai envie d'acheter des fruits* : « Les fruits sont désirés » en quelque sorte, et donc de COD, le mot *fruits* **kudamono** passe à sujet, avec la particule **ga**.

• **Particule *wa* de thème**

Wain wa uchi de nomimashô, *Le vin, nous en boirons ce soir chez moi.* Normalement, **wain** étant le complément d'objet de **nomimashô**, on attendrait **wain o nomimashô**. Mais ici, **wain** est thématisé pour créer un effet de contraste.

Hikôki no naka de wa, *dans l'avion.* Ici la particule de thème est utilisée derrière la particule **de** de lieu pour créer un effet de contraste, ce qui est très courant avec une négation, pour limiter la portée de celle-ci.

LES DÉMONSTRATIFS *KONO* + N, *SONO* + N, *ANO* + N

Kono mise wa yûmei desu, *Ce magasin est célèbre.*

Kono ringo, *ces pommes*

Toujours suivis d'un nom, **kono**, **sono** et **ano** que l'on traduit par *ce* ou *cette* + N sont des déterminants démonstratifs.

Kono désigne un élément près du locuteur, **sono** un élément près de l'interlocuteur et **ano** désigne un élément éloigné des deux. C'est donc la même logique que **kore**, **sore**, **are**, *ceci, cela, ça là-bas*, ou **koko**, **soko**, **asoko**, *ici* et *là, là-bas*, comme nous l'avons déjà vu.

LES ADVERBES DE QUANTITÉ

Sukoshi, *un peu* : **Kudamono ga sukoshi kaitai desu**, *J'aimerais acheter un peu de fruits.* Remarquez la place de l'adverbe de quantité, entre la particule qui accompagne le nom et le verbe.

Takusan, *beaucoup* : **Wain ga takusan arimasu**, *Il y beaucoup de vins.*

Zenbu, *tout* : **Zenbu nomitai desu**, *J'ai envie de tout boire.*

Amari + nég., *pas tellement* : **Amari oishiku nakatta desu**, *Ce n'était pas très bon.*

Sukoshi zutsu, *par petites quantités de chaque* : **Iroirona kudamono o sukoshi zutsu erabimashô**, *Choisissons un peu de fruits de plusieurs sortes.*

Kono nashi o go-hyaku-guramu kaimashô, *Achetons 500 g de ces poires.* Vous remarquez que la quantité précise (ici en grammes) se place au même endroit que les adverbes de quantité.

LES INDÉFINIS

Nanika, *quelque chose*. Mot composé de l'interrogatif **nani** *quoi* et de **ka**.

Nanika kaimashô ka, *On achète quelque chose ?* Normalement, on devrait dire **nanika o kaimashô ka**, mais dans le cas du complément d'objet direct, la particule est omise pour les indéfinis.

LES NOMBRES AU-DELÀ DE 100

Go-hyaku, *cinq cents*. **Hyaku** veut dire *100* et on place un chiffre devant pour compter les centaines : **ni-hyaku** *200*, **yon-hyaku** *400*, **nana-hyaku** *700*, **kyû-hyaku** *900*.

Attention ! Quand **hyaku** est précédé de **san** *3*, **roku** *6*, ou **hachi** *8*, la prononciation change : **sanbyaku** *300*, **roppyaku** *600*, et **happyaku** *800*.

VOCABULAIRE

かいもの **kaimono** achats

この + N **kono + N** ce, cette

なにか **nanika** quelque chose

かいます **kaimasu** acheter (du verbe **kau**)

くだもの **kudamono** fruit

なか **naka** intérieur

ワイン **wain** vin

ぜんぶ **zenbu** tout

のみたい **nomitai** avoir envie de boire (du verbe **nomu** boire)

うりば **uriba** rayon (dans un magasin)

むこう **mukô** là-bas

より **yori** par rapport à (comparaison)

ずっと **zutto** beaucoup plus, bien plus (comparaison)

やすい **yasui** bon marché

それに **sore ni** de plus, en plus

しゅるい **shurui** sorte, espèce

おおい **ôi** nombreux, beaucoup

すこしずつ **sukoshi zutsu** un peu de chaque

えらびましょう **erabimashô** choisissons (du verbe **erabu**)

さんせい **sansei** d'accord

ひこうき **hikôki** avion

ごはん **gohan** repas

まず **mazu** d'abord

りんご **ringo** pomme

なし **nashi** poire

ごひゃくグラム **go-hyaku-guramu** cinq cents grammes

いちキロ **ichi-kiro** un kilo

EXERCICES

1. ÉCOUTEZ ET ÉCRIVEZ LES NOMBRES.

a. ...... b. ...... c. ...... d. ...... e. ...... f. ...... g. ......

2. RÉPONDEZ AUX QUESTIONS PAR LA NÉGATIVE.

a. Aisukurîmu wa oishii desu ka. アイスクリームはおいしいですか。
....

b. Pasuta ga suki desu ka. パスタがすきですか。
....

c. Hikôki wa takakatta desu ka. ひこうきはたかかったですか。
....
d. Konban eiga o mimasu ka. こんばんえいがをみますか。
....
e. Wain o takusan nomimashita ka. ワインをたくさんのみましたか。
....
f. Kyô wa sui-yôbi desu ka. きょうはすいようびですか。
....

3. INTÉGREZ L'EXPRESSION DE QUANTITÉ PROPOSÉE ENTRE PARENTHÈSES À LA BONNE PLACE DANS CHACUNE DES PHRASES.

a. Aisukurîmu wa oishii desu ka. アイスクリームはおいしいですか。 (totemo とても)
....
b. Kudamono ga kaitai desu. くだものがかいたいです。 (sukoshi すこし)
....
c. Hon o yomimasu. ほんをよみます。 (takusan たくさん)
....
d. Pasuta wa oishiku nakatta desu. パスタはおいしくなかったです。 (amari あまり)
....
e. Nashi o kaimasu. なしをかいます。 (go-hyaku-guramu ごひゃくグラム)
....

4. THÈME. TRADUISEZ LES PHRASES SUIVANTES EN JAPONAIS.

a. Les vins français sont beaucoup plus célèbres que les vins japonais.
....
b. Le film d'aujourd'hui n'était pas tellement intéressant.
....
c. J'aimerais boire un peu de café.
....
d. Y a-t-il un rayon fruits dans ce magasin ?
....

8.

L'AMI DE ROLAND

RORAN NO TOMODACHI

OBJECTIFS

- EXPRIMER L'HEURE
- SITUER DANS LE TEMPS
- SITUER DANS L'ESPACE
- EXPRIMER UNE ACTION FUTURE
- EXPRIMER UNE ACTION HABITUELLE

NOTIONS

- L'EXPRESSION D'UN BUT DE DÉPLACEMENT
- LE TEMPS DES VERBES
- LES CATÉGORIES DE VERBES (*ICHI-DAN*, *GO-DAN* ET IRRÉGULIERS)
- LES PARTICULES *DE* ET *NI*

ロランのともだち
RORAN NO TOMODACHI
L'AMI DE ROLAND

🔊 10

ロラン：おもくないですか。パーキングまですこしあるきますから、わたしがにもつをもちましょう。
Roran : Omoku nai desu ka. Pâkingu made sukoshi arukimasu kara, watashi ga nimotsu o mochimashô.
Roland : Ce n'est pas lourd ? Je vais porter les paquets, parce qu'on va marcher un peu jusqu'au parking.

あかり：ありがとうございます。おうちはこのちかくですか。
Akari : Arigatô gozaimasu. O-uchi wa kono chikaku desu ka.
Akari : Merci. Ta maison est près d'ici ?

ロラン：くるまでじゅっぷんです。いま、しちじごじゅっぷんですから、いそぎましょう。
Roran : Kuruma de juppun desu. Ima, shichi-ji go-juppun desu kara, isogimashô.
Roland : C'est à dix minutes en voiture. Dépêchons-nous, parce qu'il est 19 h 50.

あかり：ばんごはんは、なんじからですか。
Akari : Ban-gohan wa, nan-ji kara desu ka.
Akari : À partir de quelle heure est le dîner ?

ロラン：くじごろですが、ともだちがはちじにきます。
Roran : Ku-ji goro desu ga, tomodachi ga hachi-ji ni kimasu.
Roland : C'est aux alentours de neuf heures. Mais un ami viendra à huit heures.

あかり：そのおともだちも、いっしょにたべますか。
Akari : Sono o-tomodachi mo, issho ni tabemasu ka.
Akari : Cet ami mangera aussi avec nous ?

ロラン：ええ、かれは、よくうちにあそびにきます。
Roran : Ê, kare wa, yoku uchi ni asobi ni kimasu.
Roland : Oui, il vient souvent chez nous pour passer un moment.

あかり：そのひとも、にほんごをはなしますか。
Akari : Sono hito mo, nihon-go o hanashimasu ka.
Akari : Il parle aussi japonais ?

ロラン：いっしょにべんきょうをはじめましたが、かれは、すぐにやめました。
Roran : Issho ni benkyô o hajimemashita ga, kare wa, sugu ni yamemashita.
Roland : Nous avons commencé à étudier ensemble, mais il a tout de suite abandonné.

あかり：ロランさんのほうが、がんばりやですね。
Akari : Roran-san no hô ga, ganbari-ya desu ne.
Akari : Tu es plus courageux, hein !

COMPRENDRE LE DIALOGUE
FORMULES ET EXPRESSIONS

→ **Arigatô gozaimasu**, *merci beaucoup*. **Arigatô** veut dire *merci* et **gozaimasu** est un auxiliaire de politesse.

→ **O-uchi**, *ta maison* ; **o-tomodachi**, *ton ami*. Le préfixe **o-** est honorifique. On le trouve dans **O-tôsan**, *ton père* ; **o-negai-shimasu**, *s'il vous plaît*, pour décrire ce qui touche à l'interlocuteur. Ici, le préfixe **o-**, utilisé devant le mot **uchi**, *la maison*, et le mot **tomodachi**, *ami*, équivaut presque à « ton ». Quand Roland parle de sa propre maison ou de son propre ami, il n'utilise pas le préfixe **o-**.

→ **Chikaku**, *à proximité*. Au départ adverbe, ce mot s'utilise maintenant comme un nom. **Kono chikaku**, *près d'ici*, désigne un endroit proche du locuteur.

→ **Juppun**, *dix minutes*. Le premier sens est celui de la durée. On peut également utiliser cette expression pour indiquer les minutes lorsque l'on donne l'heure. Le mot *minute* est **fun**. Quand ce mot se trouve derrière un nombre, un changement phonétique se produit. On dira **-pun** pour 1, 3, 4, 6, 8 et 10 minutes (et tous les nombres se terminant par ces chiffres) : *1 min*, **ippun** ; *3 min*, **san-pun** ; *4 min*, **yon-pun** ; *6 min*, **roppun** ; *8 min*, **happun** ; *10 min*, **juppun** (ainsi que tous les multiples de 10 comme par exemple *50 min*, **go-jup-pun**). *Combien de minutes ?* se dira **nan-pun**, en utilisant l'interrogatif **nan**. *2 min*, **ni-fun** ; *5 min*, **go-fun** ; *7 min*, **nana-fun** ; *9 min*, **kyû-fun**.

→ **Shichi-ji**, *7 heures*. **Ji** est le suffixe pour indiquer l'heure mais seul, il ne peut pas indiquer la durée. Attention à la prononciation de *4 heures*, **yo-ji** ; *7 heures*, **shichi-ji** et *9 heures*, **ku-ji**. Pour les autres, aucune difficulté de prononciation : *1 heure*, **ichi-ji** ; *2 heures*, **ni-ji** ; *3 heures*, **san-ji** ; *5 heures*, **go-ji** ; *6 heures*, **ro-ku-ji** ; *8 heures* **hachi-ji** ; *10 heures* **jû-ji** ; *11 heures* **jû-ichi-ji** ; *12 heures* **jû-ni-ji**, *Quelle heure ?* **Nan-ji**. Dans la vie quotidienne, on compte plutôt sur 12 heures et non pas 24.

→ **Kare**, *il, lui*. Pronom personnel désignant la troisième personne du singulier au masculin. Attention, ce genre de pronom personnel est relativement récent dans la langue et leur utilisation est moins généralisée qu'en français. La connotation peut être familière, et donc on ne peut pas toujours l'employer. Remarquons qu'Akari, quand elle veut parler de l'ami de Roland, dit **sono hito**, *cette personne*, ce qui est la manière la plus neutre d'évoquer une tierce personne.

→ **Asobi ni kimasu**, *Il vient chez nous passer un moment*. **Asobi** vient de **Asobimasu/asobu**, *s'amuser, jouer, se détendre, passer un moment*. Ce verbe, très utilisé, décrit toute occupation qui ne relève pas d'un but précis. Il faut donc éviter de le traduire systématiquement par *jouer* ou *s'amuser*.

→ **Sugu ni**, *tout de suite, immédiatement*. On peut dire aussi **sugu**, mais l'adjonction de la particule **ni** donne un sens plus précis ou plus insistant. Ici, on a vraiment l'impression que la personne a arrêté ses études très tôt.

→ **Ganbari-ya**, *personne courageuse, tenace*. Cette expression vient du verbe **ganbarimasu (ganbaru)**, qui signifie *faire de son mieux, s'accrocher, persister, travailler dur*. C'est un mot omniprésent dans la vie courante. Le suffixe **-ya** désigne ici une personne et permet de préciser un trait de caractère. Parfois, il désigne une spécialité (pour un commerçant).

◆ GRAMMAIRE
LES VERBES

• **Expression d'un but de déplacement**

Asobi ni kimasu, *Vient passer un moment*. On rencontre cette structure avec les verbes *aller* ou *venir*, ou encore *rentrer*. L'action qui constitue le but du déplacement est exprimée par un verbe (forme obtenue en ôtant le suffixe **-masu**) suivi de la particule **ni**. Lorsqu'il est nécessaire de préciser le lieu, ce dernier sera accompagné de la particule **ni** ou d'une particule indiquant la direction.

• **Le temps des verbes**

Dans ce dialogue, la plupart des verbes sont à la forme en **-masu**. Nous voyons que cette forme peut être utilisée pour décrire une situation présente ou habituelle (**Kare wa yoku uchi ni chichi no ryôri o tabe ni kimasu**, *Il vient souvent chez nous pour manger la cuisine de mon père*), mais aussi pour une action future (**Pâkingu made sukoshi arukimasu**, *On va marcher un peu jusqu'au parking*). Il n'y a pas de forme spécifique pour le futur.

• **Les catégories de verbes (*ichi-dan*, *go-dan* et irréguliers)**

Nous avons déjà vu un certain nombre de verbes, mais ils peuvent être regroupés en trois catégories. Identifier ces groupes est nécessaire pour conjuguer les verbes. Les deux groupes de verbes les plus importants se différencient par la forme du radical. Les verbes dits unibases (1) (**ichi-dan** en japonais) ont un radical (partie du verbe qui ne change jamais) qui se termine par une voyelle, qui sera toujours un **-e** ou un **-i**. La forme du dictionnaire de ces verbes se termine toujours par **-ru**, ex. **tabemasu, taberu** : radical = **tabe** ; **mimasu, miru** : radical = **mi**, ou encore **imasu, iru** : radical = **i** ; **hajimemasu, hajimeru** : radical = **hajime** ; **yamemasu, yameru** : radical = **yame**.

Les verbes multibases (5) (**go-dan** en japonais parce qu'il existe cinq voyelles **a – i – u – e – o** et que chacune d'elle peut être utilisée pour faire une base) ont un radical qui se termine par une consonne. Ex. **arukimasu, aruku** : radical = **aruk-** ; **isogimasu, isogu** : radical = **isog-** ; **hanashimasu, hanasu** : radical = **hanas-** ; **mochimasu** (rappel : **mochimasu, motsu** : radical = **mot-**) ; **asobimasu, asobu** : radical = **asob-** ; **yomimasu, yomu** : radical = **yom-** ; **narimasu, naru** : radical = **nar-**. On ajoute à cette catégorie les verbes comme **kaimasu/kau** dont le radical se terminait autrefois par une consonne qui a disparu (**w**).

Le troisième groupe de verbes est composé de deux verbes irréguliers (IR), qui ne sont ni **ichi-dan** ni **go-dan**. Le verbe **shimasu**, **suru**, *faire*, et le verbe **kimasu**, **kuru**, *venir*. Le verbe **shimasu**, **suru** est très utilisé parce qu'il forme un verbe complexe avec beaucoup de noms, ex. **kankô-shimasu**, *faire du tourisme*, ou **ryôgae-shimasu**, *changer de l'argent*.

LES PARTICULES

- **La particule *de***

Kuruma de juppun desu, *En voiture, c'est dix minutes*. Ici la particule **de** accompagne le moyen de transport.

- **La particule *ni***

Tomodachi ga hachi-ji ni kimasu, *un ami viendra à huit heures*. La particule **ni** accompagne une indication de temps précise. Ici, on la trouve derrière l'expression de l'heure.

EXERCICES

1. ÉCOUTEZ ET ÉCRIVEZ LES HEURES.

a. ..... b. ..... c. ..... d. ..... e. ..... f. ..... g. .....

2. INSCRIVEZ ENTRE PARENTHÈSES LE GROUPE DE CHAQUE VERBE (*ICHI-DAN, GO-DAN* ET IRRÉGULIERS).

a. haraimasu はらいます (............) b. hajimemasu はじめます (............)

c. yorokobimasu よろこびます (.......) d. o-negai-shimasu おねがいします (.....)

e. tomarimasu とまります (...........) f. ikimasu いきます (............)

g. nomimasu のみます (............)

VOCABULAIRE

ともだち **tomodachi** *ami(e)*

パーキング **pâkingu** *parking*

あるきます **arukimasu** *marcher* (du verbe **aruku**)

にもつ **nimotsu** *paquet, colis, bagage*

もちましょう **mochimashô** *je vais porter* (du verbe **motsu**)

ありがとうございます **arigatô gozaimasu** *merci beaucoup*

ちかく **chikaku** *à proximité*

じゅっぷん **juppun** *dix minutes*

いま **ima** *maintenant*

しちじごじゅっぷん **shichi-ji go-juppun** *sept heures cinquante*

いそぎましょう **isogimashô** *dépêchons-nous* (du verbe **isogu**)

ばんごはん **ban-gohan** *dîner, repas du soir*

なんじ **nan-ji** *quelle heure ?*

くじ **ku-ji** *neuf heures*

ごろ **goro** *environ, vers* (après indication de l'heure)

はちじ **hachi-ji** *huit heures*

きます **kimasu** *venir* (du verbe **kuru**)

その + N **sono** + N *ce, cette* + N

たべます **tabemasu** *manger* (du verbe **taberu**)

かれ **kare** *il, lui*

よく **yoku** *souvent*

あそびにきます **asobi ni kimasu** *venir chez qqn pour passer du bon temps* (du verbe **kuru**)

ひと **hito** *une personne*

べんきょう **benkyô** *étude*

はじめました **hajimemashita** *avoir commencé* (du verbe **hajimeru**)

すぐに **sugu ni** *tout de suite*

やめました **yamemashita** *avoir abandonné, arrêté* (du verbe **yameru**)

がんばりや **ganbari-ya** *personne courageuse, tenace*

3. RÉPONDEZ AUX QUESTIONS SUR L'AMI DE ROLAND.

a. Konban nan-ji ni Roran-san no uchi ni kimasu ka.
こんばんなんじにロランさんのうちにきますか。
....

b. Roran-san no kazoku to issho ni ban-gohan o tabemasu ka.
ロランさんのかぞくといっしょにばんごはんをたべますか。
....

c. Yoku Roran-san no uchi ni gohan o tabe ni kimasu ka.
よくロランさんのうちにごはんをたべにきますか。
....

d. Nihon-go o hanashimasu ka.
にほんごをはなしますか。
....

e. Ganbari-ya desu ka.
がんばりやですか。
....

4. THÈME. TRADUISEZ LES PHRASES SUIVANTES EN JAPONAIS.

a. L'amie d'Akari a marché jusqu'au centre-ville.
....

b. Aujourd'hui, allons étudier à la bibliothèque de l'université.
....

c. Le musée, c'est près d'ici ? – Non, c'est [à] 30 minutes en voiture.
....

d. Le film d'horreur, c'est à partir de quelle heure ? – À partir de 16 h 30.
....

9.
PRÉPARATION DU DÎNER
BAN-GOHAN NO JUNBI

OBJECTIFS

- DEMANDER À QUELQU'UN DE FAIRE QUELQUE CHOSE
- DONNER UNE CONSIGNE
- COMMUNIQUER AVEC UNE PERSONNE POUR LA PREMIÈRE FOIS

NOTIONS

- LA SÉRIE DE CHIFFRES ET NOMBRE JAPONAIS DE 1 À 10
- VERBES : LA FORME EN -*TE*
- L'IMPÉRATIF POLI -*TE KUDASAI*
- LA PARTICULE *TO* DE CITATION
- LA PARTICULE CONNECTIVE *GA*

ばんごはんのじゅんび
BAN-GOHAN NO JUNBI
PRÉPARATION DU DÎNER

🔊 11

あかり： ロランさんのおとうさん、よろしくおねがいします。
Akari : Roran-san no o-tôsan, yoroshiku o-negai-shimasu.
Akari : Je suis enchantée de faire votre connaissance, M. Rossi.

アンジェロ： いらっしゃい。アンジェロとよんでください。
Anjero : Irasshai. Anjero to yonde kudasai.
Angelo : Bienvenue. Appelle-moi Angelo.

あかり： これは、つまらないものですが、おみやげです。どうぞ。
Akari : Kore wa, tsumaranai mono desu ga, o-miyage desu. Dôzo.
Akari : Ce n'est pas grand-chose, mais je vous ai apporté un cadeau. Tenez.

アンジェロ： ありがとう。あかりさんは、このへやをつかってください。ベッドがふたつありますが、おおきいほうでねてください。
Anjero : Arigatô. Akari-san wa, kono heya o tsukatte kudasai. Beddo ga futatsu arimasu ga, ôkii hô de nete kudasai.
Angelo : Merci. Utilise cette chambre, Akari. Il y a deux lits, dors dans le grand.

あかり： すてきなへやですね。
Akari : Sutekina heya desu ne.
Akari : C'est une jolie chambre, dites donc !

アンジェロ： ばんごはんまで、ここでやすんでください。
Anjero : Ban-gohan made, koko de yasunde kudasai.
Angelo : Repose-toi ici jusqu'au dîner.

あかり： おとうさん、わたしもおてつだいします。
Akari : O-tôsan, watashi mo o-tetsudai-shimasu.
Akari : M. Rossi, je vais vous aider aussi.

（だいどころで　Daidokoro de *Dans la cuisine*)

アンジェロ：じゃ、まず、れいぞうこのなかをみてください。やさいがありますから、それをだしてください。
Anjero : Ja, mazu, reizôko no naka o mite kudasai. Yasai ga arimasu kara, sore o dashite kudasai.
Angelo : D'abord, regarde dans le réfrigérateur. Il y a des légumes, sors-les s'il te plaît.

あかり：はい、トマトと、ピーマンと、なすをだしました。
Akari : Hai, tomato, to pîman to, nasu o dashimashita.
Akari : Oui, j'ai sorti des tomates, des poivrons et des aubergines.

アンジェロ：じゃ、ぜんぶあらってください。それから、いっしょにきりましょう。
Anjero : Ja, zenbu aratte kudasai. Sore kara, issho ni kirimashô.
Angelo : Dans ce cas, lave tout s'il te plaît. Ensuite, nous les couperons ensemble.

COMPRENDRE LE DIALOGUE
FORMULES ET EXPRESSIONS

→ **Irasshai**, *bienvenue*. Cette expression vient de **irassharu** verbe très poli signifiant *venir* ou *aller*. Il sert donc à souhaiter la bienvenue. Vous l'entendrez dans tous les commerces, la plupart du temps sous la forme **irasshaimase**.

→ **Dôzo**, *tenez*. Nous avons déjà rencontré ce mot dans la formule **dôzo yoroshiku o-negai-shimasu**. Ici, il accompagne un geste pour donner quelque chose à l'interlocuteur.

→ **Futatsu**, *deux*. Ce chiffre vient d'une série de chiffres et nombre japonais, de 1 à 10, par opposition aux chiffres sino-japonais, qui sont les plus répandus. Ils sont utilisés pour compter des objets qui n'ont pas une forme particulière. La série est : 1 : **hitotsu** ; 2 : **futatsu** ; 3 : **mittsu** ; 4 : **yottsu** ; 5 : **itsutsu** ; 6 : **muttsu** ; 7 : **nanatsu** ; 8 : **yattsu** ; 9 : **kokonotsu** ; 10 : **tô**. Il existe aussi un interrogatif correspondant : **ikutsu** *combien ?*

→ Notons que la structure de la proposition est toujours [Nom particule Quantité Verbe] : **Beddo ga futatsu arimasu**, *Il y a deux lits.*

→ **Ôkii hô**, *le grand*. **Hô** (litt. « la direction ») permet de désigner un élément parmi deux. C'est un nom que nous avons rencontré dans la comparaison. Remarquons que dans notre dialogue, nous ne le traduisons pas, nous disons *le grand*, sous-entendu « le grand lit ».

→ **O-tetsudai-shimasu**, *Je vais vous aider*. Akari s'exprime très poliment. Au lieu d'utiliser simplement le verbe **tetsudaimasu (tetsudau)**, *aider*, elle utilise la base en **-i** précédée du préfixe **o-** et suivie du verbe **shimasu (suru)**, *faire*. Cette formule rappelle le **o-negai-shimasu** dans **dôzo yoroshiku o-negai-shimasu**.

→ **Pîman**, *poivron*. Attention à ce faux ami. Il ne s'agit pas de piment mais bien de poivron.

→ **Sore kara**, *ensuite*. Ce mot de liaison apparaît en début de phrase.

NOTE CULTURELLE

Roran-san no otôsan : Lorsqu'Akari s'adresse au père de Roland, elle n'utilise pas son nom de famille, mais elle l'appelle en quelque sorte « monsieur le père de Roland ». Dans un deuxième temps, elle se contentera de **o-tôsan** (« monsieur le père »). Quand on arrive dans une famille, il est de coutume de s'adresser aux parents d'un(e) ami(e) de cette façon. C'est intraduisible, aussi en français, nous dirons *M. Rossi*. Notons aussi que, même si Angelo dit à Akari de l'appeler par son prénom, elle n'obéit pas, car c'est inconcevable pour elle.

O-miyage : Offrir un cadeau ou souvenir est une pratique fondamentale au Japon. On apporte toujours un présent à la moindre invitation. Il est de coutume par ailleurs de commencer par dire que le cadeau qu'on apporte est une toute petite chose sans importance (**tsumaranai mono**). Attention, quand on vous offre un cadeau, ne vous précipitez pas pour l'ouvrir. Demandez si pouvez le faire. Les règles de politesse veulent qu'on ouvre les cadeaux plus tard, hors de la présence du donneur.

◆ GRAMMAIRE
VERBES : LA FORME EN -TE

Cette forme est l'une des plus utilisées. Nous verrons d'abord comment la composer, avant d'étudier une première utilisation.

• **Construction de la forme en -*te***

Elle diffère selon que le verbe rencontré est un **ichi-dan** (unibase, verbe à une base) ou un **go-dan** (multibase, verbe à cinq bases).

Les verbes *ichi-dan*

Le suffixe **-te** se place directement sur le radical. Ex. : **miru**, **(mimasu)**, **mite**, *regarder*, **neru**, **(nemasu) nete**.

Les verbes *go-dan*

C'est un peu plus compliqué. Originellement, le suffixe s'accrochait à la base en **-i** et c'est toujours le cas pour les verbes dont le radical se termine par un **-s** : **dasu, dashimasu, dashite**. Mais pour les autres, des contractions phonétiques ont eu lieu et la forme en **-te** varie selon la consonne qui termine le radical. S'il s'agit d'un **k**, comme par ex. avec **aruku, arukimasu**, on obtient **aruite** (la consonne **k** a disparu) ;
si c'est un **g**, ex. **isogu, isogimasu** → **isoide** (disparition du **g** et glissement du **te** en **de**) ;
si c'est un **t**, ex. **motsu, mochimasu** → **motte** (contraction et redoublement du **t**) ;
si c'est un **r**, ex. **kiru, kirimasu** → **kitte**, *couper* (contraction et redoublement du **t**).
Pour les verbes de type **arau, araimasu** → **aratte**, *laver* (contraction et redoublement du **t** ; revoir le module 8 et les catégories de verbes).
Si c'est un **b**, ex. **yobu, yobimasu** → **yonde**, *appeler* (contraction et glissement de **te** en **de**) ;
Si c'est un **m**, ex. **yasumu, yasumimasu** → **yasunde**, *se reposer* (contraction et glissement de **te** en **de**).

Pour les verbes irréguliers, ex. **suru**, **shimasu** → <u>shite</u> ; autre ex. **kuru**, **kimasu** → <u>kite</u>.

• **L'impératif poli** *-te kudasai*

-te kudasai est une formule permettant de demander poliment à quelqu'un de faire quelque chose. Il n'y a pas de différence entre le tutoiement et le vouvoiement, ni entre singulier et pluriel. Ainsi, nous aurions pu choisir de traduire les ordres donnés par Angelo à Akari par le vouvoiement, mais par choix, nous avons opté pour le tutoiement. Voici quelques exemples : **yonde kudasai**, *appelle-moi (s'il te plaît)* ; **tsukatte kudasai**, *utilise (s'il te plaît)* ; **nete kudasai**, *dors (s'il te plaît)* ; **yasunde kudasai**, *repose-toi (s'il te plaît)* ; **mite kudasai**, *regarde (s'il te plaît)* ; **dashite kudasai**, *sors (qqch.) (s'il te plaît)* ; **aratte kudasai**, *lave (s'il te plaît)*.

LES PARTICULES *TO* ET *GA*

• **La particule** *to* **de citation**

Anjero <u>to</u> yonde kudasai, *Appelle-moi Angelo*. Cette particule permet de relier un verbe de discours (*dire*, *demander*, *appeler* etc.) et le contenu des paroles.

• **La particule connective** *ga*

Beddo ga futatsu arimasu <u>ga</u>, ôkii hô de nete kudasai, *Il y a deux lits, dors dans le grand*. Nous avons déjà vu la particule **ga** connective pour marquer une opposition entre une proposition et la suivante, au sens de *mais* : **Zannen desu <u>ga</u>, watashi no kuruma dewa arimasen**, *C'est dommage, mais ce n'est pas ma voiture* (module 2). Dans cette leçon, nous introduisons un autre usage de **ga** : cette particule placée à la fin d'une proposition permet d'énoncer des informations préalables à une question ou une demande, un ordre.

⬢ EXERCICES

1. ÉCOUTEZ LES FORMES EN *-TE*, ÉCRIVEZ-LES ET DONNEZ LES VERBES D'ORIGINE AVEC LA TRADUCTION.

a. . . . .   d. . . . .   g. . . . .
b. . . . .   e. . . . .
c. . . . .   f. . . . .

VOCABULAIRE

じゅんび **junbi** *préparation*
いらっしゃい **irasshai** *bienvenue*
と **to** *particule de citation*
よんでください **yonde kudasai** *appelle-moi, appelez-moi* (du verbe **yobu**)
つまらない **tsumaranai** *insignifiant, petit*
もの **mono** *chose*
おみやげ **o-miyage** *cadeau, souvenir*
どうぞ **dôzo** *tenez*
へや **heya** *chambre*
つかって **tsukatte** *utilise, utilisez* (du verbe **tsukau**)
ベッド **beddo** *lit*
ふたつ **futatsu** *deux*
おおきい **ôkii** *grand*
ねて **nete** *dors, dormez* (du verbe **neru**)
やすんで **yasunde** *repose-toi, reposez-vous* (du verbe **yasumu**)
おてつだいします **o-tetsudai-shimasu** *je vais vous aider* (exp. de politesse ; du verbe **tetsudau**)
だいどころ **daidokoro** *cuisine* (lieu)
れいぞうこ **reizôko** *réfrigérateur*
みて **mite** *regarde, regardez* (du verbe **miru**)
やさい **yasai** *légume*
だして **dashite** *sors, sortez(-les)* (du verbe **dasu** *sortir qqch.*)
トマト **tomato** *tomate*
ピーマン **pîman** *poivrons*
なす **nasu** *aubergine*
ぜんぶ **zenbu** *tout*
あらって **aratte** *lave, lavez* (du verbe **arau**)
それから **sore kara** *ensuite*
きりましょう **kirimashô** *coupons* (du verbe **kiru**)
ひとつ **hitotsu** *un*
みっつ **mittsu** *trois*
よっつ **yottsu** *quatre*
いつつ **itsutsu** *cinq*
むっつ **muttsu** *six*
ななつ **nanatsu** *sept*
やっつ **yattsu** *huit*
ここのつ **kokonotsu** *neuf*
とお **tô** *dix*
いくつ **ikutsu** *combien ?*

2. COMPLÉTEZ LES PHRASES AVEC UNE FORME EN -TE KUDASAI, EN UTILISANT LES VERBES DONNÉS EN TÊTE DE PROPOSITION.

a. parler : nihon-go o ....
   にほんごを ....

b. commencer : benkyô o ....
   べんきょうを ....

c. manger : aisukurîmu o ....
   アイスクリームを ....

d. venir : uchi ni asobi ni ....
   うちにあそびに ....

e. acheter : yasai o ....
   やさいを ....

3. COMPLÉTEZ LES PHRASES AVEC LES PARTICULES ADÉQUATES.

a. Tomato (........) pîman (........) dashite kudasai.
   トマト（........）ピーマン（........）だしてください。

b. Reizôko (........) naka (........) yasai (........) arimasu.
   れいぞうこ（........）なか（........）やさい（........）あります。

c. Akari-san (........) daidokoro (........) Roran-san (........) o-tôsan (........) ban-gohan (........) junbi o shimasu.
   あかりさん（........）だいどころ（........）ロランさん（........）おとうさん（........）ばんごはん（........）じゅんびをします。

4. THÈME. TRADUISEZ LES PHRASES SUIVANTES EN JAPONAIS.

a. Il y a deux chambres, utilisez la grande. (Utilisez le ga connectif.)
   ....

b. Reposez-vous un peu ici. Ensuite, nous dînerons.
   ....

c. Appelez-moi Akari, parce que je suis une amie de Roland.
   ....

d. Demain, dormons jusqu'à 10 heures parce que c'est dimanche.
   ....

10.
SOUVENIRS
OMOIDE

OBJECTIFS

- **FAIRE PART DE SES IMPRESSIONS**
- **RACONTER DES SOUVENIRS**
- **PRÉCISER LE TEMPS**

NOTIONS

- **UTILISATIONS DE LA FORME EN -TE DES VERBES**
- **LA FORME EN -TE DE DESU**
- **LA FORME PASSÉE DE DESU**
- **LA FORME EN -TE DES ADJECTIFS**
- **LES MOTS INTERROGATIFS**

おもいで
OMOIDE
SOUVENIRS

🔊 12

アンジェロ：このまちのだいいちいんしょうは、どうですか。
Anjero : Kono machi no dai-ichi inshô wa, dô desu ka.
Angelo : Quelle est ta première impression de cette ville ?

あかり：しずかで、いいところですね。おとうさんのにほんたいざいは、いかがでしたか。
Akari : Shizuka de, ii tokoro desu ne. O-tôsan no nihon-taizai wa, ikaga deshita ka.
Akari : C'est un endroit calme et agréable, n'est-ce pas ? Comment s'est passé votre séjour au Japon ?

アンジェロ：たのしいおもいでがたくさんあって、なつかしいです。
Anjero : Tanoshii omoide ga takusan atte, natsukashii desu.
Angelo : J'ai beaucoup de souvenirs plaisants, [d'y penser] me fait chaud au cœur.

あかり：たとえば、どんなおもいでですか。
Akari : Tatoeba, donna omoide desu ka.
Akari : Par exemple, quel genre de souvenirs ?

アンジェロ：せんとうがだいすきで、まいにちいきました。
Anjero : Sentô ga dai-suki de, mainichi ikimashita.
Angelo : J'adorais le bain public et j'y suis allé tous les jours.

あかり：ほんとうですか。はずかしくなかったですか。
Akari : Hontô desu ka. Hazukashiku nakatta desu ka.
Akari : C'est vrai ? Vous ne vous sentiez pas gêné ?

アンジェロ：いいえ、ぜんぜん。みんな、はだかでふろにはいって、おもしろいはなしをして、いっしょにうたをうたいました。
Anjero : Iie, zenzen. Minna, hadaka de furo ni haitte, omoshiroi hanashi o shite, issho ni uta o utaimashita.
Angelo : Non, pas du tout. Tout le monde était nu et on se baignait, on parlait de choses amusantes, on chantait tous ensemble.

あかり：それは、いつごろのはなしですか。
Akari : Sore wa, itsu-goro no hanashi desu ka.
Akari : Cela remonte à quelle période ? (c'est une histoire de quand environ)

アンジェロ：1979ねんに、にほんにいって、1986ねんまでいました。まだわかくて、どくしんでした。
Anjero : Sen-kyû-hyaku-nana-jû-kyû-nen ni, nihon ni itte, sen-kyû-hyaku-hachi-jû-roku-nen made imashita. Mada wakakute, dokushin deshita.
Angelo : Je suis parti au Japon en 1979 et j'y suis resté jusqu'en 1986. J'étais encore jeune et célibataire.

あかり：にほんのりょうりはどうでしたか。
Akari : Nihon no ryôri wa dô deshita ka.
Akari : Comment avez-vous trouvé la cuisine japonaise ?

アンジェロ：きれいで、おいしくて、ヘルシーでした。
Anjero : Kirei de, oishikute, herushî deshita.
Angelo : C'était magnifique, délicieux et sain.

COMPRENDRE LE DIALOGUE
FORMULES ET EXPRESSIONS

→ **Dai-ichi inshô** est une expression composée d'un nom, **inshô**, *l'impression*, précédé d'un nombre ordinal **dai-ichi**, *premier* (**dai-ni**, *deuxième* ; **dai-san**, *troisième*, etc.).

→ **Dô desu ka / Ikaga desu ka** : **ikaga** est un équivalent plus poli de *dô*, *comment*. Ces deux formules servent donc à interroger sur la façon dont l'interlocuteur a ressenti quelque chose. Au présent, sous la forme par exemple, **Kôhî wa ikaga desu ka**, on propose quelque chose : *Que diriez-vous d'un café ?*

→ **Tanoshii** : cet adjectif en **-i** évoque un plaisir joyeux. Parfois traduit par *Je me suis bien amusé.*

→ **Natsukashii** : cet adjectif en **-i** évoque un sentiment de nostalgie. On est content de se remémorer quelque chose, on se sent réconforté d'être en territoire connu.

→ **Furo ni hairu**, *prendre un bain* (litt. « entrer dans le bain »). On entre dans un espace.

→ **Sore** : **Sore wa itsu goro no hanashi desuka**, *Cela remonte à quand à peu près ? Vous parlez de quelle époque ?* (litt. « c'est une histoire de quand à peu près ? »)

→ **Hazukashii** évoque un sentiment de gêne, voire de honte : *Je suis gêné, J'ai honte.*

→ **Iie, zenzen**, *non, pas du tout.* **Zenzen** est un adverbe. Si la phrase était complète, on aurait dit **Zenzen hazukashiku nakatta desu**, *Je n'étais pas gêné du tout.* **Zenzen** s'emploie normalement avec la forme négative.

→ **Minna** *tous, toutes, tout le monde.* **Minna** est un nom, mais quand il est en fonction de thème ou de sujet, on ne met pas la particule **wa** ou **ga**.

→ 1979 **sen-kyû-hyaku-nana-jû-kyû-nen**. **Sen** correspond à *1 000*. *2 000* **ni-sen**, *3 000* **sanzen**, *4 000* **yon-sen**, *5 000* **go-sen**, *6 000* **roku-sen**, *7 000* **nana-sen**, *8 000* **hassen**, *9 000* **kyû-sen**.

NOTE CULTURELLE

Sentô « *les bains publics* » : Bien que tout le monde ou presque ait une salle de bains au Japon de nos jours, il reste encore des bains publics, et certaines personnes les fréquentent pour le plaisir. D'un prix très modique, ils permettent de profiter d'un bain très chaud et vaste. Ils permettent aussi de rencontrer les gens du quartier et de tout savoir sur ce qui s'y passe. L'expérience peut se comparer aux **onsen**, *les sources chaudes*, mais sans les bienfaits des eaux de source ni la beauté de la nature qui entoure souvent les **onsen**. Les Japonais aiment beaucoup prendre des bains. On dit (**o-**) **furo ni hairu**, litt. « entrer dans le bain ».

GRAMMAIRE
LES VERBES

• **Utilisations de la forme en -te des verbes**

La forme en **-te** sert à relier des propositions entre elles.
Tanoshii omoide ga takusan atte natsukashii desu, *J'ai beaucoup de souvenirs plaisants et [d'y penser] me fait chaud au cœur*. Ici **atte** est la forme en **-te** de **aru**. On a besoin de cette forme pour relier la proposition à la suivante. Noter qu'ici, comme en français, la coordination avec « et » peut être interprétée comme une relation de cause à effet entre les deux propositions. De même, dans **Sentô ga dai-suki de mainichi ikimashita**, *J'adorais le bain public et j'y suis allé tous les jours*, c'est bien parce que le locuteur adorait le bain qu'il s'y rendait.

Autres exemples : **Minna hadaka de furo ni haitte, omoshiroi hanashi o shite, uta o utaimashita**, *Tout le monde était nu et se baignait, on se racontait des histoires amusantes et on chantait tous ensemble.*

1979-nen ni nihon ni itte, 1986-nen made imashita, *Je suis allé au Japon en 1979 et j'y suis resté jusqu'en 1986.* Ici **itte** est la forme en **-te** du verbe **iku**, *aller*. Attention c'est une exception, ce devrait être **iite**, mais c'est **itte**. Dans ces deux exemples, la forme en **-te** permet d'énumérer des actions <u>chronologiquement</u>.

Notons que le temps de la phrase n'apparaît que sur le dernier verbe. Les formes en **-te** sont atemporelles. Si ces phrases avaient été prononcées au présent, le dernier verbe aurait été différent : **utaimasu** et **imasu**.

• **La forme en -te de *desu***

Minna hadaka de, furo ni hairimashita, *Tout le monde était nu et on prenait notre bain*. **Hadaka de** : **de** vient de **desu** et constitue l'équivalent de la forme en **-te**. C'est ainsi qu'une proposition se terminant par un N + **desu** pourra être suivie d'une autre proposition.

• **La forme passée de *desu***

Ikaga deshita ka. Dô deshita ka, litt. « comment était-ce ? » ; **Dokushin deshita**, *J'étais célibataire* ; **Herushî deshita**, *C'était sain.* **Deshita** est la forme passée de **desu**, et on la trouve derrière un nom (**dokushin**) ou un adjectif en **-na** (**herushî**).

LES ADJECTIFS

• **La forme en -*te* des adjectifs**

Mada wakakute dokushin deshita, *J'étais encore jeune et célibataire*. Ici, la forme **kute** à la fin d'un adjectif en **-i** est nécessaire pour relier cet adjectif à autre chose, que ce soit un autre adjectif ou, comme ici, une autre proposition. On pourrait décomposer en deux phrases : **Wakakatta desu. Soshite** *(et puis)* **dokushin deshita**.

Oishikute herushî deshita, *C'était délicieux et sain*. La forme **kute** est donc l'équivalent de la forme en **-te**, mais pour les adjectifs. Vous constatez que dans la phrase comportant la forme **kute**, le temps n'apparaît qu'à la fin de la phrase.

→ Récapitulatif des formes adjectivales pour les adjectifs en **-i** :

Takai (desu) forme du dictionnaire

Takaku nai (desu) forme négative

Takakatta (desu) forme passée

Takaku nakatta (desu) forme négative passée

Takakute forme en **-te**

Shizuka de ii tokoro, *un endroit calme et agréable* ; **dai-suki de**, *j'adorais* ; **kirei de**, *c'était magnifique*. Dans ces propositions, **de** est la forme de **desu** qui permet de relier un adjectif en **-na** à un autre, ou encore de relier toute une proposition à une autre. C'est donc l'équivalent de la forme en **-te** des verbes ou de la forme en **kute** des adjectifs en **-i**. Attention dans le premier exemple, les deux adjectifs **shizuka** et **ii** qualifient (déterminent) **tokoro**.

LES MOTS INTERROGATIFS

Dô et **ikaga**, *comment ?* Ce sont des adverbes. Ils ne diffèrent que par le registre.

Itsu, *quand ?* Peut aussi bien fonctionner comme un adverbe (**Itsu ikimashita ka**, *Quand y êtes-vous allé ?*) que comme un nom (**Itsu-goro no hanashi desu ka**, litt. « *c'est une histoire de quand ?* », *Vous parlez de quelle époque ?*). Rappelons que la présence de **goro** donne un caractère plus vague à l'indication de temps comme dans **ku-ji goro**, *vers 9 heures*, dans le module 8.

VOCABULAIRE

おもいで **omoide** *souvenir*
だいいちいんしょう **dai-ichi inshô** *première impression*
どう **dô** *comment ?*
しずか（な） **shizuka(na)** *calme* (adj.)
たいざい **taizai** *séjour*
いかが **ikaga** *comment* (plus formel que dô)
でした **deshita** *forme au passé de* desu
たのしい **tanoshii** *plaisant, amusant*
なつかしい **natsukashii** *évoque un sentiment de nostalgie ou de familiarité*
たとえば **tatoeba** *par exemple*
せんとう **sentô** *bain public*
まいにち **mainichi** *tous les jours*
はずかしい **hazukashii** *gêné, honteux*
ぜんぜん **zenzen** *pas du tout*
みんな **minna** *tous, toutes, tout le monde*
はだか **hadaka** *nu*
ふろにはいって **furo ni haitte** (litt. « entrer dans le bain ») *prendre son bain*
うたをうたいました **uta o utaimashita** *chanter* (forme passée de **utau**)
いつ **itsu** *quand ?*
せん **sen** *mille*
まだ **mada** *encore*
わかくて **wakakute** *jeune* (de **wakai**)
どくしん **dokushin** *célibataire*
ヘルシー（な） **herushî(na)** *sain* (de l'anglais ***healthy***)
にせん **ni-sen** *deux mille*
さんぜん **sanzen** *trois mille*
よんせん **yon-sen** *quatre mille*
ごせん **go-sen** *cinq mille*
ろくせん **roku-sen** *six mille*
ななせん **nana-sen** *sept mille*
はっせん **hassen** *huit mille*
きゅうせん **kyû-sen** *neuf mille*

EXERCICES

1. ÉCOUTEZ LES VERBES (FORME EN -*MASU* ET FORME DU DICTIONNAIRE), ÉCRIVEZ-LES ET DONNEZ LEUR FORME EN -*TE*.

a. ....
b. ....
c. ....
d. ....
e. ....

2. RELIEZ LES PHRASES EN UTILISANT LA FORME EN -TE.

a. Toshokan ni ikimashita. / Hon o yomimashita.
   としょかんにいきました。 / ほんをよみました。
   (Je suis allé à la bibliothèque. / J'ai lu des livres.)
   . . . .

b. Nimotsu o mochimashita. / Arukimashita.
   にもつをもちました。 / あるきました。
   (J'ai pris mon bagage. / J'ai marché.)
   . . . .

c. Machi o kankô-shimasu. / Tomodachi no uchi ni ikimasu.
   まちをかんこうします。 / ともだちのうちにいきます。
   (Je visite la ville. / Je vais chez des amis.)
   . . . .

d. Tsukaremashita. / Hoteru ni ikimashita.
   つかれました。 / ホテルにいきました。
   (J'étais fatigué. / Je suis allé à l'hôtel.)
   . . . .

e. Konban tomodachi to eiga o mimasu. / Ban-gohan o tabemasu.
   こんばんともだちとえいがをみます。 / ばんごはんをたべます。
   (Ce soir je regarderai un film avec un ami. / On dînera.)
   . . . .

f. Kono machi wa kirei desu. / Shizuka desu.
   このまちはきれいです。 / しずかです。
   (Cette ville est belle. / Elle est calme.)
   . . . .

g. Kono eiga wa omoshiroi desu. / Romanchikku desu.
   このえいがはおもしろいです。 / ロマンチックです。
   (Ce film est intéressant. / Il est romantique.)
   . . . .

3. THÈME. TRADUISEZ LES PHRASES SUIVANTES EN JAPONAIS.

a. C'est une voiture mignonne et sûre.
   . . . .
b. J'ai chanté beaucoup de chansons avec mes (= des) amis et je me suis bien amusé.
   . . . .
c. J'aime beaucoup les pâtes et j'en mange souvent.
   . . . .
d. J'ai sorti les légumes du réfrigérateur, je les ai lavés et je les ai coupés.
   . . . .
e. J'ai visité l'Italie en 2015 et je suis allé en Allemagne en 2017.
   . . . .

11.

PROMENADE MATINALE

ASA NO SANPO

OBJECTIFS	NOTIONS
• EXPRIMER LE BUT D'UN DÉPLACEMENT	• *HITORI* (SPÉCIFIQUES NUMÉRAUX POUR LES PERSONNES)
• COMPTER DES PERSONNES	• LA FORME EN *-TE IRU*
• PARTAGER DES IMPRESSIONS AVEC UN INTERLOCUTEUR	• QUELQUES ADVERBES
• INTERROGER QUELQU'UN SUR SA SPÉCIALITÉ	• LA PARTICULE FINALE *NE*
• EXPLIQUER SA SPÉCIALITÉ	• BUT DE DÉPLACEMENT AVEC UN NOM D'ACTION SUIVI DE LA PARTICULE *NI*

あさのさんぽ
ASA NO SANPO
PROMENADE MATINALE

13

あかり： おはようございます。
Akari : O-hayô gozaimasu.
Akari : Bonjour !

アンジェロ： あれ、はやおきですね。まだろくじはんですよ。
Anjero : Are, haya-oki desu ne. Mada roku-ji han desu yo.
Angelo : Oh, tu es matinale dis donc. Il n'est que six heures et demie.

あかり： じさで、はやくめがさめました。おとうさんもはやいですね。
Akari : Jisa de, hayaku me ga samemashita. O-tôsan mo hayai desu ne.
Akari : Je me suis réveillée tôt à cause du décalage horaire. Vous aussi vous êtes matinal, n'est-ce pas ?

アンジェロ： わたしは、いつもこのじかんには、もうおきています。みんな、まだねていますから、ひとりでこうえんにさんぽにいきます。
Anjero : Watashi wa, itsumo kono jikan ni wa, mô okite imasu. Minna, mada nete imasu kara, hitori de kôen ni sanpo ni ikimasu.
Angelo : Je suis toujours levé à cette heure-ci. Comme tout le monde dort encore, je vais me promener au parc tout seul.

あかり： わたしも、ぜひいっしょにいきたいです。
Akari : Watashi mo, zehi issho ni ikitai desu.
Akari : Je voudrais vraiment aller avec vous.

(こうえんのいけのそばで Kôen no ike no soba de *Près de l'étang dans le parc*)

あかり： いろいろなおおきさのとりが、いっしょにおよいでいて、おもしろいですね。
Akari : Iroirona ôkisa no tori ga, issho ni oyoide ite, omoshiroi desu ne.
Akari : Des oiseaux de toutes tailles nagent ensemble, c'est amusant, non ?

アンジェロ：いまのきせつには、いろいろなはながさいていて、きれいですね。
Anjero : Ima no kisetsu ni wa, iroirona hana ga saite ite, kirei desu ne.
Angelo : En cette saison, il y a beaucoup de fleurs différentes, c'est beau, hein ?

あかり：こんなじかんにも、たくさんのひとがさんぽしていますね。
Akari : Konna jikan ni mo, takusan no hito ga sanpo-shite imasu ne.
Akari : Même à cette heure-ci, beaucoup de gens se promènent, n'est-ce pas ?

アンジェロ：あかりさんは、なんのべんきょうをしていますか。
Anjero : Akari-san wa, nan no benkyô o shite imasu ka.
Angelo : Akari, qu'est-ce que tu étudies ?

あかり：おんがくしです。いまよねんせいで、にほんとヨーロッパのひかくをして、そつろんをかいています。
Akari : Ongaku-shi desu. Ima yo-nen-sei de, nihon to yôroppa no hikaku o shite, sotsuron o kaite imasu.
Akari : L'histoire de la musique. Je suis maintenant en quatrième année, et j'écris un mémoire de fin d'études en comparant le Japon et l'Europe.

アンジェロ：そうですか。じゃ、いいろんぶんをかいてくださいね。
Anjero : Sô desu ka. Ja, ii ronbun o kaite kudasai ne.
Angelo : Ah bon ! Alors, écris un bon mémoire, hein !

COMPRENDRE LE DIALOGUE
FORMULES ET EXPRESSIONS

- → **Asa**, *le matin*. C'est un nom, mais il s'utilise souvent dans une phrase comme un adverbe (sans particule), comme les autres mots exprimant les moments de la journée.
- → Nous avons déjà vu **ban**, *le soir*, dans **ban-gohan**, *le dîner*. De la même manière, nous pourrons dire **asa-gohan**, *le petit-déjeuner*.
- → La journée se dit **hiru** (**hiru-gohan**, *déjeuner*).
- → **Are**, *oh* : cri d'étonnement.
- → **Haya-oki**, *lève-tôt*. Expression composée de **haya** qui vient de l'adjectif **hayai**, *tôt*, et de **oki** qui vient du verbe **okiru**, *se lever*.
- → **Me ga sameru**, *se réveiller* (litt. « les yeux s'ouvrent »). On utilise souvent cette expression à la forme en **-mashita**. Attention à ne pas confondre cette expression avec **okiru**, *se lever*.
- → **Hitori de**, *seul, tout/e seul/e* est une expression composée de **hitori**, *une personne* et de la particule **de**. **Hitori**, *une personne* ; **futari**, *deux personnes*. On voit que ces deux quantités sont basées sur les chiffres japonais (**hitotsu** et **futatsu**). Mais à partir de trois (3 personnes et plus), on dit **san-nin**, on utilise donc les chiffres sino-japonais et le suffixe **-nin**. **Hitori de** est à rapprocher de **zenbu de**, **futatsu de**, où la particule **de** derrière une quantité sert à fermer l'expression pour en faire un adverbe.
- → **Ike no soba de** : **soba** est un nom qui signifie *proximité*. Nous voyons qu'il s'insère dans une construction de type **N + no + soba**, *proximité de*, suivi d'une particule de lieu (ici **de** parce qu'il y a une action, mais nous pourrions avoir **ni**). Cette construction est la même que **reizôko no naka**, *dans le frigo*. Nous avons également rencontré **kono chikaku** pour dire *près d'ici*. Notons que **chikaku** implique une distance plus grande que **soba**.
- → **Ôkisa**, *taille* (litt. « grandeur »). Nom composé à partir de l'adjectif **ôkii**. Le **-i** de terminaison est remplacé par **-sa**. De la même façon, on peut dire **omosa** (de **omoi**) pour *le poids*, ou **yosa** (de **yoi**) pour désigner le côté positif de quelque chose : **eiga no yosa**, *le bon côté, la qualité du film*.
- → **Ima no kisetsu**, *cette saison, saison actuelle*. **Kono kisetsu** serait également possible avec le même sens.
- → **Takusan no hito**, *beaucoup de personnes, de gens*. Nous avons déjà vu l'adverbe **takusan** dans le module 6 : **Heya ga takusan arimasu**, *Il y a beaucoup de chambres*, mais ici, **takusan** est utilisé suivi de la particule **no**, comme s'il s'agissait d'un nom et qu'il déterminait le nom qui suit.

- → **Nan no benkyô**, litt. « l'étude de quoi ? ». **Nan**, *quoi*, est l'interrogatif le plus basique et il porte sur la nature des choses.
- → **Ongaku-shi**, *histoire de la musique*. On pourrait dire aussi **ongaku no rekishi**. **Rekishi** est le mot plein pour dire *histoire* et **shi** s'utilise comme un suffixe derrière un nom de domaine pour faire un mot composé : **nihon-shi**, *histoire du Japon*, au lieu de **nihon no rekishi**.
- → **Sotsuron**, *mémoire de fin d'études*. Expression qui résulte d'une contraction de **sotsugyô ronbun**, *mémoire de fin d'études*. **Sotsugyô** correspond au fait de terminer un cycle d'études et d'obtenir un diplôme. Les études universitaires durent quatre ans et les étudiants rédigent un mémoire la quatrième année.

NOTE CULTURELLE

O-hayô gozaimasu, *bonjour*. Cette formule ne s'utilise que dans la matinée. Elle repose sur **hayô** qui est une forme ancienne de **hayai**, qui signifie *tôt*, *matinal*.

Jisa, *décalage horaire*. Composé de **ji** qui désigne *l'heure* et **sa** qui signifie *écart*, *différence*. Rappelons qu'il y a huit heures de décalage entre le Japon et la France (sept heures l'été).

Kisetsu, *saison*. Le Japon connaît quatre saisons distinctes, les **shiki**, *quatre saisons* (tout au moins dans les régions centrales, car les climats de Hokkaidô et Okinawa sont différents), et la culture japonaise, que ce soit en littérature ou en peinture s'est nourrie de ces disparités. Les Japonais sont très attachés à cette particularité et sont très sensibles au changement de saison, notamment à travers l'évolution de la végétation. Admirer les fleurs au printemps ou les feuillages rouges à l'automne sont des rituels que tout le monde respecte.

◆ GRAMMAIRE
LA FORME EN *-TE IRU*

La forme en **-te imasu** permet l'expression d'une action en train de se faire ou de l'état résultant d'une action courte.

- **Action en train de se faire (progressif)**

Ex. : **Minna mada nete imasu**, *Tout le monde dort encore.*

Tori ga oyoide imasu, *Des oiseaux nagent.*

Hito ga sanpo-shite imasu, *Des gens se promènent.*

Nan no benkyô o shite imasu ka, *Qu'étudies-tu ?*

Sotsuron o kaite imasu, *Je suis en train d'écrire un mémoire de fin d'études.*

Nous voyons que cette forme progressive sert aussi bien pour des actions sur le vif (dormir, nager) que pour des actions décrites sur le long terme (écrire un mémoire, étudier). Elle décrit aussi un état résultant d'une action courte. Ex. : **Hana ga saite imasu**, *Les fleurs sont écloses* ; **Mô okite imasu**, *Je suis déjà levé.*

QUELQUES ADVERBES

• **La forme adverbiale des adjectifs en** *-i*

Hayaku, *tôt*, vient de l'adjectif **hayai**. La forme adverbiale des adjectifs en **-i** s'obtient en remplaçant le **-i** de terminaison par **-ku**. Ex. : **Hayaku me ga samemashita**, *Je me suis réveillée tôt.*

• **Autres adverbes**

Itsumo, *toujours* ; **zehi**, *sans faute*, *vraiment*, *absolument* (souvent avec une expression de désir ou une demande).

LES PARTICULES

• **La particule finale** *ne*

Haya-oki desu ne, *Tu es matinale dis donc !* Ici, la particule **ne** est obligatoire parce que le locuteur dit quelque chose à propos de l'interlocuteur. Sans la particule **ne**, **haya-oki desu** constitue plutôt une information sur soi-même : *Je suis matinal*. De même, quand Akari répond **O-tôsan mo hayai desu ne**, *Vous aussi vous êtes matinal*, le **ne** permet de distinguer entre une information nouvelle donnée à l'interlocuteur (sur soi) et un commentaire sur l'interlocuteur. La phrase se prononce sur un ton légèrement exclamatif ; **Omoshiroi desu ne**, *C'est amusant, non ?* ; **Kirei desu ne**, *C'est beau, hein ?* ; **Takusan no hito ga sanpo-shite imasu ne**, *Beaucoup de gens se promènent, n'est-ce pas ?* La particule **ne** participe au processus de conversation. Sans elle, les énoncés sont des affirmations plates et ne permettent pas de communiquer.

• **La particule** *ni*

Kôen ni sanpo ni ikimasu, *Je vais en promenade au parc.* La particule **ni** accompagne le nom qui exprime le but du déplacement. Dans cette phrase, nous avons deux occurrences de la particule **ni**. D'abord le lieu, **kôen**, *le parc*, puis **sanpo**, *la promenade*, qui est donc l'action que la personne va faire. Ceci nous rappelle ce que nous avons vu dans le module 8 : **Uchi ni asobi ni kimasu**, *Il vient passer un moment chez nous*, où la particule **ni** accompagnait la base en **-i** du verbe **asobu**, **asobimasu**.

• **La particule** *mo*

Konna jikan ni mo, *Même à cette heure-ci.* Nous avons déjà vu la particule **mo** et nous la traduisons souvent par *aussi*, mais cet exemple nous prouve qu'elle est aussi utilisée dans le sens de *même*.

VOCABULAIRE

あさ **asa** *matin*
さんぽ **sanpo** *promenade*
おはようございます **o-hayô gozaimasu** *bonjour !* (pour la matinée)
あれ **are** *oh*
はやおき **haya-oki** *lève-tôt, matinal*
ろくじはん **roku-ji han** *six heures et demie*
じさ **jisa** *décalage horaire*
はやく **hayaku** *tôt*
めがさめました **me ga samemashita** *se réveiller* (forme au passé du **sameru**)
はやい **hayai** *matinal, tôt*
いつも **itsumo** *toujours*
じかん **jikan** *heure, temps*
おきています **okite imasu** *être levé*
ねています **nete imasu** *dormir, être en train de dormir*
ひとりで **hitori de** *tout seul*
こうえん **kôen** *parc, jardin public*
ぜひ **zehi** *vraiment, absolument* (souligne le sentiment de désir)
いけ **ike** *étang*
そば **soba** *près*
おおきさ **ôkisa** *taille*
とり **tori** *oiseau*
およいでいて **oyoide ite** *être en train de nager*
きせつ **kisetsu** *saison*
はな **hana** *fleur*
さいていて **saite ite** *être en fleur*
ひと **hito** *personne*
おんがくし **ongaku-shi** *histoire de la musique*
ヨーロッパ **yôroppa** *Europe*
ひかく **hikaku** *comparaison*
そつろん **sotsuron** *mémoire de fin d'études*
かいています **kaite imasu** *écrire, être en train d'écrire*
ろんぶん **ronbun** *mémoire*

EXERCICES

1. ÉCOUTEZ LES PHRASES ENREGISTRÉES À PROPOS D'AKARI ET TRADUISEZ-LES.

a. ....
b. ....
c. ....
d. ....
e. ....
f. ....

2. CHOISISSEZ LE MOT INTERROGATIF QUI CONVIENT POUR COMPLÉTER LES PHRASES.

a. – Aisukurîmu wa (............) deshita ka. – Oishikatta desu.
 – アイスクリームは（........）でしたか。– おいしかったです。

b. – Kono machi wa (........) machi desu ka. – Shizukana machi desu.
 – このまちは（........）まちですか。– しずかなまちです。

c. – (........) ikimasu ka. – Ashita ikimasu.
 – （........）いきますか。– あしたいきます。

d. – Ima (........) desu ka. – Roku-ji han desu.
 – いま（........）ですか。– ろくじはんです。

e. – Zenbu de (........) ni narimashita ka. – Jû yûro ni narimashita.
 – ぜんぶで（........）になりましたか。– じゅうユーロになりました。

f. – Momiji Daigaku wa (........) ni arimasu ka. – Tôkyô ni arimasu.
 – もみじだいがくは（........）にありますか。– とうきょうにあります。

3. THÈME. TRADUISEZ LES PHRASES SUIVANTES EN JAPONAIS.

a. Le père de Roland se lève tous les jours vers six heures.

. . . .

b. Roland dort encore parce qu'il n'est pas un lève-tôt.

. . . .

c. Il y a des fleurs [écloses] de toutes sortes, il y a même un grand étang, c'est un très beau parc.

. . . .

d. Vous ne voulez pas venir voir un film avec moi ? – Si, j'adorerais (aller en voir un).

. . . .

12. LECTURE DES E-MAILS

MÊRU-CHEKKU

OBJECTIFS	NOTIONS

- DEMANDER DE L'AIDE
- DEMANDER DES EXPLICATIONS
- DONNER DES EXPLICATIONS
- DONNER UN AVIS NUANCÉ

- *-N(O) DESU*
- *-татe OMOIMASU*
- LA FORME NEUTRE
- *TASUKERU* ET *TASUKARU*
- LA PARTICULE *GA*

メールチェック
MÊRU-CHEKKU
LECTURE DES E-MAILS

🔊 14

ロラン： あかりさん、もうすぐあさごはんですよ。
Roran : Akari-san, môsugu asa-gohan desu yo.
Roland : Akari, on va bientôt prendre le petit-déjeuner !

あかり： はい、すぐにいきます。あのう、ロランさん、ちょっとたすけてください。
Akari : Hai, sugu ni ikimasu. Anô, Roran-san, chotto tasukete kudasai.
Akari : Oui, j'arrive. Euh…, aide-moi un peu Roland, s'il te plaît !

ロラン： どうしたんですか。
Roran : Dô shita n desu ka.
Roland : Qu'est-ce qu'il t'arrive ?

あかり： パソコンで、メールのチェックがしたいんですが…
Akari : Pasokon de, mêru no chekku ga shitai n desu ga…
Akari : J'aimerais lire mes e-mails sur mon ordinateur…

ロラン： ああ、にほんからじぶんのノートパソコンをもってきたんですね。
Roran : Â, nihon kara jibun no nôto-pasokon o motte kita n desu ne.
Roland : Ah, tu as apporté ton propre ordinateur portable du Japon, n'est-ce pas ?

あかり： マルチへんかんプラグが、よくわからないんです。どれがここのプラグですか。
Akari : Maruchi-henkan-puragu ga, yoku wakaranai n desu. Dore ga koko no puragu desu ka.
Akari : Euh, je ne comprends pas bien cet adaptateur universel. Quelle est la prise pour ici ?

ロラン： いろいろありますね。ええと、これだとおもいます。
Roran : Iroiro arimasu ne. Êto, kore da to omoimasu.
Roland : Il y en a de toutes sortes, dis donc ! Euh, je crois que c'est celle-ci.

あかり： そうですね。おおきさも、かたちも、コンセントとおなじですね。
Akari : Sô desu ne. Ôkisa mo, katachi mo, konsento to onaji desu ne.
Akari : Tu dois avoir raison. La taille et la forme sont les mêmes que la prise de courant.

ロラン： インターネットには、パスワードもひつようだとおもいます。すぐにさがしますから、ちょっとまってください。
Roran : Intânetto ni wa, pasuwâdo mo hitsuyô da to omoimasu. Sugu ni sagashimasu kara, chotto matte kudasai.
Roland : Pour Internet, je pense qu'il te faut aussi le mot de passe. Attends une seconde, je le cherche.

あかり： たすかりました。きのうれんらくしませんでしたから、りょうしんがとてもしんぱいしているとおもいます。
Akari : Tasukarimashita. Kinô renraku-shimasen deshita kara, ryôshin ga totemo shinpai-shite iru to omoimasu.
Akari : Tu me sauves ! Mes parents doivent s'inquiéter, parce que je ne leur ai pas fait signe hier.

COMPRENDRE LE DIALOGUE
FORMULES ET EXPRESSIONS

- → **Asa-gohan**, *petit-déjeuner* (litt. « repas du matin »)
- → **Sugu ni ikimasu**, *J'arrive* (litt. « je vais tout de suite »).
- → **Chotto**, *un peu*. Registre oral. C'est un synonyme de **sukoshi**, mais le registre est moins soutenu.
- → **Dô shita n desu ka**, *Qu'est-ce qu'il t'arrive ?* Le **n** est une contraction de **no**. La formule complète est donc **dô shita no desu ka**. Cette expression est très souvent utilisée pour interroger ou demander des explications à quelqu'un qui semble avoir un problème quelconque. **Dô**, *comment*, **shita** vient du verbe **suru** au passé.
- → **Pasokon = pâsonaru konpyûtâ**, *ordinateur personnel*. Cette expression est forgée à partir d'une expression longue, en supprimant des lettres pour avoir un mot en quatre katakana.
- → **Â**, *Ah !* expression exclamative.
- → **Jibun no** : **jibun** désigne la personne elle-même. En fonction du contexte, on le traduira par *lui* ou *je*, ou encore *moi-même* ou *soi-même*.
- → **Nôto-pasokon**, *ordinateur portable*. **Nôto** au départ signifie *cahier*, pour associer l'idée d'ordinateur à quelque chose de plat et petit comme un cahier.
- → **Motte kita**, *apporter*. Du verbe **motsu**, *porter*, *tenir*, et **kuru**, **kita**, *venir*. Indique un déplacement vers le lieu où le locuteur se tient. **Motte iku** voudra dire *emporter* et il existe aussi **motte kaeru**, *rentrer chez soi* en emportant quelque chose.
- → **Maruchi-henkan-puragu**, *adaptateur universel pour les prises de courant*. **Maruchi** vient de *multi* en anglais, **henkan** signifie *changement* en japonais et **puragu** signifie *plug*, *prise de courant*.
- → **Êto**, *euh* : le locuteur cherche à gagner du temps pour réfléchir.
- → **N + to onaji**, *même que*. **N1 wa N2 to onaji desu**, *N1 est le même que N2*.
- → **Chotto matte kudasai**, *Attends une seconde*. Du verbe **matsu**, *attendre*, à la forme en **te** suivie de **kudasai**.
- → **Tasukarimashita**, *Tu me sauves*. Ici, ce verbe remplace **arigatô**, il contient l'idée de gratitude.

NOTE CULTURELLE

Utilisation d'appareils électriques au Japon : Le courant est en 110 volts et la forme des prises, différente, impose de se munir d'un adaptateur.

Termes d'origine étrangère : Dès qu'il est question de technologie, les termes d'origine anglo-saxonne sont nombreux. On retrouve par exemple **mêru**, **chekku** *mail* *check*, lecture des e-mails ; **maruchi multi** ou encore **puragu** *plug*, prise ; **intânetto** *Internet* ; **pasuwâdo** *pass word*, *mot de passe*. Parfois cependant, les expressions d'origine sont raccourcies, comme avec **pasokon** qui vient de **pâsonaru konpyûtâ**, *personnal computer*. Les Japonais forgent des expressions qui ont l'air de venir de l'anglais mais qui n'existent pas dans cette langue, parmi elles on retrouve **konsento** *prise de courant*, qui n'existe pas en anglais. Cela viendrait de ***concentric plug***, *prise « concentrique »*, de la forme des prises murales.

◆ GRAMMAIRE
-N(O) DESU

N(o) desu apparaît en fin de proposition pour lui donner un ton explicatif. Il s'agit en fait de **-no desu**, mais à l'oral, la voyelle **o** est avalée, on entend **n**. C'est une tournure très employée. Notez que **-n(o) desu** se met derrière la forme neutre.

Dô shita n desu ka, *Que t'arrive-t-il ?* Roland demande une explication parce qu'Akari vient de lui demander de l'aide. **Dô shimashita** serait une simple question sur les faits, sans notion d'explication.

Mêru no chekku ga shitai n desu ga..., *Je voudrais lire mes e-mails...* Là aussi, Akari s'adresse à Roland sur un mode explicatif.

Jibun no nôto-pasokon o motte kita n desu ne, *Ah, Tu as apporté ton propre ordinateur portable, n'est-ce pas !* Roland comprend qu'Akari a son propre ordinateur et il résume la situation sur le mode explicatif.

Maruchi-henkan-puragu ga yoku wakaranai n desu, *Je ne comprends pas bien cet adaptateur universel.* Ici Akari explique vraiment son problème.

-TO OMOIMASU

-To omoimasu, litt. « je pense que » (toujours à la première personne). **Omou** est un verbe qui permet de donner son opinion. La particule **to** qui l'accompagne est la particule de citation, qui introduit le contenu d'un discours, d'une opinion. **To omoimasu** suit la forme neutre. Ex : **Kore da to omoimasu**, *Je crois que c'est celle-ci* ; **Pasuwâdo mo hitsuyô da to omoimasu**, *Je pense qu'il te faut aussi le mot de passe* ; **Ryôshin ga totemo shinpai-shite iru to omoimasu**, *Je pense que mes parents sont très inquiets.*

LA FORME NEUTRE

Shita, *avoir fait*, est la forme neutre de **shimashita**. Elle se construit toujours comme la forme en **-te**, pour n'importe quel verbe. Autre exemple : **motte kita**, *avoir apporté* ; ici, c'est l'auxiliaire **kuru** qui est conjugué.

Shitai, *avoir envie de faire*, est la forme neutre de **shitai desu**.

Wakaranai, *ne pas comprendre*. Il s'agit de la forme neutre de **wakarimasen**. **Wakaru** étant un verbe **godan**, multibase, sa forme en **-nai** s'accroche sur la base en **-a** : **wakar-a-nai**. Pour les autres groupes, voir le tableau en annexe, p. 291.

Kore da, *C'est celle-ci*, est la forme neutre de **kore desu**.

Hitsuyô da, *c'est nécessaire (il faut)*, est la forme neutre de **hitsuyô desu**. **Hitsuyô** est un adjectif en **-na**.

Shinpai-shite iru, *s'inquiéter*, est la forme neutre de **shinpai-shite imasu**. C'est l'auxiliaire **iru** qui est conjugué, et c'est un verbe unibase.

TASUKERU ET TASUKARU

Tasukete kudasai, *Aide-moi s'il te plaît*, et **Tasukarimashita**, *Tu me sauves !*

Ces deux verbes ont la même étymologie et veulent dire la même chose. Mais **tasukeru** est transitif, il admet un complément d'objet direct (**watashi o tasukete kudasai** *sauver quelqu'un*), alors que tasukaru est intransitif (**Watashi ga tasukarimashita** : *Je suis sauvée !*).

LA PARTICULE *GA*

Mêru no chekku ga shitai n desu, *J'aimerais lire mes e-mails.* Le verbe **suru** exprimant le désir avec le suffixe **-tai**, le COD devient sujet.

Maruchi-henkan-puragu ga yoku wakaranai n desu, *Je ne comprends pas bien cet adaptateur universel.* **Wakaru** est un verbe intransitif. Il se construit donc avec **ga**. Rappelons que si nous avions précisé la personne, nous aurions utilisé la particule de thème **wa** (**watashi wa maruchi-henkan-puragu ga yoku wakaranai n desu**).

Dore ga koko no puragu desu ka, *Quelle est la prise pour ici ?* Un interrogatif ne peut pas être un thème, il est forcément sujet.

VOCABULAIRE

メールチェック **mêru-chekku** *lecture des e-mails*
もうすぐ **môsugu** *bientôt*
あさごはん **asa-gohan** *petit-déjeuner*
ちょっと **chotto** *un peu* (utilisé à l'oral)
たすけて **tasukete** *aider* (du verbe **tasukeru**)
パソコン **pasokon** *ordinateur* (***personal computer***)
ああ **â** *ah*
じぶん **jibun** *soi, soi-même*
ノートパソコン **nôto-pasokon** *ordinateur portable*
もってきた **motte kita** *apporter* (forme au passé neutre de **motte kuru**)
マルチへんかんプラグ **maruchi-henkan-puragu** *adaptateur universel*
よく **yoku** *bien*
プラグ **puragu** *prise mâle*
ええと **êto** *euh*
と **to** *particule de citation*
おもいます **omoimasu** *penser* (du verbe **omou**)
かたち **katachi** *forme*
コンセント **konsento** *prise de courant*
おなじ **onaji** *même*
インターネット **intânetto** *Internet*
パスワード **pasuwâdo** *mot de passe*
ひつよう（な） **hitsuyô(na)** *nécessaire, besoin*
さがします **sagashimasu** *chercher* (du verbe **sagasu**)
まって **matte** *attendre* (du verbe **matsu**)
たすかりました **tasukarimashita** *tu me sauves !* (du verbe **tasukaru**, être sauvé)
きのう **kinô** *hier*
れんらくしませんでした **renraku-shimasen deshita** *ne pas avoir contacté* (du verbe **renraku-suru**)
りょうしん **ryôshin** *parents*
しんぱいしている **shinpai-shite iru** *être inquiet, s'inquiéter*

EXERCICES

1. REPÉREZ LES FORMES NEUTRES DANS LES PHRASES ENREGISTRÉES ET DONNEZ L'ÉQUIVALENT POLI.

a. ....
b. ....
c. ....
d. ....

2. TRANSFORMEZ LES FORMES POLIES EN FORMES NEUTRES.

a. よみません。Yomimasen. Ne pas lire.

. . . .

b. りょうがえしました。Ryôgae-shimashita. Avoir changé de l'argent.

. . . .

c. あそびにきます。Asobi ni kimasu. Venir passer un moment.

. . . .

d. えいがかんです。Eiga-kan desu. C'est un cinéma.

. . . .

e. ゆうめいです。Yûmei desu. C'est célèbre.

. . . .

f. うたっています。Utatte imasu. Être en train de chanter.

. . . .

g. たすけたいです。Tasuketai desu. Je voudrais (le) sauver.

3. COMPLÉTEZ LES PHRASES À L'AIDE DES PARTICULES ADÉQUATES.

a. あかりさん（........）おとうさん（........）フランスご（........）わかりません。
Akari-san (........) o-tôsan (........) furansu-go (........) wakarimasen.
Le père d'Akari ne comprend pas le français.

b. – どれ（........）ロランさん（........）くるまですか。
– あれだ（........）おもいます。
– Dore (........) Roran-san (........) kuruma desu ka.
– Are da (........) omoimasu.
– Laquelle est la voiture de Roland ?
– Je pense que c'est celle-là là-bas.

c. ロランさん（........）パスタ（........）たべたいです。
Roran-san (........) pasuta (........) tabetai desu.
Roland a envie de manger des pâtes.

4. THÈME. TRADUISEZ LES PHRASES SUIVANTES EN JAPONAIS.

a. Que t'arrive-t-il ? Il n'est que quatre heures, tu sais !
– Avec le décalage horaire, je me suis réveillée tôt.

. . . .
. . . .

b. Allons acheter des fruits parce que j'ai envie d'en manger.

. . . .

c. Je pense que la cuisine japonaise est délicieuse et saine.

. . . .

13.
LA CHAMBRE DE LA RÉSIDENCE
RYÔ NO HEYA

OBJECTIFS

- EXPRIMER UNE POSSIBILITÉ OU IMPOSSIBILITÉ
- EXPRIMER DES BESOINS
- EXPRIMER DES OBLIGATIONS
- EXPRIMER L'ABSENCE DE BESOIN OU D'OBLIGATION

NOTIONS

- CONSTRUCTIONS VERBALES :
  - VERBE + *KOTO GA DEKIRU/DEKINAI* (POSSIBILITÉ)
  - VERBE + *NAKEREBA NARANAI* (OBLIGATION)
  - VERBE + *NAKUTE MO II* (ABSENCE DE BESOIN)
- LA FORME EN *-TE* + AUXILIAIRE DE DÉPLACEMENT
- LA FORME NÉGATIVE PASSÉE DES ADJECTIFS EN *-NA*
- LA NÉGATION TOTALE (INTERROGATIF + *MO* + NÉGATION)
- L'EXPRESSION D'UNE QUANTITÉ (RAPPEL)
- LA PARTICULE YA

りょうのへや
RYÔ NO HEYA
LA CHAMBRE DE LA RÉSIDENCE

▶ 15

あかり：わたしのへやは、さんびゃくろくごうしつですね。
Akari : Watashi no heya wa, sanbyaku-roku-gô-shitsu desu ne.
Akari : Ma chambre est la n° 306 n'est-ce pas ?

ロラン：わたしは、じゅうにんではありませんから、りょうにはいることができません。
Roran : Watashi wa, jûnin dewa arimasen kara, ryô ni hairu koto ga dekimasen.
Roland : Je ne peux pas entrer dans la résidence parce que je ne suis pas résident.

あかり：そうなんですか。そんなきびしいきそくがあるんですか。
Akari : Sô nan desu ka. Sonna kibishii kisoku ga aru n desu ka.
Akari : Ah bon ? Il y a des règles sévères comme ça ?

ロラン：ここでまっていますから、へやをみてきてください。
Roran : Koko de matte imasu kara, heya o mite kite kudasai.
Roland : Je t'attends ici, va voir la chambre.

Plus tard…
あかり：へやは、まあまあだとおもいましたが、トイレは、あまりきれいではありませんでした。シャワーしつも、せまかったです。
Akari : Heya wa, mâmâ da to omoimashita ga, toire wa, amari kirei dewa arimasen deshita. Shawâ-shitsu mo, semakatta desu.
Akari : J'ai trouvé la chambre pas mal, mais les toilettes n'étaient pas très propres. Et la douche était petite.

ロラン：それはたいへんですね。だいじょうぶですか。
Roran : Sore wa taihen desu ne. Daijôbu desu ka.
Roland : Zut alors ! Ça va aller ?

あかり：さんかげつだけですから、がまんできるとおもいます。
Akari : San-kagetsu dake desu kara, gaman-dekiru to omoimasu.
Akari : Je pense que je vais pouvoir supporter, puisque ce n'est que pour trois mois.

ロラン：なにかひつようなものはありますか。
Roran : Nanika hitsuyôna mono wa arimasu ka.
Roland : Est-ce que tu as besoin de quelque chose ?

あかり：だいどころに、なにもありませんでしたから、なべをひとつと、フライパンをひとつ、かわなければなりません。
Akari : Daidokoro ni, nani mo arimasen deshita kara, nabe o hitotsu to, furaipan o hitotsu, kawanakereba narimasen.
Akari : Je vais devoir acheter une casserole et une poêle parce qu'il n'y avait rien dans la cuisine.

ロラン：かわなくてもいいですよ。うちのをかします。
Roran : Kawanakute mo ii desu yo. Uchi no o kashimasu.
Roland : Ce n'est pas la peine d'en acheter. On t'en prêtera de chez nous.

あかり：じゃ、おさらと、マグカップも、おねがいします。にほんからおはしをもってきましたから、フォークやナイフは、なくてもいいです。
Akari : Ja, o-sara to, magu-kappu mo, o-negai-shimasu. Nihon kara o-hashi o motte kimashita kara, fôku ya naifu wa, nakute mo ii desu.
Akari : Alors, je veux bien aussi des assiettes et des mugs s'il te plaît. Comme j'ai apporté des baguettes du Japon, je n'ai pas besoin de couverts.

COMPRENDRE LE DIALOGUE
FORMULES ET EXPRESSIONS

→ **Sanbyaku-roku-gô-shitsu**, *chambre n° 306*. **Shitsu** désigne une *chambre* et s'utilise souvent dans un contexte particulier, hôpital, école, hôtel ou encore résidence universitaire. Il est aussi associé à **shawâ**, *la douche* ; **shawâ-shitsu** pour désigner la *cabine de douche*.

→ **Sô nan desu ka**, *Ah bon ?* Très proche de **Sô desu ka**, mais ici l'étonnement est plus fort, proche de l'incrédulité.

→ **Mâmâ da**, *comme ci comme ça, pas mal*. **Mâmâ** est un nom mais on peut aussi l'utiliser comme un adverbe : **Mâmâ ii desu**, *C'est assez bien*.

→ **Sore wa taihen desu ne** (litt. « c'est terrible, dis donc ! »), *Zut alors !* Cette expression permet de compatir avec le locuteur.

→ **San-kagetsu**, *trois mois*. **Kagetsu** désigne un mois dans sa durée. De 1 mois à 10 mois, cela donne : **ikkagetsu**, **ni-kagetsu**, **san-kagetsu**, **yon-kagetsu**, **go-kagetsu**, **rokkagetsu**, **nana-kagetsu**, **hachi-kagetsu/hakkagetsu**, **kyû-kagetsu**, **jukkagetsu**.

→ **(san-kagetsu) dake**, *seulement*, derrière une quantité sert à indiquer qu'elle est faible. **Juppun-dake**, *10 minutes seulement*. **Hitotsu dake**, *un seul*.

→ **Nanika hitsuyôna mono wa arimasu ka**, litt. « quelque chose, une chose indispensable y a-t-il ? », *Tu as besoin de quelque chose ?* **Nanika** a déjà été vu au module 7. Le sens est *quelque chose*. Ici, **nanika** précède un groupe nominal qui signifie « chose indispensable ». **Nanika** permet donc d'introduire l'idée d'un éventail très large de choses dont l'autre pourrait avoir besoin.

→ **N + o-negai-shimasu** (litt. « je vous prie ») sert à demander quelque chose de façon polie. Ici, Akari demande des assiettes et des tasses à Roland, en profitant du fait qu'il lui a proposé autre chose. Elle n'a pas besoin d'utiliser le verbe *prêter* puisque Roland l'a déjà introduit. Attention, grammaticalement **o-negai-shimasu** est un verbe transitif, donc il est précédé d'un COD avec la particule **o** : on devrait donc avoir **N + o + o-negai-shimasu**. Dans notre exemple, nous avons utilisé la particule **mo**, *aussi* puisque la demande d'assiettes et tasses se rajoute aux casseroles et autres poêles.

NOTE CULTURELLE

Gaman-dekiru, *Je peux supporter*. **Gaman-suru** signifie que l'on fait des efforts pour supporter une situation qui ne répond pas vraiment à ses propres désirs. Supporter le chaud ou le froid, supporter la douleur. Cette expression est souvent utilisée et le fait de *supporter* **gaman-suru** est valorisé.

(O-)hashi, *baguettes*. Ce terme est souvent précédé du **o** honorifique, mais ce n'est pas obligatoire. Les Japonais mangent tout avec les baguettes. La viande arrive toute coupée dans l'assiette. Les couteaux ne sont donc nécessaires que pour cuisiner. Dans les foyers, chacun a ses baguettes, et de nos jours, il est courant de se déplacer avec ses propres baguettes, à la fois pour des raisons d'hygiène et aussi pour des raisons écologiques. Les invités ont droit généralement à des **waribashi**, *baguettes jetables*.

◆ GRAMMAIRE
CONSTRUCTIONS VERBALES

• **Verbe +** *koto ga dekiru/dekinai* **: possibilité**
Koto, *le fait de*, permet de nominaliser un verbe. **Hairu koto**, *le fait d'entrer, entrer.*

Verbe *dekiru* **« pouvoir », « être capable de »**
Hairu koto ga dekimasen, *Je ne peux pas entrer.* **Dekiru** est intransitif, il se construit donc avec la particule **ga**. **Gaman-dekiru**, *être capable de*, *pouvoir supporter*. **Dekiru**, *pouvoir*, est donc un équivalent potentiel de **suru**, *faire*. Ici, **gaman-dekiru** est l'équivalent potentiel de **gaman-suru**.

• **Verbe +** *nakareba naranai* **: obligation**
Kawanakereba naranai/narimasen, *Je dois acheter / Je vais devoir acheter.* Expression de l'obligation à partir du verbe **kau**, *acheter*. On utilise la forme négative neutre **kawanai**, à laquelle on adjoint le suffixe de condition **kereba**, en enlevant le **i** de terminaison (**kawanakereba**). Rappelons que la forme en **-nai** pour les verbes multibases se construit sur la base en **-a**, et que les verbes comme **kau** ne peuvent pas faire **kaa**, mais **kawanai**. Puis, on conclut avec **naranai/narimasen** (litt. « cela ne devient pas », donc « c'est impossible »), ce qui donne : « si je ne fais pas, cela ne va pas », donc *je dois faire.*

• **Verbe +** *nakute mo ii* **: absence de besoin**
Kawanakute mo ii / Kawanakute mo ii desu, *Ce n'est pas la peine d'acheter* (litt. « même si tu n'achètes pas, c'est bon »). **Kawanakute** est la forme en **-te** de **kawanai**, *ne pas acheter* car les verbes à la forme en **-nai** se conjuguent comme des adjectifs en **-i**. Autre exemple : **Fôku ya naifu wa nakute mo ii desu**, *Je n'ai pas besoin de couverts*, litt. « même s'il n'y a pas, c'est bon ». Attention ! **Nakute** vient de **nai**, qui est la forme neutre de **arimasen**. C'est une irrégularité, on ne dit pas **aranai**.

LA FORME EN *-TE* + AUXILIAIRE DE DÉPLACEMENT

Heya o mite kite kudasai, *Va voir la chambre*, litt. « regarde la chambre et reviens ». Cette structure peut sembler contradictoire avec celle vue au module 8, pour exprimer un but de déplacement : **asobi ni kuru**, *venir passer un moment*, ou **sanpo ni iku**, (module 11), *aller en promenade*. Ici, **heya o mite kite kudasai** (forme en **-te** + verbe de déplacement) se traduit de la même façon en français « aller voir la chambre », mais comme l'action est courte, l'accent est mis sur le résultat final, qui est le retour de la personne. Par ailleurs, dans notre exemple, Roland attend, et de son point de vue, ce qui compte, c'est le retour d'Akari. S'il avait dit **Heya o mi ni itte kudasai**, *Va voir la chambre*, cela aurait signifié qu'il n'attendrait pas.

LA FORME NÉGATIVE PASSÉE DES ADJECTIFS EN *-NA*

Amari kirei dewa arimasen deshita, *n'étaient pas très propres*. **Kirei** est un adjectif en **-na**. Sa forme passée négative est identique à celles des noms + **desu** : **dewa arimasen**. Attention ! Ici, **kirei** a le sens de *propre*, mais nous l'avons déjà vu au sens de *beau*, *belle* : **kireina tatemono**, *de beaux bâtiments* (module 3).

LA NÉGATION TOTALE (INTERROGATIF + *MO* + NÉGATION)

Nani mo arimasen deshita, *Il n'y avait rien*. On parle de négation totale : un interrogatif suivi de la particule **mo** et de la forme négative (litt. « quoi que ce soit, il n'y a pas »).

L'EXPRESSION UNE QUANTITÉ (RAPPEL)

Nabe o hitotsu to furaipan o hitotsu kawanakereba narimasen, *Je vais devoir acheter une casserole et une poêle*. Nous avons déjà vu l'expression de quantité au module 7 : **Kono ringo o gohyaku guramu kaimashô**, *Achetons 500 g de ces pommes*. Nous avons vu que la quantité intervient devant le verbe comme un adverbe, séparément du nom qu'elle accompagne. Ici, nous avons deux choses, casserole et poêle, que l'on dissocie ainsi : **nabe o hitotsu** ; **furaipan o hitotsu**. Pour rassembler les deux, on utilise la particule **to** d'énumération, ce qui donne **nabe o hitotsu to furaipan o hitotsu kawanakereba narimasen**.

LES PARTICULES *NI*, *NO* ET *YA*

• **La particule *ni*** : **Ryô ni hairu**, *entrer dans la résidence*. La particule **ni** ici sert à marquer le lieu dans lequel on entre.

• **La particule *no*** : **Uchi no o kashimasu**, *On t'en prêtera de chez nous*. Après la particule **no**, on attend un nom, mais en fait il est question de la casserole et de la poêle dont Akari vient de parler. On ne reprend pas ces deux éléments. Nous avions vu la même chose au module 2 : **Haha no (kuruma) desu**, *C'est celle de ma mère (voiture)*.

• **La particule *ya*** : **Fôku ya naifu**, *fourchettes et couteaux, etc…*, donc *les couverts*. La particule **ya** permet de faire une énumération comme **to**, mais l'énumération n'est pas exhaustive. On ne cite que quelques exemples. Ainsi dans notre phrase, il manque les cuillers. Nous avons donc choisi de traduire par un mot global les *couverts*. Nous pouvons comparer cette phrase à celle qui précède : **o-sara to magu-kappu**, *des assiettes et des mugs*. Ici l'énumération est exhaustive, on utilise donc **to**.

VOCABULAIRE

nombre+ごうしつ **nombre + gô-shitsu** chambre n°
じゅうにん **jûnin** résident
はいる **hairu** entrer
V-ことができません **V-koto ga dekimasen** ne pas pouvoir + verbe
そんなN **sonna + N** un(e) tel(le)
きびしい **kibishii** sévère
きそく **kisoku** règle
みてきて **mite kite** aller voir (et revenir)
まあまあだ **mâmâ da** pas mal, comme ci comme ça
トイレ **toire** toilettes
きれいではありませんでした **kirei dewa arimasen deshita** propre (forme polie négative au passé de **kirei**)
シャワーしつ **shawâ-shitsu** cabine de douche
せまかった **semakatta** petit, étroit (forme au passé de **semai**)
たいへん（な） **taihen(na)** dur, difficile, pénible, embêtant
さんかげつ **san-kagetsu** trois mois
だけ **dake** ne... que, seulement
がまんできる **gaman-dekiru** pouvoir supporter (de **gaman-suru**)
なにも...ありません **nani mo... arimasen** il n'y a rien
なべ **nabe** casserole
フライパン **furaipan** poêle
ひとつ **hitotsu** un
かわなければなりません **kawanakereba narimasen** devoir acheter (de **kau**)
かわなくてもいいです **kawanakute mo ii desu** ce n'est pas la peine d'en acheter (de **kau**)
かします **kashimasu** prêter (de **kasu**)
（お）さら **(o-)sara** assiette
（お）はし **(o-)hashi** baguettes
マグカップ **magu-kappu** mug
フォーク **fôku** fourchette
ナイフ **naifu** couteau
なくてもいいです **nakute mo ii desu** ne pas avoir besoin (**nai**, forme négative de **aru**, à la forme en **-te**)

EXERCICES

1. ÉCOUTEZ, ÉCRIVEZ ET TRADUISEZ.

a. ...
b. ...
c. ...
d. ...
e. ...
f. ...
g. ...
h. ...

2. À PARTIR DES VERBES PROPOSÉS, RÉDIGEZ LES DIALOGUES.

Q/ verbe + nakereba narimasen ka (faut-il + verbe ?)
R/ iie, verbe + nakute mo ii desu (non, ce n'est pas la peine de + verbe)

a. かう kau,   Q ....
    acheter   R ....

b. みる miru,   Q ....
    regarder   R ....

c. もってくる motte kuru, Q ....
    apporter   R ....

d. がまんする gaman-suru, ...
    supporter   R ....

e. まつ matsu,   Q ....
    attendre   R ....

3. COMPLÉTEZ LES ÉNONCÉS À L'AIDE DES EXPRESSIONS ENTRE PARENTHÈSES QUE VOUS METTREZ À LA FORME NEUTRE.

a. .... とおもいます。（だいじょうぶです）
    .... to omoimasu. (daijôbu desu)

b. .... ことができません。（あかりさんをたすけます）
    .... koto ga dekimasen. (Akari-san o tasukemasu)

c. .... んです。（メールのチェックがしたいです）
    .... n desu. (mêru no chekku ga shitai desu)

d. .... とおもいます。（りょうしんがしんぱいしています）
    .... to omoimasu. (ryôshin ga shinpai-shite imasu)

4. THÈME. TRADUISEZ LES PHRASES SUIVANTES EN JAPONAIS.

a. Akari doit écrire un mémoire de fin d'études parce qu'elle est maintenant en quatrième année d'université.

    ....

b. Les parents de Roland ne peuvent pas aller au Japon.

    ....

c. Est-ce que tu as besoin de quelque chose ? (litt. « est-ce qu'il y a quelque chose de nécessaire? ») – Non, rien (litt. « non, il n'y a rien »).

    ....

14.
LE COLIS

KOZUTSUMI

OBJECTIFS

- EXPOSER UN PROBLÈME

- RECHERCHER UNE SOLUTION À UN PROBLÈME

- ÉNUMÉRER

- DÉCRIRE UNE ACTION AU BÉNÉFICE DU LOCUTEUR

- DÉCRIRE UNE ACTION AVEC UNE NUANCE DE REGRET

- DÉCRIRE UNE TENTATIVE POUR FAIRE QUELQUE CHOSE

NOTIONS

- LES VERBES À LA FORME EN *-TE* + AUXILIAIRES
  - VERBE FORME EN *-TE* + *KURERU*
  - VERBE FORME EN *-TE* + *SHIMAU*
  - VERBE FORME EN *-TE* + *MIRU*

- LES ADVERBES *MÔ* ET *MADA* (SUITE)

- LA PARTICULE *E* DE DIRECTION

- *NADO*

こづつみ
KOZUTSUMI
LE COLIS

（でんわで Denwa de *Au téléphone*）

ロラン： もしもし、あかりさん、あれからどうしていますか。
Roran : Moshi moshi, Akari-san, are kara dô shite imasu ka.
Roland : Allo, Akari, qu'est-ce que tu deviens depuis l'autre jour ?

あかり： あ、ロランさん、ちょうどよかったです。
Akari : A, Roran-san, chôdo yokatta desu.
Akari : Ah, Roland, tu tombes bien.

ロラン： なにかあったんですか。
Roran : Nanika atta n desu ka.
Roland : Il s'est passé quelque chose ?

あかり： じつは、ははがにほんからこづつみをおくってくれたんですが、どこかへいってしまったんです。
Akari : Jitsu wa, haha ga nihon kara kozutsumi o okutte kureta n desu ga, dokoka e itte shimatta n desu.
Akari : En fait, ma mère m'a envoyé un colis du Japon, mais il a disparu (litt. « il est allé quelque part »).

ロラン：ついせきばんごうがありますか。
Roran : Tsuiseki-bangô ga arimasu ka.
Roland : Il y a un numéro de suivi ?

あかり： ええ。ネットでついせきしてみましたが、はいそうじょうきょうがよくわかりません。
Akari : Ê. Netto de tsuiseki-shite mimashita ga, haisô-jôkyô ga yoku wakarimasen.
Akari : Oui, j'ai essayé de le tracer sur Internet, mais je ne comprends pas bien le statut de livraison.

ロラン：りょうのそばのゆうびんきょくへ、もう、ききにいきましたか。
Roran : Ryô no soba no yûbin-kyoku e, mô, kiki ni ikimashita ka.
Roland : Es-tu déjà allée poser la question au bureau de poste près de ta résidence ?

あかり：まだいっていません。ひとりでもんだいをせつめいすることができないとおもいます。
Akari : Mada itte imasen. Hitori de mondai o setsumei-suru koto ga dekinai to omoimasu.
Akari : Pas encore. Je pense que je serais incapable d'expliquer le problème toute seule.

ロラン：なかになにがはいっているんですか。
Roran : Naka ni nani ga haitte iru n desu ka.
Roland : Qu'est-ce qu'il y a à l'intérieur ?

あかり：にほんちゃや、のりや、つけものや、インスタントみそしるなどがはいっています。ロランさんのすきなわがしもあるとおもいます。
Akari : Nihon-cha ya, nori ya, tsukemono ya, insutanto-miso-shiru nado ga haitte imasu. Roran-san no sukina wagashi mo aru to omoimasu.
Akari : Du thé japonais, des algues, des légumes en saumure, ou encore des sachets de soupe de miso instantanée, etc. Je pense qu'il y a aussi ces gâteaux japonais que tu aimes.

ロラン：じゃ、すぐにさがしにいきましょう。
Roran : Ja, sugu ni sagashi ni ikimashô.
Roland : Dans ce cas partons tout de suite à sa recherche !

COMPRENDRE LE DIALOGUE
FORMULES ET EXPRESSIONS

→ **Moshi moshi**, *Allo !* Ce terme sert aussi pour interpeller quelqu'un dont on ne connaît pas le nom, dans la rue par exemple.
→ **Are kara**, *depuis l'autre jour*. **Are**, *cela, ça*, est un démonstratif de la série **ko/so/a**. Alors que **ko** (**kore, kono + N, koko**) et **so** (**sore, sono + N, soko**) désignent ce qui est près du locuteur ou de l'interlocuteur, les démonstratifs commençant par **a** (**are, ano + N, asoko**) désignent ce qui est loin des deux protagonistes. Mais attention, ici **are** évoque un moment dans le passé que les deux personnes ont partagé. On pourrait dire aussi *la dernière fois*. Il est très naturel en japonais de se reporter à la rencontre précédente, notamment pour remercier quand on a été invité.
→ **Dô shite imasu ka**, *Qu'est-ce que tu deviens ?* (litt. « comment fais-tu ? ») avec le verbe **suru** à la forme en **-te** et l'auxiliaire **iru**.
→ **Chôdo yokatta desu**, *Tu tombes bien*, litt. « c'était juste bien ». Le coup de téléphone de Roland arrive justement alors qu'Akari a un problème pour lequel elle a besoin de lui. Donc son coup de fil arrive juste bien, juste au bon moment. Remarque : **yokatta** est la forme passée de l'adjectif **ii**, parce que lorsqu'Akari porte ce jugement, le coup de téléphone est déjà arrivé.
→ **Jitsu wa**, *en fait*. **Jitsu** désigne un fait réel. Ici, avec la particule de thème **wa**, il permet de créer l'expression qui correspond à *en fait* en français.
→ **Dokoka e itte shimatta n desu**, *Il a disparu*, litt. « il est allé quelque part (**dokoka e**) et on ne peut plus rien faire (**shimatta**) ».
→ **Naka ni nani ga haitte iru n desu ka**, *Qu'est-ce qu'il y a à l'intérieur ?* Le verbe **hairu**, verbe intransitif qui signifie *entrer*, est utilisé avec la forme en **-te** et l'auxiliaire **iru** qui exprime le résultatif, c'est-à-dire le fait que les produits soient entrés dans le colis et qu'ils y soient toujours. La particule **ni** sert ici à indiquer la localisation, comme dans le module 6 : **Uchi ni wa heya ga takusan arimasu**, *Il y a beaucoup de chambres chez nous*.
→ **Hitori de mondai o setsumei-suru koto ga dekinai to omoimasu**, *Je pense que je serais incapable d'expliquer le problème toute seule*. Cette phrase se termine par **to omoimasu** : il s'agit donc de l'opinion d'Akari. **To omoimasu** est précédé de la forme neutre, ici du verbe **dekiru** à la négation **dekinai** (« je pense que je ne peux pas »). **Dekinai** est construit avec la forme nominalisée de **setsumei-suru** pour donner le sens de « ne pas pouvoir expliquer ». Attention, ici « pouvoir » est à prendre au sens de « avoir la capacité de » et non la simple possibilité que nous avions vue dans le module 13. On voit que pour comprendre une phrase japonaise un peu complexe, il faut partir de la fin !

→ **Roran-san no sukina wagashi**, *Les gâteaux japonais que tu (Roland) aimes.* Vous remarquez que **sukina** se traduit en français par une proposition relative *(que tu aimes).*

NOTE CULTURELLE

Quelques aliments japonais :

Nihon-cha, *thé japonais*. **Cha** désigne le *thé*. Sans autre précision, on l'utilisera précédé du **o** de politesse : **o-cha**. Le *thé anglais* est le **kôcha**, litt. « thé rouge ».

Nori, *algues séchées*. On les utilise notamment pour faire des rouleaux pour le **sushi**.

Tsukemono, *légumes en saumure*. Il s'agit principalement de grands radis blancs, de concombres, de navets, d'aubergines. Ce nom est composé de deux parties : **mono** désigne *une chose* en général, et **tsuke** ici désigne l'idée de faire tremper (dans la saumure), qui vient du verbe **tsukeru**. Les **tsukemono** permettaient autrefois de conserver des légumes pour l'hiver, et ils sont servis en petite quantité pour accompagner le riz.

Insutanto-miso-shiru, *soupe de miso instantanée.*

Wagashi, *gâteau japonais*. **Gashi** est une déformation de **kashi**, le *gâteau* (on dit **o-kashi** pour *un gâteau* en général) et il est précédé de **wa** qui est une des manières de désigner ce qui est japonais.

◆ GRAMMAIRE
LES VERBES À LA FORME EN *-TE* + AUXILIAIRES

Okutte kureta, *m'a envoyé*. Akari décrit une action que sa mère a faite pour elle. Le verbe **kureru** après la forme en **-te**, permet de donner l'idée d'une action faite par un tiers au bénéfice du locuteur.

Dokoka e itte shimatta, *Il a disparu*, litt. « il s'en est allé quelque part ». L'auxiliaire **shimau** après la forme en **-te** signifie que le locuteur regrette ce qu'il s'est passé.

Tsuiseki-shite mimashita, *J'ai essayé de le tracer.* Après une forme en **-te**, l'auxiliaire **miru** donne l'idée d'*essayer* de faire quelque chose (on fait et on regarde le résultat).

LES ADVERBES *MÔ* ET *MADA* (SUITE)

Mô, *déjà*, et **mada**, *encore.* Nous avons déjà vu ces deux adverbes. Ici, **mô** est suivi du passé, parce que Roland cherche à savoir si Akari a *déjà* fait quelque chose. **Mada** est suivi de la forme négative, parce qu'Akari explique qu'elle n'est *pas encore* allée à la poste. Elle ne pourrait pas dire **mada ikimasen deshita** parce que justement elle a encore la possibilité d'y aller. On utilise la forme **itte imasen** comme une sorte de résultat qui décrit son état : elle est dans la situation « de ne pas aller » à la poste.

LES PARTICULES

- **La particule e**

Il s'agit d'une particule de direction. (Attention ! On l'écrit ⌒ mais le **h** ne se prononce plus.) Dans l'exemple **Dokoka e itte shimatta n desu**, *Il a disparu*, la particule **e** accompagne le complément de direction, ici **dokoka**, *quelque part* (« est allé quelque part »).

Yûbin-kyoku e, mô, kiki ni ikimashita ka, *Es-tu déjà allée poser la question au bureau de poste ?* Nous avons déjà vu dans le module 8 et le module 11 la structure action + **ni** + verbe de déplacement (« aller ou venir faire quelque chose ») : **kiki ni ikimasu**, *aller poser la question*. Le lieu vers lequel on se dirige peut être marqué par la particule **ni** : **kôen ni sanpo ni ikimasu**, *aller au parc pour une promenade* (module 11), ou la particule de direction **e** comme ici, pour éviter la répétition du son **ni** dans la phrase.

- **La particule ga**

Nani ga haitte iru n desu ka, *Qu'est-ce qu'il y a à l'intérieur ? Que contient le colis ?* **Ga** est la particule du sujet. On ne pourrait pas avoir de thème avec **wa** puisque justement l'interrogatif suppose qu'on ne sait pas de quoi il s'agit.

- **Nado, « ect. »**

Ce mot figure souvent à la fin d'une énumération avec la particule **ya**, pour conclure et donner le sens de *etc*.

VOCABULAIRE

こづつみ **kozutsumi** *colis*

でんわ **denwa** *téléphone*

もしもし **moshi moshi** *allo*

あれから **are kara** *depuis l'autre jour*

ちょうど **chôdo** *justement*

じつは **jitsu wa** *en fait*

おくって **okutte** *envoyer* (du verbe **okuru**)

V てくれた **V -te kureta** *action au bénéfice du locuteur* (de l'auxiliaire **kureru**)

どこか **dokoka** *quelque part*

へ **e** *particule de direction* (attention le **h** ne se prononce plus)

V てしまった **V -te shimatta** *action évoquée avec regret* (de l'auxiliaire **shimau**)

ついせきばんごう **tsuiseki-bangô** *numéro de suivi*

ネット **netto** *Internet, le Net*

ついせきして **tsuiseki-shite** *suivre, tracer* (du verbe **tsuiseki-suru**)

V てみました **V-te mimashita** *avoir essayé de faire* (de l'auxiliaire **miru**)

はいそうじょうきょう **haisô-jôkyô** *statut de livraison*

ゆうびんきょく **yûbin-kyoku** *bureau de poste*

きき **kiki** *poser une question, demander* (du verbe **kiku**)

もんだい **mondai** *problème*

せつめいする **setsumei-suru** *expliquer*

なに **nani** *que, quoi*

はいっている **haitte iru** *se trouver, être à l'intérieur* (du verbe **hairu** *entrer*)

にほんちゃ **nihon-cha** *thé japonais*

のり **nori** *algues (séchées)*

つけもの **tsukemono** *légumes en saumure*

インスタントみそしる **insutanto-miso-shiru** *soupe de miso instantanée*

など **nado** *etc.*

わがし **wagashi** *gâteau japonais*

さがし **sagashi** *chercher* (du verbe **sagasu**)

◆ EXERCICES

1. ÉCOUTEZ, ÉCRIVEZ ET TRADUISEZ.

a. ....

b. ....

c. ....

d. ....

e. ....

f. ....

2. RÉPONDEZ NÉGATIVEMENT AUX QUESTIONS.

a. もうそのえいがをみましたか。
Mô sono eiga o mimashita ka.
Avez-vous déjà vu ce film ?
....

b. もうまちをかんこうしましたか。
Mô machi o kankô-shimashita ka.
Avez-vous déjà visité la ville ?
....

c. もうこのほんをよみましたか。
Mô kono hon o yomimashita ka.
Avez-vous déjà lu ce livre ?
....

d. もうワインをかいましたか。
Mô wain o kaimashita ka.
Avez-vous déjà acheté le vin ?
....

3. COMPLÉTEZ À L'AIDE DU MOT INTERROGATIF QUI CONVIENT.

a. ここは（....................）ですか。　Koko wa (....................) desu ka.
びじゅつかんです。　Bijutsu-kan desu.

b. （....................）がかいたいですか。　(....................) ga kaitai desu ka.
くだものがかいたいです。　Kudamono ga kaitai desu.

c. だいいちいんしょうは（....................）でしたか。　Dai-ichi-inshô wa
(....................) deshita ka.
よかったです。　Yokatta desu.

136   14. Le colis

d. なしとりんごと（.....................）がすきですか。 Nashi to ringo to (.....................) ga suki desu ka.
なしのほうがすきです。 Nashi no hô ga suki desu.

e. （.....................）のはなしですか。 (.....................) no hanashi desu ka.
きのうのはなしです。 Kinô no hanashi desu.

4. THÈME. TRADUISEZ LES PHRASES SUIVANTES EN JAPONAIS.

a. Je pense que je ne peux pas porter ce paquet seul(e).
. . . .

b. Allons acheter une poêle parce que nous en avons besoin. (litt. « parce que nous avons besoin d'une poêle, allons acheter »)
. . . .

c. Il y a toutes sortes de légumes dans le frigo. (utiliser le verbe « entrer »)
. . . .

III

EN

VILLE

15.

VOL DANS UN FAST-FOOD

FASUTOFÛDO-TEN NO TÔNAN

OBJECTIFS

- RELATER UNE MAUVAISE EXPÉRIENCE
- RAPPORTER DES PROPOS
- EXPRIMER UN ÉTAT D'ESPRIT
- ENCOURAGER UNE PERSONNE
- EXPRIMER UN CHANGEMENT DE SITUATION

NOTIONS

- *-DESHÔ*
- VERBE NEUTRE + *KOTO NI NARIMASHITA (NATTA)*
- LES PARTICULES *NI* ET *TO*

ファストフードてんのとうなん
FASUTOFÛDO-TEN NO TÔNAN
VOL DANS UN FAST-FOOD

17

ロラン： げんきがありませんね。どうしたんですか。
Roran : Genki ga arimasen ne. Dô shita n desu ka.
Roland : Tu n'as pas la forme, dis donc. Que t'arrive-t-il ?

あかり： じつは、きのうのばん、ともだちと、ファストフードのおみせで、ばんごはんをたべたんですが…
Akari : Jitsu wa, kinô no ban, tomodachi to, fasutofûdo no o-mise de, ban-gohan o tabeta n desu ga…
Akari : En fait, hier soir, j'ai dîné dans un fast-food avec des amis…

ロラン： なにかわるいことがありましたか。
Roran : Nanika warui koto ga arimashita ka.
Roland : Il s'est passé quelque chose de désagréable ?

あかり： ええ、あしのところに、バッグをおいていたんですが、それがなくなってしまったんです。
Akari : Ê, ashi no tokoro ni, baggu o oite ita n desu ga, sore ga nakunatte shimatta n desu.
Akari : Oui, j'avais posé mon sac à mes pieds, et il a disparu !

ロラン： えっ、それは、だれかがぬすんだんですよ。
Roran : E, sore wa, dareka ga nusunda n desu yo.
Roland : Oh, c'est quelqu'un qui l'a volé !

あかり： やっぱり、とうなんにあったんですね。
Akari : Yappari, tônan ni atta n desu ne.
Akari : Je me suis bien fait voler, hein ?

ロラン： ここはにほんほどあんぜんではないといったでしょう。
Roran : Koko wa nihon hodo anzen dewa nai to itta deshô.
Roland : Je t'avais bien dit qu'ici, ce n'est pas aussi sûr qu'au Japon.

あかり：ロランさんがいったとおりでした。それに、パスポートがはいっていました。
Akari : Roran-san ga itta tôri deshita. Sore ni, pasupôto ga haitte imashita.
Akari : Tu avais raison. En plus, il y avait mon passeport.

ロラン：はやく、けいさつとりょうじかんにいかなければなりませんね。らいげつ、にほんにかえるのでしょう。
Roran : Hayaku, keisatsu to ryôji-kan ni ikanakereba narimasen ne. Raigetsu, nihon ni kaeru no deshô.
Roland : Il faut vite aller à la police et au consulat. Tu rentres bien au Japon le mois prochain n'est-ce pas ?

あかり：ええ。すぐにあたらしいパスポートをつくらなければなりませんね。きがおもいです。
Akari : Ê. Sugu ni atarashii pasupôto o tsukuranakereba narimasen ne. Ki ga omoi desu.
Akari : Oui. Je dois tout de suite faire refaire mon passeport. La barbe !

ロラン：げんきをだしてください。いいニュースもありますから。
Roran : Genki o dashite kudasai. Ii nyûsu mo arimasu kara.
Roland : Courage ! Il y a aussi une bonne nouvelle…

あかり：えっ。なんですか。
Akari : E. Nan desu ka.
Akari : Hein ? De quol s'agit-il ?

ロラン：わたしもらいげつとうきょうにいくことになりました。
Roran : Watashi mo raigetsu tôkyô ni iku koto ni narimashita.
Roland : Finalement, moi aussi, le mois prochain je vais à Tōkyō !

COMPRENDRE LE DIALOGUE
FORMULES ET EXPRESSIONS

- → **Fasutofûdo-ten** et **fasutofûdo no (o)mise**, *fast-food*. Ces deux expressions veulent dire la même chose, et **ten** et **mise** s'écrivent avec le même caractère chinois. Dans le premier cas, on a utilisé un mot composé ; **ten** est la lecture sino-japonaise du caractère qui signifie *un commerce*. Dans le deuxième cas, **fasutofûdo no (o)mise**, le mot **mise** est la lecture japonaise du caractère chinois qui veut dire *commerce* et il est indépendant.
- → **Kinô no ban**, *hier soir*, litt. « le soir d'hier ». On peut faire ce genre de combinaison pour d'autres moments : **kyô no ban**, *ce soir*, équivalent de **konban** ; **ashita no ban**, *demain soir* ; **asatte no ban**, *après-demain soir* ; **kin-yôbi no ban**, *vendredi soir*. Il est possible de faire la même chose avec **asa**, *le matin* : **kinô no asa**, *hier matin* ; **ashita no asa**, *demain matin* ; **asatte no asa**, *après-demain matin* ; **sui-yôbi no asa**, *mercredi matin*.
- → **Nanika warui koto ga arimashita ka**, *Il s'est passé quelque chose de désagréable ?* Dans cette question, **koto** désigne un *fait*. En français, on utilise *quelque chose*, mais il faut distinguer ce mot de **mono**, *chose*, qui est concret, alors que **koto** désigne quelque chose d'abstrait.
- → **Ashi no tokoro ni**, *à mes pieds*. On ne peut pas dire **ashi ni** parce que cela désignerait le pied lui-même (comme quand on se blesse au pied). On ajoute donc **tokoro**, *le lieu*, pour désigner la zone autour du pied. Autre ex. : **Kuruma no tokoro de matte ite kudasai**, *Attends à la voiture*. Dans ce cas, on ne peut pas dire **Kuruma de matte kudasai**, ce qui équivaut à *Attends dans la voiture*. **Tokoro** sert donc à désigner de façon plus large la zone où se trouve la voiture.
- → **Baggu o oite ita**, *J'avais posé mon sac*. Nous utilisons un plus-que-parfait en français puisque l'action de « poser le sac » est antérieure à la situation évoquée. Mais en japonais, le plus-que-parfait n'existe pas. On utilise la forme en **-te** + **ita** pour décrire l'état résultant du fait qu'on a posé le sac.
- → **Sore ga nakunatte shimatta**, *Il a disparu* ; **Sore wa dareka ga nusunda**, *C'est quelqu'un qui l'a volé*. Dans ces phrases, **sore** reprend l'élément dont il est question dans la phrase précédente, le sac ou la situation dont Akari vient de parler.
- → **Nakunatte shimatta**, *a disparu*. **Nakunaru** est un verbe qui signifie *disparaître*, mais étymologiquement, il est composé de **naku** (qui vient de **nai** *ne pas exister*, à la forme en **ku**) et **naru**, *devenir*. Nous retrouvons l'auxiliaire **shimau** pour exprimer le regret face à cette situation.
- → **Dareka**, *quelqu'un*. Mot indéfini construit comme **nanika** (interrogatif + **ka**), *quelque chose*.

- → **Yappari**, **tônan ni atta n desu ne**, *Je me suis bien fait voler !* **Yappari** exprime le sentiment de confirmation d'une idée dont on n'était pas sûr. Ici, Akari n'osait pas mettre un nom sur ce qui lui était arrivé, mais quand Roland lui dit que son sac a été volé, elle exprime que c'est bien ce qu'elle avait pensé aussi. Notons l'utilisation du verbe **au**, *rencontrer*. Associé à une personne, l'idée de rencontrer est tout à fait banale. Mais ici, c'est un événement qui est rencontré, et c'est toujours un événement négatif (accident, incendie, tremblement de terre).
- → **Roran-san ga itta tôri deshita**, *Tu avais raison* (litt. « c'est comme tu avais dit »). **Tôri** est un nom.
- → **Sore ni**, *en plus*. **Sore**, ça reprend ce qui a été dit et la particule **ni** montre qu'on ajoute quelque chose à ces propos.
- → **Hayaku**, *tôt, vite*. Forme adverbiale de **hayai**, adjectif en **-i**. Le premier sens est celui contenu dans la phrase **Hayaku me ga sameta**, *Je me suis réveillée tôt*, mais parfois on glisse vers l'idée de « rapide ». Dans notre dialogue, nous aurions aussi pu traduire par *sans attendre*.

NOTE CULTURELLE

Genki ga arimasen ne, *Tu n'as pas la forme, dis donc !* Le mot **genki** est formé à partir de **ki**, qui désigne l'*énergie*, le *souffle vital*. **Gen** désigne *la base, les fondements*. **Genki** évoque donc l'énergie fondamentale pour agir, et il signifie *être en bonne santé, en forme*. Dans notre dialogue, c'est un nom (**genki ga arimasen**, *tu n'as pas la forme* ; **genki o dashite kudasai**, litt. « fais sortir ton énergie vitale », *courage !*), mais on peut aussi l'utiliser comme un adjectif en **-na** : **genkina hito**, *une personne en bonne santé*.

Ki ga omoi desu, *La barbe !* Cette expression est également construite à partir de **ki**, *l'énergie, le souffle vital*. **Omoi** signifie *lourd*. L'expression veut donc dire « mon énergie est lourde », donc on manque d'énergie, d'envie de faire quelque chose. On peut penser aussi à l'expression en français « ça me pèse ». De nombreuses expressions existent en japonais avec **ki**, dans des constructions avec des adjectifs. Ces expressions servent souvent à qualifier le tempérament des personnes, ex. : **ki ga hayai**, *impatient* ; **ki ga ii**, *bonne nature, serviable*.

◆ GRAMMAIRE
-DESHÔ

Itta deshô, *Je t'avais bien dit…*
Kaeru no deshô, *Tu rentres bien… ?*
Deshô ou **no deshô** suit un verbe à la forme neutre et sert à rappeler ou confirmer une information déjà évoquée, et l'interlocuteur confirme à son tour. C'est

semi-interrogatif. En écoutant le dialogue, il convient de faire attention à l'intonation avec laquelle ces phrases sont prononcées.

VERBE NEUTRE + *KOTO NI NARIMASHITA (NATTA)*

Tôkyô ni iku koto ni narimashita, *Je vais à Tōkyō*, litt. « c'est devenu je vais à Tōkyō ». La construction d'un verbe à la forme neutre suivi de **koto** puis de la particule **ni** et du verbe **naru** décrit le résultat d'un changement intervenu. Ce changement est présenté comme indépendant de la volonté de la personne concernée. Dans notre dialogue, évidemment Roland a bien agi pour partir à Tōkyō, mais la décision ne lui appartenait pas. Il décrit donc le résultat de cette décision extérieure. Cette construction est très utilisée, parce qu'elle permet de minimiser l'intervention de la personne et est donc considérée comme une expression plus modeste et donc plus polie. Il existe également une formulation mettant en valeur la décision de la personne, c'est la structure « verbe à la forme neutre + **koto** + **ni** + **suru**/**shimasu** », que l'on traduit plutôt par « j'ai décidé de… ». Il est très difficile de traduire **koto ni narimashita** en français, mais cela correspond souvent à des cas où l'on dit « finalement, telle ou telle chose va se produire ». L'adverbe « finalement » laisse penser que les choses ont évolué.

LES PARTICULES *NI* ET *TO*

- **La particule *ni***

Ashi no tokoro ni baggu o oite ita, *J'avais posé mon sac à mes pieds.* L'utilisation de **ni** après **tokoro** se justifie par le verbe **oku**, *poser* parce que l'action de poser nécessite un mouvement vers un lieu précis. De plus ici, on décrit un état.

Keisatsu to ryôji-kan ni ikanakereba narimasen, *Il faut aller à la police et au consulat* ; **Nihon ni kaeru**, *Tu rentres au Japon* ; **Tôkyô ni iku**, *Je vais à Tōkyō.* Dans ces trois exemples, la particule **ni** se justifie parce qu'il s'agit d'un déplacement vers un lieu qui est la destination du déplacement.

- **La particule *to***

Koko wa nihon hodo anzen dewa nai to itta deshô, *Je t'ai dit qu'ici ce n'est pas aussi sûr qu'au Japon.* La particule de citation **to** relie le verbe de discours **iu**, *dire*, au contenu des propos. Ici nous sommes au style indirect, la citation est forcément à la forme neutre.

VOCABULAIRE

ファストフードてん **fasuto fûdo-ten** *fast-food*
とうなん **tônan** *vol*
げんき **genki** *bonne santé, énergie fondamentale pour agir*
わるい **warui** *mauvais, désagréable*
こと **koto** *fait, chose*
あし **ashi** *pieds*
バッグ **baggu** *sac*
おいていた **oite ita** *avoir posé* (du verbe **oku**)
なくなって **nakunatte** *disparaître* (du verbe **nakunaru**)
だれか **dareka** *quelqu'un*
ぬすんだ **nusunda** *avoir volé* (du verbe **nusumu**)
やっぱり **yappari** *finalement, en fin de compte*
とうなんにあった **tônan ni atta** *s'être fait voler* (du verbe **au**) (litt. « avoir rencontré un vol »)
いった **itta** *avoir dit* (du verbe **iu**)
いったとおりでした **itta tôri deshita** *c'était comme tu as dit, tu avais raison !*
それに **sore ni** *en plus*
パスポート **pasupôto** *passeport*
はやく **hayaku** *vite*
けいさつ **keisatsu** *police*
りょうじかん **ryôji-kan** *consulat (consul + bâtiment)*
らいげつ **raigetsu** *mois prochain*
かえる **kaeru** *rentrer*
あたらしい **atarashii** *nouveau, neuf*
きがおもい **ki ga omoi** *pesant (la barbe !)*
げんきをだして **genki o dashite** *courage !* (du verbe **dasu**)
ニュース **nyûsu** *nouvelle*

EXERCICES

1. ÉCOUTEZ, ÉCRIVEZ ET TRADUISEZ.

a. ....
b. ....
c. ....
d. ....
e. ....

2. TRANSFORMEZ LES PHRASES EN AJOUTANT *KOTO NI NARIMASHITA*.

a. あかりさんはロランさんのうちにとまります。
Akari-san wa Roran-san no uchi ni tomarimasu.
Akari va passer la nuit chez Roland.

....

b. ロランさんとあかりさんはこづつみをさがしにいきます。
Roran-san to Akari-san wa kozutsumi o sagashi ni ikimasu.
Roland et Akari partent à la recherche du colis.

....

c. ロランさんはりょうのそばであかりさんをまちます。
Roran-san wa ryô no soba de Akari-san o machimasu.
Roland attend Akari près de la résidence.

....

d. あかりさんはロランさんのおとうさんとあさのさんぽをします。
Akari-san wa Roran-san no o-tôsan to asa no sanpo o shimasu.
Akari fait une promenade matinale avec le père de Roland.

....

e. あかりさんとロランさんはいっしょにえいがをみます。
Akari-san to Roran-san wa issho ni eiga o mimasu.
Akari et Roland vont voir un film ensemble.

....

3. COMPLÉTEZ LES PHRASES À L'AIDE DE *MONO* OU *KOTO*.

a. —なにかひつような (........) がありますか。　Nanika hitsuyôna (............) ga arimasu ka. —くだものがひつようです。　Kudamono ga hitsuyô desu.

b. —なにかわるい (........) がありましたか。　Nanika warui (..........) ga arimashita ka. —バッグがなくなりました。　Baggu ga nakunarimashita.

c. —なにかしたい (........) がありますか。　Nanika shitai (..........) ga arimasu ka. —イタリアにいきたいです。　Itaria ni ikitai desu.

d. —なにかかいたい (........) がありますか。　Nanika kaitai (........) ga arimasu ka. —イタリアのくるまがかいたいです。　Itaria no kuruma ga kaitai desu.

4. THÈME. TRADUISEZ LES PHRASES SUIVANTES EN JAPONAIS.

a. Tu n'as pas la forme dis donc ! Que t'arrive-t-il ?
– Je me réveille tôt le matin à cause du décalage horaire.

....

b. Que cherches-tu ? – Mon ordinateur portable a disparu.

....

c. J'ai une bonne nouvelle. – Quoi ? – Finalement, mes amis vont m'aider.

....

16.
DANS L'AVION
HIKÔKI NO NAKA DE

OBJECTIFS

- **EXPRIMER POLIMENT LE DÉSIR POUR UNE CHOSE**
- **PROPOSER DE FAIRE QUELQUE CHOSE**
- **DEMANDER UNE AUTORISATION**
- **PROPOSER QUELQUE CHOSE À QUELQU'UN**
- **DÉVELOPPER DES INFORMATIONS À PARTIR D'UN NOM**

NOTIONS

- *IKAGA DESU KA*
- N + *GA* + *HOSHII*
- **LES VERBES EN** *-MASHÔ KA*
- **LES PROPOSITIONS DÉTERMINANTES**
- **LES VERBES EN** *-TE* + *MO* + *II DESU KA*
- **LES PARTICULES** *NI* ET *DE*

ひこうきのなかで
HIKÔKI NO NAKA DE
DANS L'AVION

🔊 18

じょせい： あの、すこしさむくて、もうふがもういちまいほしいんですが。
Josei : Ano, sukoshi samukute, môfu ga mô ichi-mai hoshii n desu ga.
[Une] dame : Euh, j'ai un peu froid et je voudrais une autre couverture.

ロラン： スチュワーデスさんにたのみましょうか。
Roran : Suchuwâdesu-san ni tanomimashô ka.
Roland : [Vous voulez que] je demande à l'hôtesse ?

じょせい： となりのせきにあるもうふを、つかってもいいですか。
Josei : Tonari no seki ni aru môfu o, tsukatte mo ii desu ka.
[La] dame* : Puis-je utiliser la couverture qui se trouve sur le siège d'à côté ?

ロラン： だれもつかっていませんから、いいでしょう。どうぞ。
Roran : Dare mo tsukatte imasen kara, ii deshô. Dôzo.
Roland : Je pense que oui puisque personne ne s'en sert. Tenez.

じょせい： すみません。あの、これ、いかがですか。スイスでかったチョコレートです。
Josei : Sumimasen. Ano, kore, ikaga desu ka. Suisu de katta chokorêto desu.
[La] dame : Merci. Euh, ça vous dit ? C'est du chocolat que j'ai acheté en Suisse.

ロラン： どうも。おばあさんは、あ、すみません、おくさんは、よくヨーロッパにいらっしゃるのですか。
Roran : Dômo. O-bâsan wa, a, sumimasen, okusan wa, yoku yôroppa ni irassharu no desu ka.
Roland : Merci. « Grand-mère », oh, pardon, madame, vous venez souvent en Europe ?

* Il n'y a pas d'article en japonais, nous avons pris ici la liberté de traduire en fonction de la situation.

じょせい：まごがいますから、おばあさんでいいですよ。スイスにすんでいるむすめに、まいとしあいにきます。
Josei : Mago ga imasu kara, o-bâsan de ii desu yo. Suisu ni sunde iru musume ni, maitoshi ai ni kimasu.
[La] dame : Vous pouvez m'appeler « Grand-mère », parce que j'ai un petit-fils. Je viens chaque année voir ma fille qui habite en Suisse.

ロラン：いいですね。わたしはにほんへけんしゅうにいきます。
Roran : Ii desu ne. Watashi wa nihon e kenshû ni ikimasu.
Roland : Quelle chance ! Moi je vais au Japon pour un stage.

じょせい：すごいですね。どこのかいしゃですか。
Josei : Sugoi desu ne. Doko no kaisha desu ka.
[La] dame : Formidable. Où faites-vous votre stage ?

ロラン：ええと、かいしゃがおくってくれたパンフレットに、くわしいじゅうしょがあります。これです。
Roran : Êto, kaisha ga okutte kureta panfuretto ni, kuwashii jûsho ga arimasu. Kore desu.
Roland : Voyons voir... L'adresse précise figure sur la brochure que la société m'a envoyée. La voici.

じょせい：まあ、ほほほ。かいしゃのなまえをきいたんですけどね。
Josei : Mâ, ho ho ho. Kaisha no namae o kiita n desu kedo ne.
[La] dame : Oh, ha ha ! Je demandais le nom de l'entreprise en fait.

ロラン：えっ、そうでしたか。わたしのにほんごは、まだまだですね。
Roran : E, sô deshita ka. Watashi no nihon-go wa, mada mada desu ne.
Roland : Ah bon ? Mon japonais n'est pas encore au point on dirait !

COMPRENDRE LE DIALOGUE
FORMULES ET EXPRESSIONS

→ **Mô ichi-mai**, *encore une*. Une couverture est quelque chose de plat, sans épaisseur, le spécifique numéral est **mai**. Un spécifique numéral est une sorte de suffixe que l'on accole à un nombre sino-japonais (**ichi**, **ni**, **san** etc.) en fonction de la forme ou du type d'objet compté. On utilise le même spécifique pour du papier, des billets, certains vêtements, des tranches de jambon. Le **mô** devant une quantité sert à exprimer l'idée de « plus », « en plus », « encore », ex. : **mô hitori**, *une personne de plus* ; **mô sukoshi**, *un peu plus* ; **mô hitotsu**, *un de plus*.

→ **Tonari no seki**, *le siège d'à côté*. Bien faire la différence avec **[watashi no] seki no tonari**, *à côté de mon siège*.

→ **Dare mo tsukatte imasen**, *personne ne s'en sert*. À rapprocher de la tournure de négation totale **nani mo** + négation vue dans le module 13.

→ **Ii deshô**, *Je pense que oui*. Ce **deshô** fonctionne comme une conjecture à laquelle se livre le locuteur.

→ **Kore, ikaga desu ka**, *Ceci, ça vous dit ?* La phrase vraiment complète serait **Kore wa ikaga desu ka** mais dans ce cas, la particule apporte une nuance de contraste qui ne se justifie pas et donc, à l'oral, on le supprime.

→ **Dômo**, *merci*. Remplace à lui seul toute la formule de remerciement (**dômo arigatô gozaimashita**).

→ **Irassharu** : verbe honorifique, équivalent de **iku**, **kuru** et **iru**. Cf. l'expression **irasshai** dans le module 9.

→ **Sunde iru**, *habiter*. Le verbe **sumu** s'utilise généralement à la forme **-te iru** au sens d'*habiter*.

→ **Musume ni ai ni kimasu**, *Je viens voir ma fille*. Attention en japonais, on dit « rencontrer à ma fille » et non « voir ma fille ». **Musume ni aimasu** veut dire *voir ma fille*.

→ **Maitoshi**, *chaque année*. Cf. **mainichi**, *chaque jour* (module 10).

→ **Doko no kaisha**, *Quelle société ?* Ce **doko** ne désigne pas le lieu mais la raison sociale. Pour garder le flou et permettre de comprendre la méprise de Roland, nous avons traduit simplement par : *Où faites-vous votre stage ?*

NOTE CULTURELLE

Suchuwâdesu-san, *l'hôtesse de l'air*. La présence du suffixe **-san** donne une impression de politesse en même temps que de familiarité. Il est probable que l'hôtesse de l'air se trouve tout près, on ne peut parler d'elle sans ajouter **-san**.

Comment s'adresser à un(e) inconnu(e) : Dans notre dialogue, Roland commence par dire « Grand-mère » à sa voisine, dont il voit qu'elle a l'âge d'être grand-mère.

Il se ravise car il pense être impoli. Mais la dame lui confirme qu'elle a l'âge d'être appelée **o-bâsan**. On dit souvent que les adultes sont vus avec les yeux des enfants au Japon. Une personne âgée sera appelée **o-bâsan** ou **o-jîsan** pour *grand-mère* et *grand-père*. Les jeunes adultes sont appelées **o-nêsan**, *grande sœur*, ou **o-nîsan**, *grand frère*. Une personne d'âge mûr, soit de la génération des parents d'enfants, sera appelée **obasan**, *tante*, ou **ojisan**, *oncle*. Attention à la différence de prononciation entre *tante* **obasan** (sans allongement du **a**) et *grand-mère,* **o-bâsan** (avec allongement du **a**). Même chose entre **ojisan**, l'*oncle*, et **o-jîsan**, le *grand-père*. Le terme **okusan** que Roland emploie à la place de **o-bâsan** signifie *madame* au sens d'épouse. Il pourrait être utilisé, mais on évite parce qu'on ne peut pas être sûr que la personne est mariée.

Mâ, *Oh !* Interjection très utilisée. Ici elle porte une valeur d'étonnement et de gêne (Roland n'a pas compris sa question et a répondu très sérieusement, la dame est donc partagée entre le rire et la gêne), et ce sont les femmes qui l'utilisent dans ce sens.

Ho ho ho, *Ha ha ha !* Cette façon de rire est assez féminine et se veut raffinée. Les femmes l'utilisent beaucoup, en se cachant la bouche derrière la main.

Kedo, *mais*. **Kaisha no namae o kiita n desu kedo**, *Je demandais le nom de l'entreprise.* Forme contractée de **keredomo** (il existe aussi **keredo**), ce terme a le même sens que la particule connective **ga** : **môfu ga mô ichi-mai hoshii n desu ga**. **Kedo** est plus familier. Ici, il se justifie par le fait que la dame ne finit pas sa phrase pour ne pas gêner Roland. La fin est implicite.

Mada mada desu ne, *pas encore au point*. La simple répétition de **mada** suggère des progrès à *faire*.

 GRAMMAIRE
N + *GA* + *HOSHII*

Hoshii est un adjectif en **-i** qui sert à exprimer le désir d'une chose (et non de faire une chose, comme le suffixe **-tai** du module 7). Il se construit avec **ga** : **Môfu ga hoshii desu**, *Je voudrais une couverture.* Il est toujours à la première personne (*je*).

LES VERBES EN -*MASHÔ KA*

Ici la forme en **-mashô** est utilisée à la première personne du singulier, comme dans le module 8. Elle est accompagnée du verbe **tanomu**, *demander quelque chose* ; Roland propose de faire quelque chose, d'où la traduction « vous voulez que je… ? ».

LES PROPOSITIONS DÉTERMINANTES

Équivalentes de nos propositions relatives, les propositions déterminantes sont à la forme neutre et se placent juste devant le nom qu'elles déterminent (ou qu'elles précisent) ; observons l'expression **tonari no seki ni aru môfu**, *la couverture qui se trouve sur le siège d'à côté* :

- **tonari no seki ni aru** est une proposition déterminante, elle apporte des précisions sur **môfu**, *la couverture*, nom qui se trouve juste derrière. Quelle couverture ? Celle qui est sur le siège d'à côté.

Autres exemples :

- **suisu de katta chokorêto**, *du chocolat que j'ai acheté en Suisse*. Ici, la proposition déterminante est au passé parce que l'action d'acheter le chocolat est déjà terminée ;

- **suisu ni sunde iru musume**, *ma fille qui habite en Suisse*. **Sunde iru** est à la forme **-te iru**, mais ce qui importe, c'est la forme neutre, devant un nom : on voit tout de suite qu'il s'agit d'une proposition déterminante ;

- **kaisha ga okutte kureta panfuretto**, *la brochure que la société m'a envoyée*. **Okutte kureta** : on utilise l'auxiliaire **kureru** puisque Roland décrit une action faite par un tiers pour lui. Le sujet de la déterminante est marqué par **ga** ou par **no** quand elle est très courte.

Il n'existe pas de pronoms relatifs en japonais. La relation entre le nom déterminé et la proposition déterminante apparaît implicitement.

LES VERBES EN -*TE* + *MO* + *II DESU KA*

Cette construction est utilisée pour demander une autorisation : **Môfu o tsukatte mo ii desu ka**, *Puis-je utiliser la couverture ?* (litt. « même en utilisant, est-ce que ça va ? ») ; **Mite mo ii desu ka**, *Puis-je regarder ?*

LES PARTICULES *NI* ET *DE*

• **La particule *ni***

Elle indique le destinataire d'un acte de parole : **Suchuwâdesu-san ni tanomimashô ka**, *[Voulez-vous que] je demande à l'hôtesse ?*

• **La particule *de***

O-bâsan de ii desu yo, *Vous pouvez m'appeler « grand-mère »*, litt. « avec grand-mère, c'est bon ». Ce **de** suppose que l'on concède quelque chose à l'autre.

VOCABULAIRE

さむくて **samukute** *j'ai froid* (de l'adj. **samui**)
もうふ **môfu** *couverture* (textile)
もういちまい **mô ichi-mai** *un/e autre*
ほしい **hoshii** *j'ai envie (de quelque chose)*
スチュワーデス **suchuwâdesu** *hôtesse de l'air*
たのみましょうか **tanomimashô ka** *[voulez-vous que] je demande ?* (du verbe **tanomu**)
となり **tonari** *à côté*, *voisin* (n.)
せき **seki** *siège*
だれも…ない **dare mo… nég.** *personne ne…*
チョコレート **chokorêto** *chocolat*
どうも **dômo** *merci*
おばあさん **o-bâsan** *grand-mère*
おくさん **okusan** *madame*, *épouse*
いらっしゃる **irassharu** *aller*, *venir*, *se trouver* (verbe honorifique)
まご **mago** *petit-enfant*
すんでいる **sunde iru** *habiter*
むすめ **musume** *fille*
まいとし **maitoshi** *chaque année*
あう **au** *rencontrer* (ici *voir* – se construit avec la particule **ni**)
けんしゅう **kenshû** *stage*
すごい **sugoi** *formidable !*, *super !*
おくって **okutte** *envoyer* (du verbe **okuru**)
パンフレット **panfuretto** *brochure*
くわしい **kuwashii** *précis*, *détaillé*
じゅうしょ **jûsho** *adresse*
まあ **mâ** *oh !* (interjectif employé par les femmes)
ほほほ **ho ho ho** *ha ha !* (rire féminin)
なまえ **namae** *nom*
けど **kedo** *mais* (particule connective)
まだまだ **mada mada** *pas encore au point*

EXERCICES

1. ÉCOUTEZ, ÉCRIVEZ ET TRADUISEZ.

a. ....
b. ....
c. ....
d. ....

2. COMPLÉTEZ LES PHRASES À L'AIDE DES PARTICULES QUI CONVIENNENT.

a. ロランさん (........) にほん (........) かいしゃ (........) けんしゅう (........) します。
   Roran-san (........) nihon (........) kaisha (........) kenshû (........) shimasu.
   Roland fera un stage dans une entreprise japonaise.

b. ロランさん (........) にほん (........) けんしゅう (........) いきます。
   Roran-san (........) nihon (........) kenshû (........) ikimasu.
   Roland va au Japon pour un stage.

c. ロランさん (........) けんしゅう (........) するかいしゃ (........) ゆうめいなかいしゃです。
   Roran-san (........) kenshû (........) suru kaisha (........) yûmeina kaisha desu.
   L'entreprise dans laquelle Roland fera son stage est une entreprise célèbre.

d. となり (........) せき (........) おばあさん (........) むすめ (........) あい (........) ヨーロッパ (..../....) きました。
   Tonari (........) seki (........) o-bâsan (........) musume (........) ai (........) yôroppa (........ / ....) kimashita.
   La vieille dame du siège d'à côté est venue en Europe pour voir sa fille.

3. COMPLÉTEZ LA PHRASE AVEC L'EXPRESSION DE QUANTITÉ DONNÉE ENTRE PARENTHÈSES.

a. ベッドがもう (........) ひつようです。
   Beddo ga mô (........) hitsuyô desu. (1 lit)

b. ともだちがもう (........) きます。
   Tomodachi ga mô (........) kimasu. (1 personne)

c. りんごがもう (........) ほしいです。
   Ringo ga mô (........) hoshii desu. (1 kilo)

d. りょうにもう (........) います。
   Ryô ni mô (........) imasu. (1 mois)

4. THÈME. TRADUISEZ LES PHRASES SUIVANTES EN JAPONAIS.

a. Puis-je utiliser l'ordinateur qui se trouve près du téléphone ?
   – Oui, je vous en prie.
   . . . .

b. La femme qui habite dans la chambre voisine est allemande.
   . . . .

c. Le livre que j'ai lu hier à la bibliothèque était très intéressant.
   . . . .

17.
AU BUREAU D'INFORMATION
ANNAI-JO DE

OBJECTIFS	NOTIONS

- S'EXPRIMER POLIMENT
- RAPPORTER DES PAROLES
- DEMANDER LA SIGNIFICATION D'UN MOT
- EXPLIQUER LA SIGNIFICATION D'UN MOT
- EXPLIQUER UNE DÉCISION

- *NODE*
- *TO IU NO WA*
- VERBE + *KOTO NI SHIMASU*
- LES PARTICULES *NI* ET *TO*

あんないじょで
ANNAI-JO DE
AU BUREAU D'INFORMATION

ロラン： あの、ちょっとおききしたいのですが。
Roran : Ano, chotto o-kiki-shitai no desu ga.
Roland : Euh, j'aimerais vous poser une question.

あんないじょのひと： はい、なんでしょうか。
Annai-jo no hito : Hai, nan deshô ka.
L'hôtesse : Oui, de quoi s'agit-il ?

ロラン： よんばんのリムジンバスにのりたくて、にじゅっぷんまえからずっとまっているのですが。
Roran : Yon-ban no rimujin-basu ni noritakute, ni-juppun mae kara zutto matte iru no desu ga.
Roland : Je voudrais prendre le bus limousine 4 et j'attends depuis 20 minutes.

あんないじょのひと： たいへんもうしわけございません。そのバスは、ど、にちは、うんこうしておりません。
Annai-jo no hito : Taihen môshiwake gozaimasen. Sono basu wa, do, nichi wa, unkô-shite orimasen.
L'hôtesse : Je suis terriblement désolée. Ce bus ne circule pas les samedis et dimanches.

ロラン： えっ、ネットには、それはのっていませんでしたよ。
Roran : E, netto ni wa, sore wa notte imasen deshita yo.
Roland : Hein, ce n'était pas écrit sur le Net !

あんないじょのひと： どちらまでいらっしゃいますか。
Annai-jo no hito : Dochira made irasshaimasu ka.
L'hôtesse : Où allez-vous ?

ロラン： もよりのえきは「しみず」だとききました。
Roran : Moyori no eki wa « Shimizu » da to kikimashita.
Roland : On m'a dit que la gare la plus proche était « Shimizu ».

あんないじょのひと：それでは、でんしゃはいかがでしょうか。
Annai-jo no hito : Sore de wa, densha wa ikaga deshô ka.
L'hôtesse : Dans ce cas, que penseriez-vous de [prendre] le train ?

ロラン：にもつがおもいので、でんしゃはたいへんだとおもいます。
Roran : Nimotsu ga omoi node, densha wa taihen da to omoimasu.
Roland : Je pense que le train sera compliqué parce que mes bagages sont lourds.

あんないじょのひと：「くうこうたくはい」もありますが。
Annai-jo no hito : « Kûkô takuhai » mo arimasu ga.
L'hôtesse : Il existe aussi le « kûkô takuhai ».

ロラン：「くうこうたくはい」というのはなんですか。
Roran : « Kûkô takuhai » to iu no wa nan desu ka.
Roland : « Kûkô takuhai » ? De quoi s'agit-il ?

あんないじょのひと：くうこうから、じたくやホテルまで、にもつをはこぶサービスです。スーツケースひとつで、にせんえんぐらいです。
Annai-jo no hito : Kûkô kara, jitaku ya hoteru made, nimotsu o hakobu sâbisu desu. Sûtsukêsu hitotsu de, ni-sen-en gurai desu.
L'hôtesse : C'est un service qui porte vos bagages de l'aéroport jusqu'à votre domicile ou votre hôtel. Pour une valise, c'est environ 2 000 yens.

ロラン：いいですね。じゃ、それをりようすることにします。
Roran : Ii desu ne. Ja, sore o riyô-suru koto ni shimasu.
Roland : C'est bien dites donc ! Alors je vais utiliser ce service.

COMPRENDRE LE DIALOGUE
FORMULES ET EXPRESSIONS

→ **O-kiki-shitai no desu ga**, *Je voudrais vous poser une question...* Cette formule **o** + verbe + **suru** est employée pour donner un ton modeste, et donc pour parler poliment de soi. L'adverbe **chotto**, *un peu*, atténue l'idée d'une demande faite à l'interlocuteur et le **no da** à la fin donne un ton de justification, comme si le locuteur s'excusait de poser une question. Cette combinaison ne peut pas s'employer pour tous les verbes, mais elle est tout de même courante. On peut la retrouver notamment avec les verbes suivants : **o-hanashi-suru**, *parler* ; **o-ai-suru**, *rencontrer* ; **o-tanomi-suru**, *demander* ; **o-kashi-suru**, *prêter* ; **o-tasuke-suru**, *aider, sauver* ; **o-tetsudai-suru**, *aider* ; **o-mochi-suru**, *porter*.

→ **Nan deshô ka**, *De quoi s'agit-il ?* Ici l'utilisation de **deshô** au lieu de **desu** atténue la question et la rend plus polie.

→ **Taihen môshiwake gozaimasen**, *Je suis terriblement désolée.* Expression composée de **môshiwake**, *excuse* + **gozaimasen**, équivalent poli de **arimasen**. Littéralement, l'expression veut donc dire « je n'ai pas d'excuse ». **Taihen**, *terriblement, très*, est un adverbe d'intensité qui vient renforcer la formule d'excuse. **Taihen** est plus soutenu que **totemo**.

→ **Unkô-shite orimasen**, *ne circule pas.* **Orimasen**, du verbe **oru**, remplace **iru**. La formulation devient ainsi plus modeste.

→ **Dochira made irasshaimasu ka**, *Où allez-vous ?* (litt. « jusqu'où allez-vous ? »). Nous ne traduisons pas le **made**. **Dochira** est un équivalent poli de **doko**. **Irassharu** est un verbe honorifique, équivalent ici de **iku, ikimasu**.

→ **Sore de wa, densha wa ikaga deshô ka**, *Dans ce cas, que penseriez-vous de [prendre] le train ?* **Sore de wa** est plus soutenu que **ja** ou **sore ja**. L'employée est polie. **Ikaga desuka** est un équivalent poli de **dô desu ka**. On demande à l'autre ce qu'il pense.

→ **Yon-ban** *n° 4.* **Ban** peut s'employer dans d'autres contextes, pour numéroter.

→ **Rimujin-basu**, *bus limousine*, désigne les bus qui relient les aéroports au centre-ville. Plus chers que le train, ils sont situés au niveau de la rue et un employé s'occupe des bagages, ce qui les rend confortables et plus pratiques que le train pour les voyageurs chargés de valises.

→ **Ni-juppun mae kara**, *depuis 20 minutes.* Remarquez l'utilisation de **mae**, *avant*, pour situer le point de départ dans le passé. Sans **kara**, cette expression, **ni-juppun mae**, signifie *il y a 20 minutes*.

→ **Zutto** : devant un verbe indiquant une action qui dure, cet adverbe insiste sur l'idée de continuité.

- → **Do**, **nichi** : **do-yôbi** et **nichi-yôbi**, *samedi* et *dimanche*. Les jours de la semaine sont tous composés d'un élément variable selon le jour suivi de **yôbi**, qui est commun. On peut donc quelquefois abréger en n'utilisant que l'élément variable.
- → **Notte imasen deshita**, *Cela ne figurait pas*. Il s'agit ici d'un résultatif du verbe **noru**, qui décrit la parution d'un élément sur un support (ici Internet, mais souvent un document écrit).
- → **Riyô-suru**, *utiliser*. Par rapport à **tsukau**, que nous avons utilisé dans le module 16, **riyô** concerne des contextes moins concrets, plus complexes que **tsukau**.

NOTE CULTURELLE

Kûkô takuhai, *livraison de l'aéroport au domicile*. Il existe depuis longtemps au Japon des sociétés de livraison rapide de colis à domicile (système appelé **takuhai-bin**). Ces dernières années, il est devenu possible de faire livrer ses bagages à l'aéroport quand on part de chez soi et à son domicile quand on revient de voyage. Les guichets des sociétés de transport sont dans les halls d'aéroport, à la fois au niveau du départ et au niveau de l'arrivée. Un colis confié le matin arrive le jour même. Les prix sont modiques et les Japonais ont beaucoup recours à ce service.

En est le *yen*, la monnaie nationale.

◆ GRAMMAIRE
NODE « COMME » / « PARCE QUE »

À la fin d'une proposition, cet élément transforme la proposition en une proposition de cause. La proposition suivante exprime la conséquence.

TO IU NO WA LITT. « CE QUE L'ON APPELLE »

Cette expression, composée de la particule de citation **to**, du verbe **iu**, *dire*, de la particule **no** et de la particule de thème **wa**, permet de définir un élément.

VERBE + *KOTO NI SHIMASU* LITT. « DÉCIDER DE FAIRE »

Sore o riyô-suru koto ni shimasu, *Je vais utiliser ce service*. En français, il est difficile ici d'utiliser *décider*, mais le sens de cette expression est bien que la personne prend la décision de faire quelque chose. Cette expression est souvent présentée en comparaison avec verbe + **koto ni narimasu**, où le sujet actant n'a pas de pouvoir de décision.

LES PARTICULES *NI* ET *TO*

• **La particule *ni***

-ni noru. Les deux occurrences de **noru** dans ce dialogue n'ont pas du tout le même sens. Premièrement, dans **Basu ni noritakute**, *J'ai envie de prendre le bus* ; **noru** décrit le fait de *monter dans un moyen de transport*.

Autre exemple : **Netto ni wa notte imasen deshita**, *Cela ne figurait pas sur le Net* ; **noru** signifie ici *paraître, être publié*. Par contre, la particule utilisée est toujours **ni**.

• **La particule *to***

-to kikimashita, *On m'a dit que…, J'ai entendu dire que…* La particule **to** est celle de citation, elle permet donc d'introduire le contenu d'un message entendu, comme dans certains exemples que nous avons déjà rencontrés : **-to omoimasu**, *je pense que* (module 12) ; **-to iimasu**, *dire que* (module 15) ; **-to yobimasu**, *appeler* + un nom (module 9).

EXERCICES

1. ÉCOUTEZ, ÉCRIVEZ ET TRADUISEZ.

a. ....

b. ....

c. ....

d. ....

2. LES PHRASES SUIVANTES EXPLIQUENT LA SIGNIFICATION DE X. TROUVEZ CE QU'EST X.

a. Xというのはにほんのおかねです。
X to iu no wa nihon no o-kane desu.
X, c'est la monnaie japonaise.
....

b. Xというのはうちのなかでりょうりをするところです。
X to iu no wa uchi no naka de ryôri o suru tokoro desu.
X, c'est l'endroit dans la maison où l'on fait la cuisine.
....

VOCABULAIRE

あんないじょ **annai-jo** *bureau d'information*
おききしたい **o-kiki-shitai** *je voudrais vous poser une question*
chiffre + ばん **chiffre + ban** *n° + chiffre*
リムジンバス **rimujin-basu** *bus limousine*
のりたくて **noritakute** *avoir envie de monter* (du verbe **noru**)
exp. de durée + まえ **exp. de durée + mae** *il y a + durée*
ずっと **zutto** *sans arrêt, sans discontinuer*
たいへん **taihen** *très, extrêmement*
もうしわけございません **môshiwake gozaimasen** *je suis désolé*
ど、にち **do, nichi** *samedi, dimanche*
うんこうして **unkô-shite** *circuler* (du verbe **unkô-suru**)
おりません **orimasen** *auxiliaire de modestie équivalent de **iru***
のっていませんでした **notte imasen deshita** *ne figurait pas* (du verbe **noru**)

どちら **dochira** *où ?* (poli)
もより **moyori** *le plus proche*
えき **eki** *gare, station*
ききました **kikimashita** *avoir entendu dire* (du verbe **kiku**)
それでは **sore de wa** *dans ce cas*
でんしゃ **densha** *train*
ので **node** *comme*
くうこうたくはい **kûkô takuhai** *livraison de l'aéroport au domicile*
Nというのは **N to iu no wa** *ce que l'on appelle N*
じたく **jitaku** *domicile*
はこぶ **hakobu** *transporter*
サービス **sâbisu** *service*
スーツケース **sûtsukêsu** *valise*
えん **en** *yen*
ぐらい **gurai** *environ* (derrière une quantité)
りようする **riyô-suru** *utiliser*
Vことにします **V + koto ni shimasu** *décider de V*

c. Xというのはそこにすんでいるひとです。
X to iu no wa soko ni sunde iru hito desu.
X, ce sont les personnes qui vivent quelque part.
. . . .

d. Xというのはおかねをはらってえいがをみるところです。
X to iu no wa o-kane o haratte eiga o miru tokoro desu.
X, c'est un endroit où l'on paie pour voir un film.
. . . .

3. TRANSFORMEZ LES PHRASES EN UTILISANT LA STRUCTURE V + *KOTO NI SHIMASHITA*, « J'AI DÉCIDÉ DE… ».

a. タクシーにのります。
Takushî ni norimasu. Je prends un taxi.
. . . .

b. ゆうびんきょくへききにいきます。
Yûbin-kyoku e kiki ni ikimasu. Je vais demander à la poste.
. . . .

c. ネットでにもつをついせきしてみます。
Netto de nimotsu o tsuiseki-shite mimasu. J'essaie de suivre mon colis sur Internet.
. . . .

d. あたらしいなべをひとつかいます。
Atarashii nabe o hitotsu kaimasu. J'achète une nouvelle casserole.
. . . .

e. くうこうでりょうがえします 。
Kûkô de ryôgae-shimasu. Je change de l'argent à l'aéroport.
. . . .

4. THÈME. TRADUISEZ LES PHRASES SUIVANTES EN JAPONAIS.

a. Cela prend (= c'est) environ quinze minutes en voiture de l'aéroport à l'hôtel.
. . . .

b. Un hôtel, c'est un endroit où l'on paie pour passer la nuit.
. . . .

c. J'ai décidé d'utiliser le service de livraison de l'aéroport au domicile et d'envoyer ma valise jusque chez moi.
. . . .

d. Depuis tout à l'heure j'attends, parce que j'ai envie de manger une glace de cette boutique.
. . . .

18.
PREMIER JOUR DE STAGE
KENSHÛ NO SHONICHI

OBJECTIFS

- DONNER DES INFORMATIONS SUR SOI
- PRÉCISER DES QUANTITÉS
- ÉNUMÉRER DES FAITS GRÂCE À DES VERBES
- EXPRIMER LA POSSIBILITÉ
- DEMANDER UNE PRÉCISION SUR UN LIEU
- PRÉCISER UN LIEU

NOTIONS

- LES PROPOSITIONS DÉTERMINANTES
- LES CONSTRUCTIONS VERBALES :
  - LE VERBE *IRU*
  SHIKA + NÉGATION
  - LA NOMINALISATION AVEC *KOTO*
- LA FORME POTENTIELLE
- LA PARTICULE *NI*

けんしゅうのしょにち
KENSHÛ NO SHONICHI
PREMIER JOUR DE STAGE

たかだ： ロランさんのけんしゅうをたんとうするたかだです。えんりょなく、なんでもきいてください。
Takada : Roran-san no kenshû o tantô-suru Takada desu. Enryo naku, nan demo kiite kudasai.
Takada : Roland, je m'appelle Takada et je suis chargée de ton stage. Pose-moi toutes les questions (que tu veux) sans te sentir gêné.

ロラン： はい、ここではたらいているひとは、なんにんいますか。
Roran : Hai, koko de hataraite iru hito wa, nan-nin imasu ka.
Roland : D'accord. Combien y a-t-il de personnes qui travaillent ici ?

たかだ： ちいさいかいしゃですから、にじゅうにんしかいません。
Takada : Chîsai kaisha desu kara, ni-jû-nin shika imasen.
Takada : Comme c'est une petite entreprise, il n'y a que vingt personnes.

ロラン： わたしには、ちいさいかいしゃのほうがいいです。
Roran : Watashi ni wa, chîsai kaisha no hô ga ii desu.
Roland : Pour moi, une petite entreprise, c'est mieux.

たかだ： では、ロランさんのさいしょのしごとは、ぜんいんのなまえとかおをおぼえることです。
Takada : Dewa, Roran-san no saisho no shigoto wa, zen.in no namae to kao o oboeru koto desu.
Takada : Bon, ton premier travail : mémoriser tous les noms et visages.

ロラン： わかりました。すぐにパソコンでひょうをつくります。
Roran : Wakarimashita. Sugu ni pasokon de hyô o tsukurimasu.
Roland : D'accord. Je fais tout de suite un tableau sur l'ordinateur.

（そのひのゆうがた　Sono hi no yûgata *À la fin de l'après-midi*）

ロラン：たかださん、ぜんいんのなまえとかおが、おぼえられました。
Roran : Takada-san, zen.in no namae to kao ga, oboeraremashita.
Roland : Mme Takada, j'ai réussi à mémoriser tous les noms et visages.

たかだ：はやいですね。どんなひょうをつくっておぼえたのですか。
Takada : Hayai desu ne. Donna hyô o tsukutte oboeta no desu ka.
Takada : Quelle rapidité ! Tu les as mémorisés avec quelle sorte de tableau ?

ロラン：なまえと、よみかたと、けいたいでとったしゃしんをいれました。
Roran : Namae to, yomi-kata to, keitai de totta shashin o iremashita.
Roland : J'ai entré les noms et la façon de les lire, et les photos que j'ai prises avec mon téléphone portable.

たかだ：すばらしいです。ごほうびに、こんばんは、ロランさんのかんげいかいを、いざかやでやります。
Takada : Subarashii desu. Go-hôbi ni, konban wa, Roran-san no kangei-kai o, izaka-ya de yarimasu.
Takada : Formidable. En récompense, ce soir on fait une fête de bienvenue pour toi dans un « izaka-ya ».

ロラン：「いざかや」というのは、どんなところですか。
Roran : Izaka-ya to iu no wa, donna tokoro desu ka.
Roland : Quel genre d'endroit est un « izaka-ya » ?

たかだ：おさけがのめて、かんたんなりょうりがたべられるみせです。にじかいはカラオケへいきます。
Takada : O-sake ga nomete, kantanna ryôri ga taberareru mise desu. Ni-ji-kai wa karaoke e ikimasu.
Takada : C'est un bistrot où l'on peut boire de l'alcool et manger des plats simples. En deuxième partie, nous irons au karaoké.

■ COMPRENDRE LE DIALOGUE
FORMULES ET EXPRESSIONS

→ **Nan demo**, *n'importe quoi*, *tout*. Le mot interrogatif **nan**, *quoi*, est suivi de **de** et de la particule **mo**. Avec l'interrogatif **dare**, *qui*, le sens de **dare demo** serait *n'importe qui*, *tout le monde* ; **itsu demo**, *n'importe quand*, *à tout moment* ; **doko demo**, *n'importe où*.

→ **Nan-nin imasu ka**, *Combien y a-t-il de personnes ?* L'interrogatif **nan** suivi du spécifique numéral **nin** sert à interroger sur le nombre de personnes.

→ **Zen.in**, *tous (les membres)*. Ce mot est composé de **zen** qui veut dire *tous* et **in**, qui désigne les membres d'un groupe. Nous mettons un point à la fin de **zen** parce que sans ce point, on prononcerait **zenin** [ze/nin], au lieu de [zen/in] (la bonne prononciation).

→ **Yûgata**, *fin d'après-midi* (vers 17 h), fait partie des expressions de temps qui s'emploient comme des adverbes, au même titre que **ban**, **yoru** ou **asa**.

→ **Yomi-kata**, *manière de lire*, *lecture*. Il est question ici de la lecture des **kanji** des noms de personnes. Parfois, les noms sont formés de **kanji** rares et il peut être difficile pour un étranger de savoir comment les prononcer. Il est prudent de toujours noter la lecture des noms quand on reçoit une carte de visite uniquement en japonais. Par ailleurs, ce mot **yomi-kata** est formé de deux parties : la base en **-i** du verbe **yomu**, **yomimasu**, *lire*, et **kata**, un substantif qui signifie ici *manière*. Si le verbe est unibase, comme **oboeru**, on peut fabriquer la même expression *manière de mémoriser* en partant du radical : **oboe-kata**.

→ **Yaru**, **yarimasu** : ce verbe, qui signifie *faire*, prend un peu le sens d' « organiser » dans notre dialogue. Il est plus dynamique que **suru**.

NOTE CULTURELLE

Kangei-kai, *fête de bienvenue* ; **ni-ji-kai**, *deuxième partie.* Se réunir dès le premier soir pour accueillir une nouvelle recrue est quasiment incontournable. On commence par aller boire dans un bistrot, puis on change de lieu, pour une *deuxième partie* **ni-ji-kai** qui est très souvent au **karaoke** (de **kara**, *vide*, et **oke**, *orchestra*, qui permet de chanter sur une mélodie). **San-ji-kai**, *troisième partie*, existe aussi. À chaque étape, le cercle se raréfie, certains profitant que l'on change de lieu pour s'éclipser.

Izaka-ya, *bistrot*. L'atmosphère est très détendue et chaleureuse et l'on peut manger des tapas japonaises.

◆ GRAMMAIRE
LES PROPOSITIONS DÉTERMINANTES

Roran-san no kenshû o tantô-suru Takada desu. *Je m'appelle Takada et je suis chargée de ton stage*. Ici, en japonais, **tantô suru** se présente comme un verbe déterminant portant sur Takada (« je m'appelle Takada qui suis chargée de ton stage »). En français, s'agissant de la première personne, on ne peut pas traduire par une proposition relative. Nous avons donc choisi de faire une simple coordination.

O-sake ga nomete, kantanna ryôri ga taberareru mise, *Un bistrot où l'on peut boire de l'alcool et manger des plats simples*. Ici le nom déterminé est un lieu. Cela correspond donc à une proposition relative avec le pronom relatif *où*. De plus, la partie déterminante est composée de deux propositions, reliées par une forme en **-te**. Ce bistrot a deux caractéristiques : 1. on peut y *boire de l'alcool*, **o-sake ga nomeru** 2. on peut y *manger des plats simples*, **kantanna ryôri ga taberareru**.

Attention au mot **mise**, *bistrot* ici. Si le premier sens est celui de *magasin*, d'une manière plus générale, on peut l'utiliser dès qu'il s'agit d'un *commerce*. On pourra donc dire **mise** pour un *restaurant* ou un *café*.

LES CONSTRUCTIONS VERBALES

Iru, **imasu**, *se trouver, être quelque part*. Il s'agit d'un verbe de présence, dont le sens est le même qu'**aru**/**arimasu**, mais pour les êtres animés (humains et animaux).

Ni-jû-nin shika imasen, *Il n'y a que vingt personnes*. **Shika** se trouve souvent derrière une quantité et entraîne toujours la forme négative pour le verbe de la proposition.

Saisho no shigoto wa zen.in no namae to kao o oboeru koto desu, *Le premier travail est de mémoriser tous les noms et visages*. **Koto** joue son rôle de nominalisateur d'un verbe, que nous avons déjà vu.

LA FORME POTENTIELLE

Zen.in no namae to kao ga oboeraremashita, *J'ai réussi à mémoriser tous les noms et visages*. **Oboeru** est un verbe à une base, sa forme potentielle est **oboerareru** : radical + **rareru**. Autre exemple : **kantanna ryôri ga taberareru**, *où l'on peut manger des plats simples*, où **taberu** est également un verbe à une base.

O-sake ga nomeru (dans notre dialogue, **nomete** parce que c'est suspensif (= la forme en **-te**)), *On peut boire de l'alcool*. **Nomu** est un verbe multibase, sa forme potentielle s'obtient en prenant la base en **e** : **N** + **e** + **ru**.

Notez les constructions des verbes irréguliers suivantes (voir les verbes au module 8) : **suru**, *faire*, devient **dekiru**, *pouvoir faire*, au potentiel ; nous avons déjà vu **dekiru** au module 13 : **gaman-suru**, *supporter*, devenait **gaman-dekiru**, *pouvoir supporter*. **Kuru**, *venir*, devient **korareru**, *pouvoir venir*, au potentiel.

Attention, le potentiel se construit la plupart du temps avec la particule **ga**. Dans ce cas, le verbe n'est plus transitif. La forme potentielle est une alternative à la construction verbe + **koto ga dekiru**.

LA PARTICULE *NI*

Watashi <u>ni</u> wa chîsai kaisha no hô ga ii desu, *Pour moi, une petite entreprise, c'est mieux*. La particule **ni** apporte une petite nuance de choix (pour moi).

● EXERCICES

1. ÉCOUTEZ, ÉCRIVEZ ET TRADUISEZ.

a. . . . .

b. . . . .

c. . . . .

d. . . . .

2. TRANSFORMEZ LES PHRASES EN UTILISANT LA FORME POTENTIELLE DES VERBES.

a. にほんごをはなすことができます。
Nihon-go o hanasu koto ga dekimasu.
Je sais parler japonais.
. . . .

b. えいごのほんをよむことができます。
Ei-go no hon o yomu koto ga dekimasu.
Je peux lire des livres en anglais.
. . . .

c. ネットでワインをかうことができます。
Netto de wain o kau koto ga dekimasu.
On peut acheter du vin sur le Net.
. . . .

VOCABULAIRE

しょにち **shonichi** *premier jour*
たんとうする **tantô-suru** *être chargé de*
なんでも **nan demo** *n'importe quoi, tout*
はたらいている **hataraite iru** *être en train de travailler* (du verbe **hataraku**)
なんにん **nan-nin** *combien de personnes*
います **imasu** *être, se trouver* (du verbe **iru**)
ちいさい **chîsai** *petit*
にじゅうにん **ni-jû-nin** *vingt personnes*
しか + négation **shika** + négation *ne… que*
さいしょ **saisho** *premier, début*
しごと **shigoto** *travail*
ぜんいん **zen.in** *tous les membres*
なまえ **namae** *nom*
かお **kao** *visage*
おぼえる **oboeru** *mémoriser*
ひょう **hyô** *tableau*
つくります **tsukurimasu** *faire, fabriquer* (du verbe **tsukuru**)
ひ **hi** *jour*

ゆうがた **yûgata** *fin de l'après-midi*
よみかた **yomi-kata** *lecture, façon de lire*
けいたい **keitai** *téléphone portable*
とった **totta** *avoir pris (des photos)* (du verbe **toru**)
しゃしん **shashin** *photo*
いれました **iremashita** *avoir mis quelque chose dans…* (du verbe **ireru**)
すばらしい **subarashii** *formidable*
ごほうび **go-hôbi** *récompense*
かんげいかい **kangei-kai** *fête de bienvenue*
いざかや **izaka-ya** *bistrot*
やります **yarimasu** *faire, organiser* (du verbe **yaru**)
おさけ **o-sake** *boisson alcoolisée, saké*
のめて **nomete** *pouvoir boire* (du verbe **nomu**)
かんたん(な) **kantan(na)** *simple, facile*
にじかい **ni-ji-kai** *deuxième partie*
カラオケ **karaoke** *karaoké*

d. あした、あさはやくくることができますか。
   Ashita, asa hayaku kuru koto ga dekimasu ka.
   Demain, tu peux venir tôt le matin ?
   . . . .

e. くうこうたくはいでスーツケースをおくることができます。
   Kûkô takuhai de sûtsukêsu o okuru koto ga dekimasu.
   On peut envoyer les valises par service de livraison à l'aéroport.
   . . . .

3. RÉPONDEZ AUX QUESTIONS SUR LE DIALOGUE DE CE MODULE.

a. ロランさんがけんしゅうしているかいしゃはおおきいかいしゃですか。
   Roran-san ga kenshû-shite iru kaisha wa ôkii kaisha desu ka.
   . . . .

b. ロランさんのさいしょのしごとはなんですか。
   Roran-san no saisho no shigoto wa nan desu ka.
   . . . .

c. ロランさんのつくったひょうはどうですか。
   Roran-san no tsukutta hyô wa dô desu ka.
   . . . .

d. どこでかんげいかいをやりますか。
   Doko de kangei-kai o yarimasu ka.
   . . . .

4. THÈME. TRADUISEZ LES PHRASES SUIVANTES EN JAPONAIS.

a. Comme c'est une petite université, il n'y a que 300 étudiants.
   . . . .

b. Mon travail, c'est de préparer de la cuisine bon marché et délicieuse.
   . . . .

c. Le karaoké, c'est quel genre d'endroit ? – C'est un endroit où l'on chante (des chansons).
   . . . .

19.

LE TRAVAIL DU DEUXIÈME JOUR

FUTSUKA-ME NO SHIGOTO

OBJECTIFS

- DÉCRIRE UN CHANGEMENT
- DONNER UN ORDRE COMPLEXE
- DÉCRIRE UN ÉTAT
- DEMANDER UN CONSEIL
- COMPTER LES JOURS

NOTIONS

- L'EXPRESSION DU CHANGEMENT : ADJECTIFS + *NARU*
- LES VERBES À LA FORME EN *-TE* + *ARU*
- *DÔ SHITARA II DESU KA* / *NANI O SHITARA II DESU KA*
- LES PROPOSITIONS DÉTERMINANTES
- LA PARTICULE *TOKA...TOKA*

ふつかめのしごと
FUTSUKA-ME NO SHIGOTO
LE TRAVAIL DU DEUXIÈME JOUR

たかだ： きのうは、あれからカラオケにいったんですか。
Takada : Kinô wa, are kara karaoke ni itta n desu ka.
Takada : Hier, vous êtes allés au karaoké, après ?

ロラン： はい、はちにんでいきました。いっしょにうたって、みんなしたしくなりました。
Roran : Hai, hachi-nin de ikimashita. Issho ni utatte, minna shitashiku narimashita.
Roland : Oui, nous y sommes allés à huit personnes. J'ai chanté avec tout le monde et nous sommes tous devenus bons amis.

たかだ： それはよかったですね。しごとがやりやすくなりますね。
Takada : Sore wa yokatta desu ne. Shigoto ga yariyasuku narimasu ne.
Takada : Tant mieux. Cela va te faciliter le travail.

ロラン： はい、おかげさまで。
Roran : Hai, o-kage-sama de.
Roland : Oui, je vous remercie tous.

たかだ： きょうから、じゅうじごろくるゆうびんぶつをうけとって、あてなのひとにわたしてください。
Takada : Kyô kara, jû-ji goro kuru yûbin-butsu o uketotte, atena no hito ni watashite kudasai.
Takada : À partir d'aujourd'hui, réceptionne le courrier qui arrive vers dix heures, et remets-le aux destinataires.

ロラン： 「あてな」というのは、なんでしょうか。
Roran : « Atena » to iu no wa, nan deshô ka.
Roland : « Atena », qu'est-ce que c'est ?

たかだ：てがみのうえに、「たかだみちこさま」とか、「たかだみちこどの」とか、なまえがかいてあります。それがあてなです。
Takada : Tegami no ue ni, « Takada Michiko-sama » toka, « Takada Michiko-dono » toka, namae ga kaite arimasu. Sore ga atena desu.
Takada : Sur les lettres, il est écrit le nom, par exemple, « Takada Michiko-sama » ou encore « Takada Michiko-dono ». C'est ça « atena » (destinataire).

ロラン：わかりました。かいしゃのなまえしかかいてないゆうびんぶつは、どうしたらいいですか。
Roran : Wakarimashita. Kaisha no namae shika kaite nai yûbin-butsu wa, dô shitara ii desu ka.
Roland : Je comprends. Comment je fais pour les courriers où ne figure que le nom de l'entreprise ?

たかだ：それは、わたしのところにもってきてください。
Takada : Sore wa, watashi no tokoro ni motte kite kudasai.
Takada : Ceux-là, apporte-les moi.

ロラン：はい、そのあと、なにをしたらいいですか。
Roran : Hai, sono ato, nani o shitara ii desu ka.
Roland : D'accord, ensuite, qu'est-ce que je fais ?

たかだ：おひるのおべんとうをちゅうもんしますから、みんなに、たべたいおべんとうをきいてください。
Takada : O-hiru no o-bentô o chûmon-shimasu kara, minna ni, tabetai o-bentô o kiite kudasai.
Takada : Comme on va commander les boîtes repas, demande à chacun quel menu il veut manger.

■ COMPRENDRE LE DIALOGUE
FORMULES ET EXPRESSIONS

→ **Watashi no tokoro ni motte kite kudasai**, *Apporte-les moi*. **Watashi no tokoro** : comme nous l'avons vu dans le module 15 (**ashi no tokoro**, *à mes pieds*), une personne ou une partie d'un corps ne sont pas des lieux et donc, on utilise **tokoro** pour relier ces éléments à une action.

NOTE CULTURELLE

O-kage-sama de, *merci*. Cette formule répond à une remarque soulignant qu'il s'est passé quelque chose de positif pour Roland. Littéralement, elle signifie « grâce à vous ». Nous la traduisons par une formule de remerciement.

Takada Michiko-sama, **Takada Michiko-dono**, *Madame Takada Michiko*. **-sama** et **-dono** sont les suffixes que l'on trouve à l'écrit sur une adresse, à la fin d'un nom. **-sama** est une extension de **san**, alors que **dono** est plus formel, et s'utilise dans le contexte professionnel. Nous les traduisons tous les deux par *Monsieur* ou *Madame*. Remarquons qu'une adresse en japonais est libellée dans l'ordre inverse du nôtre : le département vient d'abord, puis la ville, puis le quartier. Sauf exception, il n'y a pas de nom de rue, les habitations sont rangées par numéros de blocs.

O-bentô, *boîte repas*. Repas froid acheté puis consommé sur le lieu de travail ou d'étude. Il existe de multiples commerces spécialisés dans ces produits. Il est très courant aussi d'en acheter à la gare avant de prendre un train. Beaucoup de personnes se confectionnent leur propre **bentô**. La boîte contient généralement des légumes et du poisson ou de la viande froids, à côté d'une portion de riz. Dans les entreprises, il est courant d'organiser la commande collective des repas. On mange à son bureau, mais parfois on mange dehors, par exemple à la saison des cerisiers.

◆ GRAMMAIRE
COMPTER LES JOURS

un jour, **ichi-nichi** ; *deux jours*, **futsuka** ; *trois jours*, **mikka** ; *quatre jours*, **yokka** ; *cinq jours*, **itsuka** ; *six jours*, **muika** ; *sept jours*, **nanoka** ; *huit jours*, **yôka** ; *neuf jours*, **kokonoka** ; *dix jours*, **tôka**. À partir de onze jours, on se sert des nombres sino-japonais (**jû-ichi**, **jû-ni** etc.) suivis de **nichi** : **jû-ichi-nichi**, **jû-ni-nichi**.

Futsuka-me, *deuxième jour*. Le suffixe **me** permet de former les nombres ordinaux : **ichi-nichi-me**, *le premier jour* ; **yokka-me**, *le quatrième jour*, etc.

L'EXPRESSION DU CHANGEMENT : ADJECTIFS + *NARU*

• **Adjectifs en -*i***

Shitashiku narimashita, *Nous sommes devenus de bons amis*. **Shitashii** signifie *familier, proche*. Le verbe **naru** (module 5) signifie *devenir*. Les adjectifs en **-i** prennent la forme en **-ku** devant **naru** : **Shigoto ga yariyasuku narimasu**, litt. « le travail deviendra facile à faire », *Cela va te faciliter le travail*. Rappelons que l'adjectif **ii**, *bien, bon*, un des plus utilisés, se transforme en **yoku** à la forme en **-ku** : **yoku naru**, *s'améliorer*.

Yariyasuku vient de **yariyasui**. Il s'agit d'une construction entre le verbe **yaru**, *faire*, et un adjectif, **yasui**, qui signifie *facile, aisé*. L'ensemble veut dire *facile à faire* et se conjugue comme un adjectif en **-i**. Cette construction peut se faire avec tous les verbes. Si le verbe est multibase, on prend sa base en **-i**, si c'est un unibase, on prend son radical, ex. : **nomiyasui**, *facile à boire* ; **tabeyasui**, *facile à manger*.

• **Adjectifs en -*na***

Avec les adjectifs en **-na**, le verbe **naru** se construit de la façon suivante : adj. + **ni** + **naru**, ce qui est la même construction qu'avec un nom. **Shinsetsu ni naru**, *devenir gentil* ; **kirei ni naru**, *embellir* ; nous retrouvons la construction vue dans le module 5 : **Jû-san-yûro ni naru**, *Cela fait 13 euros*.

LES VERBES À LA FORME EN -*TE* + *ARU*

Kaite aru, *Il est écrit*. Cette construction permet de décrire un état. Attention à ne pas confondre la forme en **-te aru** et la forme en **-te iru**, qui décrit plutôt l'action en train de se faire : **kaite imasu**, *être en train d'écrire*.

La construction **-te aru** n'est possible que pour des verbes transitifs (qui prennent un complément d'objet direct).

Kaite nai (**kaite arimasen** au style poli) est la forme négative.

DÔ SHITARA II DESU KA / NANI O SHITARA II DESU KA

Ces questions sont construites de la même façon. Elles servent à demander un conseil.

Dô shitara ii desu ka, litt. « ce sera bien si je fais comment ? » donc, *Comment faire ?*

Nani o shitara ii desu ka, litt. « ce sera bien si je fais quoi ? » donc, *Qu'est-ce que je fais ?* **Shitara** vient du verbe **suru**, à la forme en **-tara**, qui marque l'hypothèse, *si je fais*. La forme en **-tara** s'obtient comme la forme en **-te**.

LES PROPOSITIONS DÉTERMINANTES

Jû-ji goro kuru yûbin-butsu, *Le courrier qui arrive vers 10 h*. Le nom **yûbin-butsu**, *courrier*, est déterminé par la proposition **jû-ji goro kuru**, *arrive vers 10 h*.

Kaisha no namae shika kaite nai yûbin-butsu, *Le courrier où ne figure que le nom de l'entreprise*. La proposition déterminante est **Kaisha no namae shika kaite nai** et elle vient donner des informations sur **yûbin-butsu**. Attention dans cette proposition, la présence de **shika** permet d'omettre la particule **ga**.

Minna ni tabetai o-bentô o kiite kudasai, *Demande à chacun quel menu il veut manger*. **Tabetai o-bentô**, litt. « le plateau repas qu'il veut manger » : cet exemple montre qu'une proposition déterminante peut se terminer par un adjectif.

LES PARTICULES *NI*, *TOKA…TOKA* ET *GA*

- **La particule *ni***

Atena no hito ni watashite kudasai, *Remets-le au destinataire*. Ici la particule **ni** se justifie parce que l'action se fait vers quelqu'un (*remettre à*).

- **La particule *toka…toka***

Dans l'expression **toka…toka**, *par exemple… ou…*, la particule **toka** permet de relier des éléments que l'on donne en exemples pour évoquer des choses dont on n'est pas sûr. Nous avions déjà vu **ya** (module 13) dans une énumération, mais **toka** donne davantage l'idée qu'on n'est pas sûr des éléments à citer.

- **La particule *ga***

Sore ga « **atena** » **desu**, *C'est ça « atena »*. La particule **ga** est ici emphatique.

● EXERCICES

1. ÉCOUTEZ LES QUESTIONS CONCERNANT LE DIALOGUE DE CE MODULE ET ÉCRIVEZ LES RÉPONSES.

a. . . . .
b. . . . .
c. . . . .
d. . . . .
e. . . . .

VOCABULAIRE

ふつかめ **futsuka-me** *deuxième jour*
はちにん **hachi-nin** *huit personnes*
したしく **shitashiku** *familier, proche* (de l'adjectif **shitashii**)
やりやすく **yariyasuku** *facile à faire* (de l'adjectif **yariyasui**)
おかげさまで **o-kage-sama de** *grâce à vous, merci*
ゆうびんぶつ **yûbin-butsu** *le courrier*
うけとって **uketotte** *réceptionner* (du verbe **uketoru**)
あてな **atena** *destinataire*
わたして **watashite** *remettre* (du verbe **watasu**)
てがみ **tegami** *lettre*
うえ **ue** *sur*
N + さま **N + -sama** *madame, monsieur, mademoiselle*
N + どの **N + -dono** *madame, monsieur, mademoiselle* (plus soutenu)
とか **toka...toka** *par exemple... ou...*
かいてあります **kaite arimasu** *être écrit* (du verbe **kaku**)
どうしたらいいですか。 **dô shitara ii desu ka** *comment faire ?*
あと **ato** *après*
なにをしたらいいですか。 **nani o shitara ii desu ka** *que faire ?*
(お)ひる **(o) hiru** *midi*
(お)べんとう。 **o-bentô** *boîte repas*
ちゅうもんします **chûmon-shimasu** *commander* (du verbe **chûmo-suru**)

2. COMPLÉTEZ LES PHRASES AVEC UN TERME PERMETTANT DE LOCALISER.

a. なまえの (........) によみかたがかいてあります。
Namae no (........) ni yomi-kata ga kaite arimasu.
Au-dessus du nom, la lecture est inscrite.

....

b. れいぞうこの (........) にやさいがはいっています。
Reizôko no (........) ni yasai ga haitte imasu.
Il y a des légumes dans le réfrigérateur.

....

c. ファストフードのみせの (........) にえいがかんがあります。
Fasutofûdo no mise no (........) ni eiga-kan ga arimasu.
Il y a un cinéma près du fast-food.

....

3. TRANSFORMEZ LES PHRASES EN EXPRESSIONS DE CHANGEMENT AVEC *NARIMASHITA* PUIS DONNEZ LA NOUVELLE TRADUCTION.

a. やすいです。
Yasui desu.
C'est bon marché.
....

b. のみたいです。
Nomitai desu.
Je voudrais boire.
....

c. とてもいいです。
Totemo ii desu.
C'est très bien.
....

d. マスターのにねんせいです。
Masutâ no ni-nensei desu.
Je suis en deuxième année de master.
....

e. すきです。
Suki desu.
J'aime bien.
....

4. THÈME. TRADUISEZ LES PHRASES SUIVANTES EN JAPONAIS.

a. Achète tout ce que tu as envie de manger.
....

b. Merci de remettre cette lettre à l'étudiant qui viendra à midi.
....

c. Ma valise est lourde et je ne peux la porter seul jusqu'à la voiture.
....

d. Le repas que nous avons commandé n'est pas encore arrivé (litt. « venir »). Comment faire ?
....

20.
ALLER FAIRE UNE COURSE

O-TSUKAI NI IKU

OBJECTIFS	NOTIONS
• DEMANDER POLIMENT À QUELQU'UN DE FAIRE QUELQUE CHOSE • INDIQUER LE CHEMIN • DONNER DES PRÉCISIONS SUR UN ITINÉRAIRE	• LES VERBES EN *-TE* + *KUREMASEN KA* • N *GA NAKUTE MO* + POTENTIEL • VERBE + *BA* • N + *DEWA NAKUTE* • LES VERBES À LA FORME NEUTRE + PARTICULE *TO* • LES PARTICULES *KARA*, *O*, *E* ET *NI*

おつかいにいく
O-TSUKAI NI IKU
ALLER FAIRE UNE COURSE

たかだ：あの、とりひきさきに、だいじなしょるいをもっていってくれませんか。
Takada : Ano, torihiki-saki ni, daijina shorui o motte itte kuremasen ka.
Takada : Euh, tu pourrais apporter un document important à un client ?

ロラン：メールでおくれないしょるいですね。ばしょはどこですか。
Roran : Mêru de okurenai shorui desu ne. Basho wa doko desu ka.
Roland : C'est un document qu'on ne peut pas envoyer par e-mail, n'est-ce pas ? L'adresse, c'est où ?

たかだ：でんしゃで「もりのみや」にいって、そこからあるきます。
Takada : Densha de « Mori no miya » ni itte, soko kara arukimasu.
Takada : Tu vas en train à la station « Mori no miya » et de là, tu marches.

ロラン：そのかいしゃのあるとおりのなまえを、おしえてください。
Roran : Sono kaisha no aru tôri no namae o, oshiete kudasai.
Roland : Donnez-moi le nom de la rue où se trouve la société.

たかだ：ちいさいみちですから、なまえはありません。
Takada : Chîsai michi desu kara, namae wa arimasen.
Takada : Il n'y a pas de nom parce que c'est une petite rue.

ロラン：えっ、なまえがなくても、いけますか。
Roran : E, namae ga nakute mo, ikemasu ka.
Roland : Hein, on peut y aller même s'il n'y a pas de nom ?

たかだ：このちずのとおりにいけば、だいじょうぶです。えきには、でぐちがふたつありますから、にしぐちから、でてください。
Takada : Kono chizu no tôri ni ikeba, daijôbu desu. Eki ni wa, deguchi ga futatsu arimasu kara, nishi-guchi kara, dete kudasai.
Takada : Tout ira bien si tu suis ce plan. Il y a deux sorties à la gare, prends la sortie ouest.

ロラン：ひがしぐちではなくて、にしぐちですね。きをつけます。
Roran : Higashi-guchi dewa nakute, nishi-guchi desu ne. Ki o tsukemasu.
Roland : C'est la sortie ouest, pas la sortie est, n'est-ce pas ? Je ferai attention.

たかだ：きたのほうへごふんぐらいあるくと、びょういんがあります。
Takada : Kita no hô e go-fun gurai aruku to, byôin ga arimasu.
Takada : Au bout de 5 minutes de marche environ vers le nord, tu verras un hôpital.

ロラン：ええと、そこをみぎではなくて、ひだりへまがるんですね。
Roran : Ê to, soko o migi dewa nakute, hidari e magaru n desu ne.
Roland : Euh… Là je tourne à gauche, pas à droite, n'est-ce pas ?

たかだ：ええ、そして、ふたつめのこうさてんをみぎへまがると、そのかいしゃがあります。だいじょうぶですか。
Takada : Ê, soshite, futatsu-me no kôsaten o migi e magaru to, sono kaisha ga arimasu. Daijôbu desu ka.
Takada : Oui, et si tu tournes à droite au deuxième croisement à partir de là, tu trouveras la société. Ça va aller ?

ロラン：すこししんぱいです。でもがんばります。
Roran : Sukoshi shinpai desu. Demo ganbarimasu.
Roland : Je suis un peu inquiet. Mais je ferai de mon mieux.

COMPRENDRE LE DIALOGUE
FORMULES ET EXPRESSIONS

→ **O-tsukai**, *une course*. Cette expression vient du verbe **tsukau**, *utiliser*. Elle ne s'emploie donc que lorsque l'on fait une course pour quelqu'un d'autre. Le mot **o-tsukai** correspond à la base en **-i** du verbe, ce qui est une manière courante de créer des noms.

→ **Torihiki-saki**, *client*. Ce mot est composé de **torihiki** qui signifie *transaction commerciale* et de **saki** qui désigne *ce que l'on a en face de soi*. Ici, l'expression complète désigne un interlocuteur commercial, donc *un client*.

→ **Motte itte**, *apporter*. Le verbe **motsu**, *tenir, porter*, à la forme en **-te** est associé à l'auxiliaire de déplacement **iku**, *aller*, d'où *apporter*. Attention, nous avons déjà vu **motte kita**, *apporter*, dans le module 12. On décrivait alors un déplacement du Japon vers le lieu où se trouvaient les protagonistes, il fallait donc utiliser le verbe **kuru**, *venir*. Dans notre dialogue aujourd'hui, Roland va se déplacer du bureau vers chez le client, il y a donc un déplacement traduit par **iku**, *aller*. En français, cette logique n'est pas complètement respectée car on se place du point de vue du client.

→ **Namae o oshiete kudasai**, *Donnez-moi le nom*. **Oshieru**, *enseigner*, est couramment utilisé pour dire plutôt *expliquer, donner une information*.

→ **Kono chizu no tôri ni iku**, *aller conformément au plan, suivre le plan*. Attention ici **tôri** n'a rien à voir avec le **tôri** qui signifie *rue*. Il porte l'idée de *comme, conformément, à* et nous l'avons déjà rencontré dans le module 15 : **Roran-san ga itta tôri deshita**, *Tu avais raison !* litt. « c'était comme tu avais dit ».

→ **Deguchi**, *sortie*. La plupart des gares ont plusieurs sorties, qui correspondent souvent à la direction selon les points cardinaux : **kita-guchi**, *sortie nord* ; **minami-guchi**, *sortie sud* ; **higashi-guchi**, *sortie est*, et **nishi-guchi**, *sortie ouest*. Par ailleurs, les points cardinaux apparaissent dans beaucoup de noms de lieux. Il peut donc être pratique de les connaître, afin de faciliter la mémorisation et le repérage spatial.

→ **Ki o tsukemasu**, *Je ferai attention*. **Ki o tsukete kudasai** est une expression de mise en garde : *Faites attention !*

→ **Kita no hô**, *en direction du nord*. Ici, **hô** signifie *direction*. Il faut le différencier du **hô** rencontré au module 5 : **Kôn no hô ga ii desu**, *(Je préfère) un cornet*, ou encore de celui du module 9 : **Ôkii hô de nete kudasai**, *Dors dans le grand (lit)*. La signification *direction* est le sens premier, les utilisations pour la comparaison sont dérivées.

→ **Soshite**, *et, et puis, ensuite*. Ce mot de liaison entre deux phrases est des plus courants.

→ **Futatsu-me no kôsaten**, *deuxième croisement*. **Futatsu** signifie *deux* en chiffres japonais. L'adjonction de **me** donne le nombre ordinal *deuxième*. On peut rapprocher cette expression de **futsuka-me**, *deuxième jour,* rencontré dans le module 19.

→ **Shinpai desu**, *Je suis inquiet.* Nous avons déjà vu **shinpai shite imasu** dans le module 12. La forme verbale s'emploie quand on parle d'une tierce personne. Mais quand on parle de soi-même, on utilise **shinpai desu**.

NOTE CULTURELLE

Tôri et **michi**, *grandes* et *petites rues*. **Michi** est un mot assez vague mais cependant très utilisé. Il peut signifier un simple *chemin*. Il désigne aussi un *itinéraire* et s'utilise pour parler de la « voie » au sens abstrait (trouver sa voie), ou encore au sens philosophique : la voie de Bouddha. **Tôri** suppose une chaussée aménagée pour les voitures. C'est le terme que l'on utilise quand on parle du nom d'une rue dans un pays étranger.

Noms des rues : Nous avons vu dans le module 19 que les rues n'ont généralement pas de noms. Seules les grandes artères en portent.

◆ GRAMMAIRE
LES VERBES EN *-TE* + *KUREMASEN KA*

Motte itte kuremasen ka, *Tu pourrais apporter ?* L'auxiliaire **kureru**, *donner*, sert ici à demander à quelqu'un de faire quelque chose pour soi. Nous l'avons déjà vu dans le module 14. La forme interro-négative donne un ton poli à la question.

N *GA NAKUTE MO* + POTENTIEL

Namae ga nakute mo, *même s'il n'y a pas de nom, même sans nom.*

Ikemasu, *On peut y aller.* Potentiel du verbe **iku**.

Nous avons déjà vu dans le module 13 **Nakute mo ii…**, *Je n'ai pas besoin de…* (litt. « même s'il n'y a pas, c'est bien »). Ici, on exprime qu'une action est possible (on peut) même sans « quelque chose ».

VERBE + *BA*

Ikeba, *si tu vas.* Le suffixe **-ba** permet d'évoquer une hypothèse. **Iku** est un verbe multibase, le suffixe **-ba** s'accroche à la base en **-e**, ex. : **yomeba**, *si tu lis* ; **kakeba**, *si* *tu écris* ; **kaeba**, *si tu achètes*. Dans le cas d'un verbe unibase, il faut ajouter **reba** au radical, ex. : **tabereba**, *si tu manges* ; **oshiereba**, *si tu expliques*. Les verbes irréguliers **kuru** et **suru** font respectivement **kureba**, *si tu viens*, et **sureba**, *si tu fais*.

Notez que l'on trouve souvent l'expression d'hypothèse suivie de **ii** ou **daijôbu**, adjectifs qui signifient que *si on fait… tout va bien se passer*. Ex. : **Kono chizu no tôri ni ikeba daijôbu**, *Tout ira bien si tu suis ce plan*.

N + DEWA NAKUTE

Dewa nakute est la forme en **-te** de **dewa nai/dewa arimasen**. On se sert de cette construction pour écarter une hypothèse et en affirmer une autre : **Higashi-guchi dewa nakute nishi-guchi desu ne**, *C'est la sortie ouest, pas la sortie est, n'est-ce pas ?* Autre exemple : **Migi dewa nakute hidari e magaru**, *Je tourne à gauche, pas à droite*. Remarquons que l'ordre des informations est inverse de celui que l'on choisit naturellement en français.

LES VERBES À LA FORME NEUTRE + PARTICULE *TO*

Aruku to, *si tu marches* ; **magaru to**, *si tu tournes*. On se sert souvent de cette tournure pour expliquer le chemin parce qu'après cette construction, vient la constatation d'un fait (**byôin ga arimasu**, *tu verras un hôpital* ; **kaisha ga arimasu**, *tu trouveras la société*) qui est toujours vrai.

LES PARTICULES *KARA, O, E* ET *NI*

Nishi-guchi kara dete kudasai, *Prends la sortie ouest* litt. « sors à partir de la sortie ouest ».

Kôsaten o migi e magaru, *tourner à droite au croisement*. Le verbe **magaru** se construit ici avec deux particules différentes. Le **o** marque l'origine du mouvement, le point où l'on tourne, la particule **e** marque la direction vers laquelle on tourne.

Il est possible aussi de dire **migi ni magaru**, *tourner à droite*, en utilisant la particule **ni** à la place de la particule **e**.

VOCABULAIRE

おつかい **o-tsukai** *course*
とりひきさき **torihiki-saki** *client*
だいじ（な）**daiji(na)** *important*
しょるい **shorui** *document*
もっていって **motte itte** *emporter, apporter* (du verbe **motte iku**)
V てくれませんか **V -te kuremasen ka** *pourrais-tu… ?*
ばしょ **basho** *lieu, adresse*
でんしゃ **densha** *train*
とおり **tôri** *rue*
おしえて **oshiete** *enseigner, expliquer, donner une information* (du verbe **oshieru**)
みち **michi** *rue, chemin, voie*
なくても **nakute mo** *même s'il n'y a pas*
ちず **chizu** *plan, carte*
でぐち **deguchi** *sortie*
にしぐち **nishi-guchi** *sortie ouest*
でて **dete** *sortir* (du verbe **deru**)
ひがしぐち **higashi-guchi** *sortie est*
きをつけます **ki o tsukemasu** *faire attention* (du verbe **tsukeru**)
きた **kita** *nord*
ほう **hô** *direction*
びょういん **byôin** *hôpital, clinique*
みぎ **migi** *droite*
ひだり **hidari** *gauche*
まがる **magaru** *tourner*
そして **soshite** *et, et puis, ensuite* (entre des phrases)
ふたつめ **futatsu-me** *deuxième*
こうさてん **kôsaten** *croisement, carrefour*
しんぱいです **shinpai desu** *je suis inquiet*
がんばります **ganbarimasu** *faire de son mieux* (du verbe **ganbaru**)

EXERCICES

1. ÉCOUTEZ, ÉCRIVEZ ET TRADUISEZ.

a. ....
b. ....
c. ....
d. ....

2. COMPLÉTEZ LES PHRASES AVEC LES VERBES *IKIMASU* OU *KIMASU* À LA FORME QUI CONVIENT.

a. きのううちにあそびにきたともだちがアイスクリームをもって (..............................) くれました。
Kinô uchi ni asobi ni kita tomodachi ga aisukurîmu o motte (..........................) kuremashita. Les amis qui sont venus hier chez moi m'ont apporté des glaces.

b. あしたかいしゃにじぶんのパソコンをもって (..............................) 。
Ashita kaisha ni jibun no pasokon o motte (..........................).
Demain j'emporterai mon propre ordinateur au bureau (litt. « à l'entreprise »).

c. きのうのばんともだちのうちでばんごはんをたべました。わたしはワインをもって (..............................) 。
Kinô no ban tomodachi no uchi de ban-gohan o tabemashita. Watashi wa wain o motte (..........................).
Hier soir, j'ai dîné chez des amis. J'ai apporté du vin.

3. RÉPONDEZ AUX QUESTIONS CONCERNANT LE DIALOGUE DE CE MODULE.

a. ロランさんはとりひきさきになにをもっていきますか。
Roran-san wa torihiki-saki ni nani o motte ikimasu ka.
....

b. でんしゃでどこにいきますか。
Densha de doko ni ikimasu ka.
....

c. そのかいしゃのあるとおりのなまえはなんですか。
Sono kaisha no aru tôri no namae wa nan desu ka.
....

d. きたのほうへごふんぐらいあるくと、なにがありますか。
Kita no hô e go-fun gurai aruku to, nani ga arimasu ka.
....

e. そこをみぎへまがりますか。
Soko o migi e magarimasu ka.
....

4. THÈME. TRADUISEZ LES PHRASES SUIVANTES EN JAPONAIS.

a. Faites attention parce qu'il y a beaucoup de sorties, et c'est compliqué.
....

b. Peut-on monter dans un avion même sans passeport ? – Non, on ne peut pas monter.
....

c. Roland, pourrais-tu me donner l'adresse de l'entreprise où tu fais ton stage actuellement, s'il te plaît ?
....

21.
PERDRE SON CHEMIN

MAIGO NI NARU

OBJECTIFS

- SALUTATIONS QUOTIDIENNES
- PRÉSENTER DES EXCUSES POUR NE PAS AVOIR PU FAIRE QUELQUE CHOSE
- DEMANDER À QUELQU'UN DE FAIRE QUELQUE CHOSE POUR SOI

NOTIONS

- LES ADJECTIFS AU PASSÉ
- LES VERBES AU POTENTIEL NÉGATIF À LA FORME EN *-TE* + *SUMIMASEN DESHITA*
- VERBE + N + *DESHÔ*
- LES VERBES TRANSITIFS ET INTRANSITIFS
- LES VERBES EN *-TE* + *MORAU*
- LES PARTICULES *NO* ET *DE*

まいごになる
MAIGO NI NARU
PERDRE SON CHEMIN

ロラン：ただいま。
Roran : Tadaima.
Roland : Je suis de retour.

たかだ：おかえりなさい。おそかったですね。
Takada : O-kaeri nasai. Osokatta desu ne.
Takada : Ah te voilà ! Tu as mis beaucoup de temps, dis donc !

ロラン：れんらくできなくてすみませんでした。
Roran : Renraku-dekinakute sumimasen deshita.
Roland : Je suis désolé de ne pas avoir pu vous contacter.

たかだ：けいたいでんわをわすれたんでしょう。つくえのひきだしのなかでなっていましたよ。
Takada : Keitai-denwa o wasureta n deshô. Tsukue no hikidashi no naka de natte imashita yo.
Takada : Tu as oublié ton téléphone portable, n'est-ce pas ? Il sonnait dans le tiroir de ton bureau.

ロラン：そのうえ、まいごになってしまいました。ちずのとおりにいったのですが、そのかいしゃはありませんでした。
Roran : Sono ue, maigo ni natte shimaimashita. Chizu no tôri ni itta no desu ga, sono kaisha wa arimasen deshita.
Roland : En plus, je me suis perdu. J'ai suivi le plan, mais je n'ai pas trouvé la société en question.

たかだ：えっ、わたしのかいたちずが、まちがっていましたか。
Takada : E, watashi no kaita chizu ga, machigatte imashita ka.
Takada : Hein ? Est-ce que mon plan était erroné ?

ロラン：こうばんにいって、おまわりさんにしらべてもらいました。たかださんのかいてくれたちずは、せいかくでした。
Roran : Kôban ni itte, o-mawari-san ni shirabete moraimashita. Takada-san no kaite kureta chizu wa, seikaku deshita.
Roland : Je suis allé au poste de police et j'ai demandé à l'agent de vérifier. Le plan que vous m'avez tracé était juste.

たかだ：じゃ、どうしたんですか。
Takada : Ja, dô shita n desu ka.
Takada : Dans ce cas, qu'est-ce qui s'est passé ?

ロラン：はずかしいのですが、おりるえきをまちがえました。
Roran : Hazukashii no desu ga, oriru eki o machigaemashita.
Roland : J'ai honte, mais je me suis trompé d'arrêt.

たかだ：「もりのみや」ではなくて、ほかのえきでおりたのですか。
Takada : « Mori no miya » dewa nakute, hoka no eki de orita no desu ka.
Takada : Tu n'es pas descendu à « Mori no miya », mais à un autre arrêt ?

ロラン：ひとつまえのえきが、「もりのみち」だったのです。でんしゃのアナウンスで、「つぎは、もりの」ときこえたので、おりてしまいました。
Roran : Hitotsu mae no eki ga, « Mori no michi » datta no desu. Densha no anaunsu de, « tsugi wa, mori no » to kikoeta node, orite shimaimashita.
Roland : La gare précédente (la gare 1 avant) était « Mori no michi ». Comme j'ai entendu « la prochaine, c'est Mori no » annoncé dans le train, je suis descendu.

たかだ：まあ、そそっかしいですね。
Takada : Mâ, sosokkashii desu ne.
Takada : Eh bien, quel étourdi !

■ COMPRENDRE LE DIALOGUE
FORMULES ET EXPRESSIONS

→ **Maigo ni naru**, *perdre son chemin, se perdre*. L'expression japonaise contient le nom **maigo** qui veut dire *enfant perdu*, et le verbe **naru**, *devenir*. Ils sont reliés par la particule **ni**, comme nous l'avons vu précédemment dans les utilisations du verbe **naru** (**Jû-san-yûro ni naru**, *Cela fait 13 euros*, dans le module 5).

→ (**Keitai-denwa ga**) **natte imashita yo**, *Ton téléphone sonnait*. Attention, ici le verbe **naru** est différent. Il signifie *sonner* et non *devenir*.

→ **Sono kaisha**, *cette société*. Roland fait référence au client auquel il devait apporter un document. Nous avons préféré traduire par « la société en question ».

→ **Watashi no kaita chizu** : ici le verbe **kaku** signifie plutôt *dessiner, tracer* et non simplement *écrire*.

→ **Oriru eki**, *l'arrêt*, litt. « la gare où descendre ». (**Oriru** est un verbe unibase : **orimasu, orite, orita, orinai**.) De la même façon, on peut dire **noru eki**, *la gare où monter*. Ces deux expressions permettent de préciser où l'on prend le train et où l'on descend.

→ **Hoka no eki**, *une autre gare*. **Hoka** signifie *autre, différent*. **Hoka no** + N : *un(e) autre* + N, ex. : **hoka no kaisha**, *une autre société* ; **hoka no hito**, *une autre personne* ; **hoka no tokoro**, *un autre endroit*.

→ **Kikoeru**, *entendre, percevoir à l'oreille*. Attention, ce verbe de perception est intransitif. Ici, il est utilisé avec la particule de citation **to** parce que Roland retranscrit fidèlement, de façon directe, ce qu'il a cru entendre. Il faut distinguer ce verbe du verbe **kiku** qui signifie plutôt *écouter* (verbe transitif) : **anaunsu o kiku**, *écouter l'annonce* ; **anaunsu ga kikoeru**, *entendre l'annonce*.

NOTE CULTURELLE

Les expressions **Tadaima**, *Je suis de retour*, et **O-kaeri nasai**, *Te voilà*, s'emploient quand une personne rentre à la maison. La personne qui revient dit **tadaima**, litt. « juste maintenant », une abréviation de **Tadaima kaerimashita**, *Je suis rentré à l'instant*. La personne qui accueille dit **O-kaeri nasai**, litt. « bon retour », *Te voilà*. Cette scène a lieu normalement à la maison, mais peut avoir lieu aussi au sein d'un groupe restreint, comme une petite entreprise, qui fonctionne de façon un peu familiale.

Kôban, *poste de police, police de proximité*. Le nom **kôban** est écrit en **rôma-ji** sur l'enseigne à la vue de tous. Quand on trouve un portefeuille ou autre, on va au poste de police l'apporter.

O-mawari-san, *agent de police* (de **mawaru** *tourner, faire sa ronde*). Ce terme est couramment utilisé et donne un sentiment de familiarité affective.

Anaunsu, *annonce*. Dans les trains, on annonce systématiquement la prochaine gare en deux fois. Dès que le train quitte un arrêt, on entend **Tsugi wa**…, *La prochaine est…* Puis, à l'approche de l'arrêt suivant, le message devient **Mamonaku** + nom de la station, *Bientôt, ce sera…* Attention aux noms de gare qui se ressemblent.

◆ GRAMMAIRE
LES ADJECTIFS AU PASSÉ

Osokatta desu ne, *Tu as mis du temps, dis donc !* Au lieu d'utiliser le présent et dire **Osoi**, *Tu es en retard*, comme en français, on utilise **Osokatta**, *Tu as mis du temps*, la forme au passé, pour dire que l'action a été faite lentement.

LES VERBES AU POTENTIEL NÉGATIF À LA FORME EN *-TE* + *SUMIMASEN DESHITA*

Renraku-dekinakute sumimasen deshita, *Je suis désolé de ne pas avoir pu vous contacter*. **Renraku dekinakute** : forme en **-te** de **renraku-dekinai**, *ne pas pouvoir contacter*. **Dekinai** est le potentiel négatif de **suru**, *ne pas pouvoir faire*. Cette forme est reliée à **Sumimasen deshita**, *Je suis désolé*, qui est une forme passée. La forme en **-te** étant atemporelle, gardez bien en tête que le temps de la phrase est indiqué à la fin par le verbe ou l'adjectif conjugué (ici **sumimasen deshita**). Il faut donc comprendre que **renraku-dekinakute** est conçu au passé aussi.

VERBE + N + *DESHÔ*

Keitai-denwa o wasureta n deshô, *Tu as oublié ton téléphone portable, n'est-ce pas ?* Ici **deshô** permet d'affirmer quelque chose tout en demandant une confirmation. Le **n**, contraction de **no desu** (voir le module 16 par exemple), montre que Takada interprète la situation et demande la confirmation.

LES VERBES TRANSITIFS ET INTRANSITIFS

Chizu ga machigatte imashita ka, *Est-ce que mon plan était erroné ?* **Machigau** est intransitif, il n'a qu'un sujet.
Oriru eki o machigaemashita, *Je me suis trompé d'arrêt.* **Machigaeru** est un verbe transitif, qui se construit avec la particule **o**.

LES VERBE EN -TE + MORAU

(Watashi wa) o-mawari-san ni shirabete moraimashita, *J'ai demandé à l'agent de vérifier*. **Morau** signifie *recevoir*. On l'utilise comme auxiliaire dans une phrase exprimant que le narrateur *(je)* demande à quelqu'un de faire quelque chose pour lui. C'est « je » qui est sujet. La personne à qui l'on s'adresse est marquée par la particule **ni**. Cette construction est à comparer à celle que nous avons vue au module 14 : **Haha ga nihon kara kozutsumi o okutte kureta**, *Ma mère m'a envoyé un colis du Japon*. Ici aussi une action est faite au bénéfice de « je », mais dans ce cas, la personne qui a fait l'action est sujet de **kureru**. C'est la mère qui a pris l'initiative d'envoyer le colis. Si Akari avait demandé à sa mère d'envoyer le colis, elle aurait dit : **Haha ni kozutsumi o okutte moratta**, *J'ai demandé à ma mère de m'envoyer un colis.* Dans le présent dialogue, la phrase suivante comporte une proposition déterminante avec **kureta** : **takada-san no kaite kureta chizu**, *le plan que vous* (= Takada-san) *m'avez tracé*.

LES PARTICULES *NO* ET *DE*

• **La particule *no***

Watashi no kaita chizu, *le plan que j'ai dessiné* ; **Takada-san no kaite kureta chizu**, *le plan que vous* (=Takada-san) *m'avez tracé.*
Dans ces deux exemples, la proposition déterminante est très courte (sujet + verbe) et au lieu d'utiliser la particule de sujet **ga**, on utilise **no**. C'est un procédé très courant.

• **La particule *de***

Eki de oriru, *descendre à la station*. L'action de descendre du train a lieu dans une gare précise. C'est la particule **de** qui accompagne le nom de la gare.

⬢ EXERCICES

🔊 1. ÉCOUTEZ, ÉCRIVEZ ET TRADUISEZ.
23

a. ....

b. ....

c. ....

d. ....

VOCABULAIRE

まいごになる **maigo ni naru** *se perdre, perdre son chemin*
ただいま **tadaima** *je suis de retour*
おかえりなさい **o-kaeri nasai** *ah te voilà !*
わすれた **wasureta** *avoir oublié* (du verbe **wasureru**)
つくえ **tsukue** *bureau, table*
ひきだし **hikidashi** *tiroir*
なって **natte** *sonner* (du verbe **naru**)
そのうえ **sono ue** *de plus, en plus*
まちがって **machigatte** *se tromper* (du verbe **machigau**)
こうばん **kôban** *poste de police*
おまわりさん **o-mawari-san** *agent de police*
しらべて **shirabete** *vérifier* (du verbe **shiraberu**)
V-てもらいました **V-te moraimashita** *demander à qqn de faire qqch. (pour soi)* (du verbe **morau**)
せいかく(な) **seikaku (na)** *juste, exact*
おりる **oriru** *descendre*
まちがえました **machigaemashita** *avoir commis une erreur* (du verbe **machigaeru**)
ほか **hoka** *autre*
ひとつまえ **hitotsu mae** *précédent*
アナウンス **anaunsu** *annonce*
つぎ **tsugi** *le prochain*
きこえた **kikoeta** *avoir entendu* (du verbe **kikoeru**)
そそっかしい **sosokkashii** *étourdi*

2. COMPLÉTEZ LES PHRASES À L'AIDE DES PARTICULES QUI CONVIENNENT.

a. ロランさん (........) けいたいでんわ (........) つくえ (........) なか (........) あります。 Roran-san (........) keitai-denwa (........) tsukue (........) naka (........) arimasu.
Le téléphone portable de Roland se trouve dans le tiroir de son bureau.

b. ロランさん (........) たかださん (........) ちず (........) かいてもらいました。 Roran-san (........) Takada-san (........) chizu (........) kaite moraimashita.
Roland a demandé à Mme Takada de lui dessiner un plan.

c. ロランさん (........) おりるえき (........) まちがえて、ほか (........) えき (........) おりてしまいました。
Roran-san (........) oriru eki (........) machigaete, hoka (........) eki (........) orite shimaimashita. Roland s'est trompé d'arrêt, il est descendu à une autre station.

3. TRANSFORMEZ LES PHRASES POUR DEMANDER DES EXCUSES (FORME EN -TE + SUMIMASEN DESHITA, « JE SUIS DÉSOLÉ DE… »).

a. はやくおきられませんでした。
Hayaku okiraremasen deshita. Je n'ai pas pu me lever tôt.
. . . .

b. きのうかんげいかいにいけませんでした。
Kinô kangei-kai ni ikemasen deshita. Hier je n'ai pas pu aller à la fête de bienvenue.
. . . .

c. じぶんのパソコンをもってこられませんでした。
Jibun no pasokon o motte koraremasen deshita. Je n'ai pas pu apporter mon propre ordinateur.
. . . .

4. COMPLÈTEZ LES PHRASES À L'AIDE DE MORAIMASHITA OU KUREMASHITA.

a. わたしはともだちにたすけて（……………………）。
Watashi wa tomodachi ni tasukete (……………………).
J'ai demandé à mes amis de m'aider.

b. ともだちがわたしをたすけて（……………………）。
Tomodachi ga watashi o tasukete (……………………). Mes amis m'ont aidé.

c. スチュワーデスさんにもうふをもういちまいもってきて（……………………）。
Suchuwâdesu-san ni môfu o mô ichi-mai motte kite (……………………).
J'ai demandé à l'hôtesse de m'apporter une autre couverture.

d. スチュワーデスさんがもうふをもういちまいもってきて（……………………）。
Suchuwâdesu-san ga môfu o mô ichi-mai motte kite (……………………).
L'hôtesse m'a apporté une autre couverture.

5. THÈME. TRADUISEZ LES PHRASES SUIVANTES EN JAPONAIS.

a. Je n'ai pas bien entendu l'annonce, et je me suis trompé de train.
. . . .

b. J'ai fait la cuisine en suivant la recette (litt. « j'ai fait la cuisine comme écrit sur le livre »), mais ce n'était pas bon.
. . . .

c. Mon passeport est dans le tiroir de ce bureau. (utiliser le verbe hairu)
. . . .

d. Le numéro de téléphone de l'entreprise que mon ami m'a donné n'était pas correct.
. . . .

22.
ACCIDENT

JIKO

OBJECTIFS	NOTIONS
• RELATER UNE SITUATION D'URGENCE • EXPRIMER UNE ÉVENTUALITÉ • ANALYSER UNE SITUATION • RAPPORTER DES QUESTIONS • NUMÉROS D'URGENCE	• *KAMOSHIREMASEN* • LES QUESTIONS INDIRECTES • LES VERBES TRANSITIFS ET INTRANSITIFS (SUITE) • LES PARTICULES *O*, *TO* ET *GA*

じこ
JIKO
ACCIDENT

24

ロラン：もしもし、たいへんです。じこにあってしまいました。
Roran : Moshi moshi, taihen desu. Jiko ni atte shimaimashita.
Roland : Allô, c'est terrible. J'ai eu un accident.

たかだ：えっ、つうきんのとちゅうでですか。けがをしたんですか。
Takada : E, tsûkin no tochû de desu ka. Kega o shita n desu ka.
Takada : Hein, en venant au travail ? Tu es blessé ?

ロラン： わたしはぶじです。でも、じてんしゃにのっていたおじいさんが、けがをしてしまいました。じゅうしょうかもしれません。
Roran : Watashi wa buji desu. Demo, jiten-sha ni notte ita o-jîsan ga, kega o shite shimaimashita. Jûshô kamoshiremasen.
Roland : Moi, je n'ai rien. Mais le vieux monsieur qui était à bicyclette est blessé. C'est peut-être grave.

たかだ：ロランさん、もっとわかりやすくせつめいしてください。
Takada : Roran-san, motto wakariyasuku setsumei-shite kudasai.
Takada : Roland, explique de façon plus claire.

ロラン：ほどうをあるいていて、うしろからきたじてんしゃと、ぶつかってしまいました。
Roran : Hodô o aruite ite, ushiro kara kita jiten-sha to, butsukatte shimaimashita.
Roland : Je marchais sur le trottoir, et je suis entré en collision avec une bicyclette qui venait de derrière.

たかだ：じゃ、おじいさんのほうがわるいんでしょう。
Takada : Ja, o-jîsan no hô ga warui n deshô.
Takada : Donc, c'est le vieux monsieur qui est en tort n'est-ce pas ?

ロラン：さあ、どちらがわるいかわかりません。おじいさんは、ベルをならしたといっていますが、きこえませんでした。
Roran : Sâ, dochira ga warui ka wakarimasen. O-jîsan wa, beru o narashita to itte imasu ga, kikoemasen deshita.
Roland : Hum, je ne sais pas lequel des deux a tort. Le vieux monsieur dit qu'il a actionné sa sonnette, mais je ne l'ai pas entendue.

たかだ：じゃ、おじいさんは、はなしができるんですね。
Takada : Ja, o-jîsan wa, hanashi ga dekiru n desu ne.
Takada : Donc le vieux monsieur peut parler, hein ?

ロラン：はい。でも、うごけません。ほねがおれたかもしれません。
Roran : Hai. Demo, ugokemasen. Hone ga oreta kamoshiremasen.
Roland : Oui. Mais il ne peut pas bouger. Il a peut-être une fracture.

たかだ：ひゃくじゅうきゅうばんと、ひゃくとおばんは、しましたか。
Takada : Hyaku-jû-kyû-ban to, hyaku-tô-ban wa, shimashita ka.
Takada : Tu as fait le 119 et le 110 ?

ロラン：ばしょがどこだかせつめいできないので、そばにいたひとに、でんわをしてもらいました。いま、きゅうきゅうしゃがきました。
Roran : Basho ga doko da ka setsumei-dekinai node, soba ni ita hito ni, denwa o shite moraimashita. Ima, kyûkyû-sha ga kimashita.
Roland : Comme je ne peux pas expliquer où nous sommes, j'ai demandé à quelqu'un qui se trouvait à côté de téléphoner. L'ambulance vient d'arriver.

たかだ：じゃ、あとで、いつこちらにこられるかしらせてください。
Takada : Ja, ato de, itsu kochira ni korareru ka shirasete kudasai.
Takada : Bon, tu nous diras plus tard quand tu peux arriver ici.

COMPRENDRE LE DIALOGUE
FORMULES ET EXPRESSIONS

- → **Taihen desu**, *C'est terrible*. Nous avons déjà vu l'adjectif **taihen** dans le module 13, mais il avait un sens assez léger. Ici, il prend son sens littéral et évoque une catastrophe.
- → **Jiko ni atte shimaimashita**, *J'ai eu un accident*. Nous retrouvons le verbe **au** que nous avions vu dans le module 15 quand Akari s'était fait voler son sac (événement négatif).
- → **Tsûkin**, *trajet pour se rendre au travail*. On peut dire aussi **tsûgaku** quand on se rend dans une école. **Tsû** suppose un trajet fait régulièrement.
- → **Tsûkin no tochû de desu ka**. La présence de la particule **de** devant **desu** peut surprendre. En français, nous avons traduit simplement par *en venant au travail ?*, mais le sens complet exprimé en japonais est : *c'est en venant au travail ?*
- → **Buji**, *Je n'ai rien* (dans le sens « je ne suis pas blessé »). **Buji** s'utilise aussi au sens de *sain et sauf*. On peut l'utiliser aussi pour des objets ou un immeuble : **Ie wa buji deshita**, *Ma maison n'a rien eu* (après un tremblement de terre par exemple).
- → **Motto** + adjectif, adverbe ou verbe signifie *plus* : **Motto wakariyasuku setsumei-shite kudasai**, *Explique de façon plus claire*. **Motto** est un adverbe. Ex. : **Motto tabete kudasai**, *Mange davantage* ; **Motto yasui mono ga kaitai desu**, *J'aimerais acheter quelque chose de meilleur marché*.
- → **Hone ga oreta**, *Il s'est fait une fracture*. **Hone** signifie *os*. Le sens littéral est donc « un os s'est cassé ».
- → **Shirasete kudasai**, *Tu nous diras*. Littéralement, il s'agit d'un ordre « fais-nous savoir ». **Shiraseru** vient du verbe **shiru**, *savoir*, et c'est un factitif : *faire savoir*. Il est très utilisé pour dire *annoncer, transmettre*. Nous avons choisi de traduire par un futur et non un impératif, parce que c'est plus doux.

NOTE CULTURELLE

Faire du vélo au Japon : Sauf exception, les cyclistes sont censés rouler sur les trottoirs. Ils vont assez vite, en se servant de leur sonnette pour prévenir. Il faut donc faire attention à ne pas se faire renverser.

Les numéros d'urgence : Le 119 permet d'appeler une ambulance et le 110 met en relation avec la police. <u>Attention</u> à la prononciation de 110 : ce n'est pas **hyaku-jû** mais **hyaku-tô**. Noter la construction **hyaku-jû-kyû-ban o suru** ou **hyaku-tô-ban o suru**, *faire le 119, faire le 110*, comme en français. Dans le dialogue, Mme Takada veut attirer l'attention de Roland sur les numéros d'urgence, donc elle utilise **wa** pour thématiser (**Hyaku-jû-kyû-ban to hyaku-tô-ban wa shimashita ka**, *Le 119 et le 110, tu les as appelés ?*).

◆ GRAMMAIRE
KAMOSHIREMASEN

À la fin d'une proposition, **kamoshiremasen** signifie *peut-être, il est possible que*. On le trouve directement après un nom ou un adjectif en **-na** (**Jûshô kamoshiremasen**, *C'est peut-être grave* ; **Genki kamoshiremasen**, *Il est peut-être en bonne santé.*) ou encore après la forme neutre des verbes ou des adjectifs en **-i** (**Hone ga oreta kamoshiremasen**, *Il a peut-être une fracture* ; où **oreta** est la forme passée neutre de **oreru**, *se casser* ; autre ex. : **Wakariyasui kamoshiremasen**, *C'est peut-être facile à comprendre.*).

LES QUESTIONS INDIRECTES

Dochira ga warui ka wakarimasen, *Je ne sais pas lequel des deux a tort.*
Basho ga doko da ka setsumei-dekinai, *Je ne peux pas expliquer où nous sommes.*
Itsu kochira ni korareru ka shirasete kudasai, *Tu nous diras quand tu peux arriver ici.*
Dans ces trois phrases, vous remarquez à chaque fois une question à la forme neutre, contenant un mot interrogatif : <u>dochira</u> **ga warui ka**, **basho ga** <u>doko</u> **ka** et <u>itsu</u> **kochira ni korareru ka**. Le reste de la phrase contient un verbe **wakarimasen**, **setsumei-dekinai**, **shirasete kudasai** qui construit un discours indirect. Si les mêmes questions avaient vraiment été posées à l'interlocuteur, cela aurait donné : **Dochira ga warui desu ka**, *Lequel des deux a tort ?* **Basho wa doko desu ka**, *Où se trouve le lieu (de l'accident) ?* (Ici, c'est **wa** dans la question directe, mais dans une question indirecte, on ne peut pas avoir la particule **wa**.)
Itsu kochira ni koraremasu ka, *Quand pourras-tu arriver ici ?*

LES VERBES TRANSITIFS ET INTRANSITIFS (SUITE)

Beru o narashita, *actionner (faire sonner) sa sonnette*. Le verbe **narasu**, *faire sonner*, vient de **naru**, *sonner*, que nous avons vu dans le module 21 : **Keitai-denwa ga natte imashita**, *(Ton) téléphone portable sonnait.* **Narasu** est transitif, il se construit avec un complément d'objet direct et la particule **o**, alors que **naru** est intransitif et se construit avec un sujet, donc la particule **ga**.

LES PARTICULES *O*, *TO* ET *GA*

- **La particule *o***

Hodô o aruite ite, *Je marchais sur le trottoir.* Ici, on utilise la particule **o** avec un verbe de mouvement (marcher) pour marquer l'espace parcouru.

- **La particule *to***

Jitensha to butsukatta, *Je suis entré en collision avec une bicyclette.* La particule **to** suppose que la collision était réciproque. Si Roland avait voulu dire qu'il avait bousculé le cycliste, il aurait dit **Jitensha ni butsukatta**, *J'ai percuté un cycliste*.

- **La particule *ga***

O-jîsan no hô ga warui n deshô, *Donc c'est le vieux monsieur qui est en tort, n'est-ce pas ?* La particule **ga** se justifie ici parce qu'on insiste sur le vieux monsieur (c'est le vieux monsieur qui…).

⬢ EXERCICES

1. ÉCOUTEZ, ÉCRIVEZ ET TRADUISEZ.

a. ....
b. ....
c. ....
d. ....
e. ....

2. RÉPONDEZ AUX QUESTIONS AVEC L'EXPRESSION *WAKARIMASEN* « JE NE SAIS (COMPRENDS) PAS… ».

a. たかださんのいえのじゅうしょはどこですか。
Takada-san no ie no jûsho wa doko desu ka.
Quelle est l'adresse du domicile de Mme Takada ?

....

b. たかださんは、あさ、なんじにおきますか。
Takada-san wa asa nan-ji ni okimasuka.
À quelle heure se lève Mme Takada le matin ?

....

VOCABULAIRE

じこ **jiko** *accident*
たいへん（な）**taihen(na)** *terrible, catastrophique*
じこにあって **jiko ni atte** *avoir un accident, subir un accident* (litt. « rencontrer un accident », du verbe **au**)
つうきん **tsûkin** *se rendre au travail*
とちゅう **tochû** *sur le chemin de*
けがをした **kega o shita** *s'est blessé* (du verbe **suru**)
ぶじ **buji** *sain et sauf*
じてんしゃ **jiten-sha** *bicyclette, vélo*
おじいさん **o-jîsan** *vieillard, grand-père*
じゅうしょう **jûshô** *blessure grave*
かもしれません **kamoshiremasen** *peut-être, il est possible que*
もっと **motto** *plus*
わかりやすく **wakariyasuku** *de façon facile à comprendre*
ほどう **hodô** *trottoir*
うしろ **ushiro** *derrière*
ぶつかる **butsukaru** *se heurter, entrer en collision*
わるい **warui** *avoir tort, être en tort*
さあ **sâ** *hum*
ベルをならした **beru o narashita** *avoir actionné la sonnette* (du verbe **narasu**)
うごけません **ugokemasen** *ne pas pouvoir bouger* (du verbe **ugoku**)
ほねがおれた **hone ga oreta** *s'est fait une fracture* (du verbe **oreru**)
ひゃくとおばんをする **hyaku-tô-ban o suru** *faire le 110, appeler la police*
いま **ima** *maintenant*
きゅうきゅうしゃ **kyûkyû-sha** *ambulance*
あとで **ato de** *plus tard*
しらせて **shirasete** *faire savoir* (du verbe **shiraseru**)
つうがく **tsûgaku** *trajet pour se rendre à l'école*

c. たかださんは、くだものとやさいとどちらがすきですか。
   Takada-san wa kudamono to yasai to dochira ga suki desu ka.
   Entre les fruits et les légumes, que préfère Mme Takada ?
   . . . .

d. あかりさんのおとうさんはどんなしごとをしていますか。
   Akari-san no o-tôsan wa donna shigoto o shite imasu ka.
   Quel genre de travail fait le père d'Akari ?
   . . . .

e. たかださんは、きのうのばん、なにをしましたか。
   Takada-san wa, kinô no ban, nani o shimashita ka.
   Qu'a fait Mme Takada hier soir ?
   . . . .

3. RÉPONDEZ AUX QUESTIONS CONCERNANT LE DIALOGUE DE CE MODULE.

a. ロランさんはどうしましたか。
   Roran-san wa dô shimashita ka.
   Qu'est-ce qui est arrivé à Roland ?
   . . . .

b. ロランさんはけがをしましたか。
   Roran-san wa kega o shimashita ka.
   Est-ce qu'il est blessé ?
   . . . .

c. ロランさんとじてんしゃにのっていたおじいさんと、どちらがわるいですか。
   Roran-san to jiten-sha ni notte ita o-jîsan to dochira ga warui desu ka.
   Entre Roland et le vieux monsieur qui était à vélo, lequel des deux est en tort ?
   . . . .

d. ロランさんはかいしゃにれんらくしましたか。
   Roran-san wa kaisha ni renraku-shimashita ka.
   Est-ce que Roland a prévenu sa société ?
   . . . .

e. ロランさんはまだじこにあったばしょにいますか。
   Roran-san wa mada jiko ni atta basho ni imasu ka.
   Est-ce que Roland se trouve toujours sur le lieu de l'accident ?
   . . . .

4. THÈME. TRADUISEZ LES PHRASES SUIVANTES EN JAPONAIS.

a. L'agent du poste de police a expliqué le chemin à Roland de façon facile à comprendre.

   . . . .

b. Tous les matins sur le chemin du travail, j'achète un bon café et je le bois à la gare.

   . . . .

c. (Ce qu'on appelle) une ambulance, c'est une voiture qui transporte à l'hôpital les gens qui se sont blessés.

   . . . .

d. Je ne sais pas à quelle heure je pourrai aller à l'entreprise parce que le train est immobilisé (litt. « ne bouge pas ») à cause d'un accident.

   . . . .

IV

LES

LOISIRS

23.

BASE-BALL

YAKYÛ

OBJECTIFS

- EXPRIMER UNE EXPÉRIENCE VÉCUE OU INTERROGER SUR CETTE EXPÉRIENCE
- EXPRIMER SES POINTS FORTS
- SITUER UN ÉVÉNEMENT DANS LE TEMPS APRÈS UNE DURÉE
- EXPRIMER UNE HYPOTHÈSE
- EXPRIMER DES RÉTICENCES

NOTIONS

- VERBE *-TA KOTO GA ARIMASU*
- N + *NARA*
- DURÉE + *GO*
- VERBE *-TARA*
- *KABUKI NO CHIKETTO NI-MAI*
- LES PARTICULES *TO, NI, WA* ET *GA*

やきゅう
YAKYÛ
BASE-BALL

25

たかだ： ロランさん、やきゅうをやったことがありますか。
Takada : Roran-san, yakyû o yatta koto ga arimasu ka.
Takada : Roland, tu as déjà joué au base-ball ?

ロラン： やったことはありませんが、ネットでしあいをみたことはあります。
Roran : Yatta koto wa arimasen ga, netto de shiai o mita koto wa arimasu.
Roland : Je n'y ai jamais joué, mais j'ai déjà vu des matchs sur le Net.

たかだ： スポーツはとくいですか。
Takada : Supôtsu wa tokui desu ka.
Takada : Tu es bon en sport ?

ロラン： テニスやサッカーなら、とくいです。
Roran : Tenisu ya sakkâ nara, tokui desu.
Roland : En tennis ou en foot, je suis bon.

たかだ： じゃ、だいじょうぶでしょう。じつは、にかげつごに、うちのかいしゃがとりひきさきと、やきゅうのしあいをするんです。
Takada : Ja, daijôbu deshô. Jitsu wa, ni-kagetsu-go ni, uchi no kaisha ga torihiki-saki to, yakyû no shiai o suru n desu.
Takada : Alors, ça devrait aller. En fait, dans deux mois, notre entreprise joue un match de base-ball avec une entreprise cliente.

ロラン： えっ、わたしもそのしあいにでるのですか。
Roran : E, watashi mo sono shiai ni deru no desu ka.
Roland : Hein, et moi aussi je participerai à ce match ?

たかだ： かったら、しょうひんがもらえますよ。
Takada : Kattara, shôhin ga moraemasu yo.
Takada : Si on gagne, on a droit à un prix, tu sais !

ロラン：なにがもらえるのでしょうか。
Roran : Nani ga moraeru no deshô ka.
Roland : Qu'est-ce qu'on reçoit ?

たかだ：かぶきのチケットにまいです。いいでしょう。
Takada : Kabuki no chiketto ni-mai desu. Ii deshô.
Takada : Deux billets de kabuki. C'est bien, non ?

ロラン：かぶきはみたいです。でも、やきゅうはちょっと…。
Roran : Kabuki wa mitai desu. Demo, yakyû wa chotto…
Roland : J'aimerais voir du kabuki. Mais le base-ball…

たかだ：ちゃんとしゅうまつのれんしゅうにさんかすれば、だいじょうぶですよ。しゃちょうがコーチです。
Takada : Chanto shûmatsu no renshû ni sanka-sureba, daijôbu desu yo. Shachô ga kôchi desu.
Takada : Tout ira bien si tu participes comme prévu aux entraînements du week-end. C'est notre président qui est l'entraîneur.

ロラン：しゃちょうがやきゅうをやるのですか。そうぞうできません。
Roran : Shachô ga yakyû o yaru no desu ka. Sôzô-dekimasen.
Roland : Le président joue au base-ball ? J'ai du mal à l'imaginer.

たかだ：しらないのですか。しゃちょうは、こうこうじだいに、やきゅうぶのキャプテンで、こうしえんにいったこともあるんですよ。
Takada : Shiranai no desu ka. Shachô wa, kôkô-jidai ni, yakyû-bu no kyaputen de, Kôshien ni itta koto mo aru n desu yo.
Takada : Tu ne sais pas ? Notre président était capitaine de l'équipe de base-ball quand il était au lycée et il a même joué dans le tournoi national des lycées (litt. « il est même allé au Kôshien »).

■ COMPRENDRE LE DIALOGUE
FORMULES ET EXPRESSIONS

→ **Yakyû o yaru**, *jouer au base-ball*. **Yaru**, que nous avons déjà rencontré dans le module 18 (**kangei-kai o yaru**) et dans le module 19 (**shigoto ga yariyasuku narimasu**) correspond à « faire » donc litt. « faire du base-ball ».

→ **Tokui** est un adjectif en **-na** et signifie *fort*, *bon en quelque chose*. Ce terme est un peu différent de **jôzu** que nous avons déjà vu dans le module 6 (**chichi wa ryôri ga jôzu desu**). **Tokui** donne l'idée qu'on est *à l'aise* dans un domaine. On peut l'utiliser pour soi-même, ce qui n'est pas le cas de **jôzu**. **Jôzu** comporte une évaluation, mais pas **tokui**.

→ **Shôhin ga moraemasu**, litt. « on peut recevoir un prix », *On a droit à un prix*. La formulation japonaise utilise le potentiel (d'où la particule **ga**), mais il est plus naturel en français de parler de « droit » à recevoir un prix.

→ **Nani ga moraeru no deshô ka**, *Qu'est-ce qu'on reçoit ?* La question en japonais est adoucie par l'utilisation de **no deshô ka** à la place de **nani ga moraemasu ka**.

→ **Yakyû wa chotto…**, *le base-ball…* L'utilisation de **chotto**, *un peu*, ici vise à apporter un contre-point par rapport au kabuki, sans dire les choses clairement. **Chotto** est très utilisé pour ne pas refuser directement quelque chose, quand on a des réticences.

→ **Chanto**, *bien*, *comme prévu*. Il s'agit de se conformer à une attente ou une norme.

→ **Yakyû-bu**, *club de base-ball*. Nous avons traduit par *équipe* dans le dialogue parce que l'on ne peut pas dire « capitaine de club », mais **-bu** représente bien *le club*.

NOTE CULTURELLE

Le base-ball est considéré comme le sport national au Japon. Importé des États-Unis à la fin du xixe siècle, il est devenu le sport d'équipe le plus pratiqué. Tous les ans, les équipes de lycéens s'affrontent, et les meilleures équipes participent à un tournoi pendant l'été qui a lieu dans un stade mythique, le **Kôshien**. Il est pratiqué dans toutes les écoles, qui ont chacune leur *club* (**-bu**) de base-ball. Le base-ball professionnel est le sport le plus regardé à la télévision. Le principe du jeu est que deux équipes de neuf joueurs s'affrontent, jouant alternativement en attaque et en défense. Les entreprises ont souvent une équipe de base-ball et pratiquent ce sport en organisant des compétitions avec leurs concurrents ou leurs clients.

Uchi no kaisha, *notre entreprise*. **Uchi** signifie « intérieur » et peut être un synonyme de *maison* au sens des membres qui la composent (module 6). On l'utilise pour distinguer deux cercles qui entourent les individus. **Uchi** désigne le cercle familial, intime, et s'oppose à **soto**, *l'extérieur*. On utilise très souvent **uchi** pour désigner ce qui est à soi, ce qui fait partie de son monde personnel. Ici, en utilisant **uchi no kaisha**, *notre entreprise*, Mme Takada montre bien qu'elle et Roland appartiennent à un même cercle, qu'ils travaillent ensemble.

Le **kabuki** est une forme de théâtre japonais, qui est apparue au XVIIe siècle. La danse et la musique font partie du spectacle. Tous les rôles sont tenus par des hommes. Une pièce de kabuki dure plusieurs heures.

Kôkô-jidai, *époque du lycée*. Le lycée dure trois ans au Japon. Le système d'enseignement primaire et secondaire est connu sous l'appellation 6-3-3 : l'école primaire dure six ans, le collège trois et le lycée trois aussi.

◆ GRAMMAIRE
VERBE -TA KOTO GA ARIMASU

Yakyû o yatta koto ga arimasu ka, *Tu as déjà joué au base-ball ?* La forme en **-ta** suivie de **koto**, *le fait de*, puis associée au verbe **aru** par le biais de la particule de sujet **ga** permet d'exprimer l'idée d'avoir déjà vécu une expérience.

Yatta koto wa arimasen ga, netto de shiai o mita koto wa arimasu, *Je n'y ai jamais joué, mais j'ai déjà vu des matchs sur le Net.* Dans cette phrase, la particule **wa** est utilisée à la place de la particule de sujet. En effet, il y a une négation, puis le locuteur précise qu'il a déjà vu du base-ball sur le Net. La présence de **wa** permet de souligner le contraste entre le fait qu'il n'y a jamais joué et le fait qu'il en a vu à l'écran.

Kôshien ni itta koto mo aru n desu, *Il a même joué dans le tournoi national des lycées.* En utilisant la particule **mo** au lieu de **wa** ou **ga**, on donne une nuance supplémentaire : *même*, ou *aussi*.

N + NARA

Tenisu ya sakkâ nara, tokui desu, *En tennis ou en foot, je suis bon.* **Nara** est précédé d'un nom. C'est la forme de l'hypothèse, donc la traduction littérale pourrait être « s'il s'agit de tennis ou de foot, je suis bon ».

DURÉE + GO

Ni-kagetsu-go, *dans deux mois*. Une durée suivie de **go**, *après*, signifie qu'on se projette après un événement. Si tout se situait dans le passé, on traduirait par « deux mois après ».

VERBE -TARA

Kattara, shôhin ga moraemasu yo, *Si on gagne, on a droit à un prix, tu sais !* La forme en **-tara** exprime l'hypothèse : *si*. Elle se construit comme la forme en **-ta** ou la forme en **-te**.

KABUKI NO CHIKETTO NI-MAI

-mai est un suffixe que l'on place derrière un nombre pour compter des objets à la forme plate (papier, assiette, tranche, DVD) comme nous l'avons déjà vu au module 16 :
  Môfu ga mô ichi-mai hoshii n desu, *Je voudrais une autre couverture.*

LES PARTICULES *TO, NI, WA* ET *GA*

• **La particule *to***

Torihiki-saki to yakyû no shiai o suru, *jouer un match avec une entreprise cliente.* Cette particule **to** est la même que nous avons utilisée dans le module 22, **jitensha to butsukatta**, *être entré en collision avec une bicyclette.*

• **La particule *ni***

Shiai ni deru, *participer à un match*. On utilisera également cette formulation, **-ni deru**, pour dire que l'on assiste à une réunion ou que l'on passe à la télévision. On utilise la particule **ni** de la même façon dans **renshû ni sanka suru**, *participer à l'entraînement.*

• **La particule *wa***

Kabuki wa mitai desu. Demo yakyû wa chotto..., *J'aimerais voir du kabuki. Mais le base-ball...* La particule **wa** met bien en valeur le contraste entre le kabuki, qui attire Roland et le base-ball, qui n'a pas l'air de lui faire très envie.

• **La particule *ga***

Shachô ga kôchi desu, *C'est notre président qui est l'entraîneur*. La particule **ga** se justifie par le besoin d'insister (*c'est… qui…*).

● EXERCICES

1. ÉCOUTEZ, ÉCRIVEZ ET TRADUISEZ.

a. ....
b. ....
c. ....
d. ....

VOCABULAIRE

やきゅう **yakyû** *base-ball*
やったことがあります **yatta koto ga arimasu** *avoir l'expérience de faire…, avoir déjà fait…*
しあい **shiai** *match*
スポーツ **supôtsu** *sport*
とくい **tokui** *être fort à, être bon en*
テニス **tenisu** *tennis*
サッカー **sakkâ** *football*
にかげつご **ni-kagetsu-go** *dans deux mois*
うちの **uchi no** *notre*
（に）でる **(ni) deru** *participer à*
かったら **kattara** *si l'on gagne* (du verbe **katsu**)
しょうひん **shôhin** *prix* (récompense)
もらえます **moraemasu** *pouvoir recevoir* (du verbe **morau**)
かぶき **kabuki** *kabuki*
チケットにまい **chiketto ni-mai** *deux billets*

ちゃんと **chanto** *comme prévu, bien, correctement*
しゅうまつ **shûmatsu** *week-end*
れんしゅう **renshû** *entraînement*
さんかすれば **sanka-sureba** *si tu participes à* (du verbe **sanka-suru**)
しゃちょう **shachô** *président* (société)
コーチ **kôchi** *entraîneur*
そうぞうできません **sôzô-dekimasen** *je ne peux pas imaginer, j'ai du mal à imaginer* (du verbe **sôzô-suru**)
しらない **shiranai** *ne pas savoir, ne pas connaître* (du verbe **shiru**)
こうこう **kôkô** *lycée*
じだい **jidai** *époque*
ーぶ **bu** *club, cercle*
キャプテン **kyaputen** *capitaine*

2. TRANSFORMEZ LES PHRASES SUIVANTES POUR RELATER UNE EXPÉRIENCE AVEC LA FORME EN *-TA + KOTO GA ARIMASU.*

a. このみせのアイスクリームをたべました。
   Kono mise no aisukurîmu o tabemashita. J'ai mangé des glaces de cette boutique.
   . . . .

b. にほんりょうりをつくりました。
   Nihon ryôri o tsukurimashita. J'ai fait de la cuisine japonaise.
   . . . .

c. かぶきをみにいきました。
   Kabuki o mi ni ikimashita. Je suis allée voir du kabuki.
   . . . .

d. そのまちをかんこうしました。
Sono machi o kankô-shimashita. J'ai visité cette ville.

....

e. うちのかいしゃにきましたか。
Uchi no kaisha ni kimashita ka. Êtes-vous venu dans notre entreprise ?

....

3. COMPLÉTEZ LES PHRASES AVEC LES PARTICULES ADÉQUATES.

a. ロランさん (........) にかげつご (........) やきゅう (........) しあい (........) でます。
Roran-san (........) ni-kagetsu-go (........) yakyû (........) shiai (........) demasu.
Roland participera à un match de base-ball dans deux mois.

b. ロランさん (........) かいしゃ (........) しゃちょう (........) こうこうじだい (........) やきゅう (........) やったこと (........) あります。
Roran-san (........) kaisha (........) shachô (........) kôkô-jidai (........) yakyû (........) yatta koto (........) arimasu.
Le président de la société de Roland a déjà fait du base-ball à l'époque du lycée.

c. かったら、かぶき (........) チケット (........) にまいもらえます。
Kattara, kabuki (........) chiketto (........) ni-mai moraemasu.
Si l'on gagne, on a droit à deux billets de kabuki.

d. ロランさん (........) ほどう (........) あるいていて、うしろ (........) きたじてんしゃ (........) ぶつかりました。
Roran-san (........) hodô (........) aruite ite, ushiro (........) kita jitensha (........) butsukarimashita.
Roland marchait sur un trottoir, et il est entré en collision avec une bicyclette qui venait de derrière.

4. THÈME. TRADUISEZ LES PHRASES SUIVANTES EN JAPONAIS.

a. Je suis à l'aise en anglais, mais je ne comprends pas tellement l'allemand.

....

b. Pouvez-vous venir tôt à l'entreprise demain matin ? – Demain…

....

c. Roland a commencé l'étude du japonais avec un ami à l'époque du lycée.

....

d. Roland s'est retrouvé à participer à un match de base-ball.

....

24.

APRÈS LE KABUKI

KABUKI NO ATO DE

OBJECTIFS

- REMERCIER POLIMENT POUR UNE INVITATION
- EXPRIMER UN SENTIMENT DE CONTENTEMENT
- LOCALISER DANS LE TEMPS
- EXPRIMER UNE IMPRESSION DEVANT UNE APPARENCE

NOTIONS

- N + *NO ATO DE*, N + *NO MAE NI*
- VERBE *-TE* + *KUDASATTE ARIGATÔ GOZAIMASHITA*
- VERBE AU POTENTIEL EN *-TE* + ADJ. EXPRIMANT UN SENTIMENT
- VERBE EN *-TE* (SUITE)
- VERBE À LA FORME DU DICTIONNAIRE + *KOTO GA ARU*
- *TOKI*
- LES MOIS ET LES JOURS
- LES ADJECTIFS EN *-I* + SUFFIXE SÔ : APPARENCE
- LES PARTICULES *NI* ET *MO*

かぶきのあとで
KABUKI NO ATO DE
APRÈS LE KABUKI

あかり：かぶきにさそってくださって、ありがとうございました。
Akari : Kabuki ni sasotte kudasatte, arigatô gozaimashita.
Akari : Merci beaucoup de m'avoir invitée au kabuki.

ロラン：わたしも、ひさしぶりにあかりさんにあえて、うれしかったです。
Roran : Watashi mo, hisashiburi ni Akari-san ni aete, ureshikatta desu.
Roland : Moi aussi, j'étais content de te voir, cela faisait longtemps.

あかり：でも、このチケットは、とてもたかかったでしょう。
Akari : Demo, kono chiketto wa, totemo takakatta deshô.
Akari : Mais ce billet a dû coûter très cher, n'est-ce pas ?

ロラン：じつは、やきゅうのしあいにかって、もらったんです。
Roran : Jitsu wa, yakyû no shiai ni katte, moratta n desu.
Roland : En fait, j'ai gagné un match de base-ball et on me l'a donné (je l'ai reçu).

あかり：ロランさんがやきゅうをやることは、しりませんでした。
Akari : Roran-san ga yakyû o yaru koto wa, shirimasen deshita.
Akari : Je ne savais pas que tu jouais au base-ball.

ロラン：はじめてやったんです。しあいのまえに、にかげつもれんしゅうしなければならなかったので、たいへんでした。
Roran : Hajimete yatta n desu. Shiai no mae ni, ni-kagetsu mo renshû-shinakereba naranakatta node, taihen deshita.
Roland : C'était la première fois que j'y jouais. J'ai dû m'entraîner pendant deux mois avant le match, c'était dur.

あかり：そのおかげで、はじめて、かぶきざでかぶきがみられました。ほんとうに、すばらしいぶたいでした。
Akari : Sono o-kage de, hajimete, kabuki-za de kabuki ga miraremashita. Hontô ni, subarashii butai deshita.
Akari : Grâce à cela j'ai pu voir du kabuki au kabuki-za pour la première fois. C'était vraiment un spectacle magnifique.

ロラン： いしょうがきれいでしたね。あかりさんも、きものをきることがありますか。
Roran : Ishô ga kirei deshita ne. Akari-san mo, kimono o kiru koto ga arimasu ka.
Roland : Les costumes étaient superbes n'est-ce pas ? Il t'arrive aussi de porter le kimono ?

あかり： とくべつなときだけです。にねんまえのせいじんしきのときに、きました。さんがつはつかのそつぎょうしきにも、きていきます。
Akari : Tokubetsuna toki dake desu. Ni-nen-mae no seijin-shiki no toki ni, kimashita. San-gatsu hatsuka no sotsugyô-shiki ni mo, kite ikimasu.
Akari : Pour des occasions particulières uniquement. J'en ai porté un il y a deux ans pour la cérémonie de passage à l'âge adulte. J'en mettrai un aussi le 20 mars pour aller à la remise de diplômes.

ロラン： きものは、きかたがむずかしそうですね。
Roran : Kimono wa, ki-kata ga muzukashisô desu ne.
Roland : Le kimono, cela a l'air difficile à mettre, non ?

あかり： わたしは、ひとりできられないので、そぼにてつだってもらいます。びよういんで、きせてもらうこともできます。
Akari : Watashi wa, hitori de kirarenai node, sobo ni tetsudatte moraimasu. Biyô-in de, kisete morau koto mo dekimasu.
Akari : Comme je ne peux pas le mettre toute seule, je demande l'aide de ma grand-mère. On peut aussi se faire habiller chez une coiffeuse.

COMPRENDRE LE DIALOGUE
FORMULES ET EXPRESSIONS

→ **Kabuki no ato de**. Penchons-nous sur la forme **N + no ato de**, *après + N*. Ici, la scène se passe <u>après</u> le spectacle de kabuki. Cette expression est à rapprocher de **ato de**, *plus tard*, que nous avons vue dans le module 22. Notez son opposé, la forme **N no mae ni** ; **shiai no mae ni** qui signifie *avant le match*. <u>Attention</u> ! On utilise une particule différente en fonction du cas : **ato <u>de</u>** mais **mae <u>ni</u>**.

→ **Hisashiburi ni**, *pour la première fois depuis longtemps*. Cette expression s'emploie très couramment pour montrer que l'on fait quelque chose que l'on n'a pas fait pendant quelque temps. Dans notre dialogue, l'expression est utilisée avec la particule **ni** parce qu'elle fonctionne comme un adverbe par rapport au verbe **au**, *rencontrer* : **hisashiburi ni aete**.

→ **Sono o-kage de**, *grâce à cela*. **Sono** reprend ce qui vient d'être évoqué. À rapprocher de **o-kage-sama de** du module 19.

→ **Kiru** et **kiseru** : **kiru** signifie *mettre un vêtement* (soi-même), **kiseru** est un dérivé qui signifie *habiller quelqu'un d'autre*. **Kisete morau** signifie donc que l'on demande l'aide de quelqu'un pour que cette personne nous habille.

→ **Ni-nen-mae**, *il y a deux ans*. Une durée est suivie de **mae**, qui signifie *avant*, ce qui nous renvoie à un temps passé (voir le module 17, **ni-juppun mae kara**, *depuis 20 minutes*). À rapprocher de **ni-kagetsu-go**, *dans deux mois*, vu au module 23. Le mot **nen** signifie à la fois la durée et le temps précis dans une date (voir le module 10).

→ (**Kimono o**) **kite ikimasu…**, *J'en porterai un pour aller…* La construction japonaise reflète la chronologie : on revêt un kimono, puis on se déplace, d'où la traduction en français *porter… pour aller…*

NOTE CULTURELLE

Le **kabuki-za** est la salle de théâtre historique du kabuki. À Tôkyô, il est situé à Higashi-ginza. Kyōto a aussi son **kabuki-za**.

Butai, *scène*, *spectacle*. Ce mot désigne tout d'abord la scène au sens physique du terme. Par extension, on s'en sert pour désigner le spectacle produit sur cette scène.

Ishô, *costumes*. Le kabuki est aussi célèbre pour la magnificence des costumes, qui participent du spectacle. Les maquillages des acteurs sont également célèbres.

Kimono, *kimono*. Vêtement traditionnel, dont le nom signifie juste « une chose que l'on porte » (du verbe **kiru**, *porter*, **mono**, *la chose*). Il s'oppose aux vêtements occidentaux. Les kimonos peuvent coûter très cher et ne sont plus portés qu'en des occasions particulières. Les vêtements occidentaux sont considérés comme plus fonctionnels.

Seijin-shiki, *cérémonie de passage à l'âge adulte.* Elle est organisée chaque année le 15 janvier par les mairies pour les jeunes atteignant l'âge de la majorité cette année-là.

Sotsugyô-shiki, *cérémonie de remise des diplômes.* À la fin des cycles d'études, une cérémonie est organisée au mois de mars.

◆ GRAMMAIRE
VERBE -TE + KUDASATTE ARIGATÔ GOZAIMASHITA

Kabuki ni sasotte kudasatte arigatô gozaimashita. *Merci beaucoup de m'avoir invitée au kabuki.* La formule de remerciement est à l'accompli puisqu'elle porte sur un spectacle terminé. Rappelons que **sasotte kudasaru** est la même combinaison que **sasotte kudasai**, mais ce dernier est un impératif poli. Le verbe **kudasaru**, *donner (à moi)*, a le même sens que **kureru**, *donner (à moi)*, que nous avons vu au module 14, mais il est plus poli. On l'emploie quand on veut marquer plus de déférence ou quand on veut exprimer plus de gratitude, ce qui est le cas d'Akari.

VERBE POTENTIEL EN -TE + ADJECTIF EXPRIMANT UN SENTIMENT

Aete ureshikatta desu, *J'étais content de te voir.* En japonais, le potentiel (pouvoir rencontrer) fonctionne comme une cause de ce sentiment, c'est d'avoir pu rencontrer Akari qui réjouit Roland.

Hajimete kabuki ga mirarete ureshikatta, *J'étais contente de pouvoir voir du kabuki pour la première fois.* **Ureshikatta** est la forme du passé des adjectifs parce que le sentiment a été ressenti au moment de voir le kabuki et on en parle *a posteriori*. Rappelons que la forme en **-te** est atemporelle.

VERBE EN -TE (SUITE)

Shiai ni katte, moratta, *J'ai gagné un match et on me l'a donné.* Attention à la forme **katte** qui vient ici du verbe **katsu** qui signifie *gagner* et non du verbe **kau**, *acheter*, qui a la même forme en **-te**.

VERBE À LA FORME DU DICTIONNAIRE + KOTO GA ARU

Kimono o kiru koto ga arimasu ka, *Il t'arrive de porter le kimono ?* Cette construction est très proche de verbe **-ta** + **koto ga aru** qui exprime l'expérience vécue (module 23), mais cette fois-ci, le verbe n'est pas au passé. On envisage donc l'éventualité de faire quelque chose en général.

TOKI

Toki est un nom signifiant *le temps, le moment*. On va donc l'utiliser très souvent pour introduire des circonstances de temps : **tokubetsuna toki**, *occasions particulières* ; **seijin-shiki no toki**, *moment de la cérémonie de passage à l'âge adulte*.

LES MOIS ET LES JOURS

(cf. annexe p. 285-286)

san-gatsu hatsuka, *le 20 mars*. Les mois n'ont pas de nom, on se sert des chiffres/nombres sino-japonais de 1 (janvier) à 12 (décembre), suivis de **-gatsu** *mois* : **ichi-gatsu**, **ni-gatsu**, **san-gatsu**, **shi-gatsu** (et non **yon-gatsu**), **go-gatsu**, **roku-gatsu**, **shichi-gatsu** (et non **nana-gatsu**), **hachi-gatsu**, **ku-gatsu** (et non **kyû-gatsu**), **jû-gatsu**, **jû-ichi-gatsu** et **jû-ni-gatsu**.

Les jours sont plus compliqués. Jusqu'au 10 du mois, on utilise les chiffres/nombres japonais et à partir de 11, on utilise la série sino-japonaise, mais avec quelques irrégularités : **tsuitachi**, **futsuka**, **mikka**, **yokka**, **itsuka**, **muika**, **nanoka**, **yôka**, **kokonoka**, **tôka**, **jû-ichi-nichi**, **jû-ni-nichi**, etc. Notez quelques irrégularités : 14 = **jû-yokka**, 20 = **hatsuka**, 24 = **ni-jû-yokka**.

Les éléments d'une date vont du plus général (l'année) au plus particulier (le jour). Il est donc l'inverse du système francophone.

LES ADJECTIFS EN *-I* + SUFFIXE *SÔ* : APPARENCE

Muzukashisô desu ne, *Cela a l'air difficile.* On tire une conclusion de ce que l'on voit. Cette expression se construit en ôtant le **-i** de terminaison des adjectifs et en le remplaçant par le suffixe **sô**. Attention, il existe un autre **sô** qui vient derrière la forme neutre des adjectifs (en gardant le **-i**), ne les confondez pas. Le meilleur exemple de ce **sô** d'apparence est celui que l'on utilise avec l'adjectif **oishii** : **oishisô**, qui veut dire *appétissant*.

Attention : Dans ce cas de figure, l'adjectif **ii/yoi** devient **yosasô**, *ça a l'air bien*. Par ailleurs, à la négation on a : **Muzukashiku nasasô**, *Cela n'a pas l'air difficile* (on part de la forme négative **muzukashiku nai**).

LES PARTICULES *NI* ET *MO*

• **La particule *ni***

Kabuki ni sasotte, *inviter au kabuki*. Le verbe **sasou** se construit avec la particule **ni** pour marquer le lieu ou l'occasion d'une invitation (**eiga ni sasou**, *inviter au cinéma*).

Shiai ni katsu, *gagner un match*. Attention : **katsu**, *gagner*, n'est pas transitif, il se construit avec la particule **ni**.

• **La particule *mo***

Ni-kagetsu mo, *deux mois*. La particule **mo** ici se justifie parce qu'elle suit une quantité (ici de temps) et elle souligne l'importance de cette quantité. Roland a trouvé les deux mois d'entraînement bien longs !

● VOCABULAIRE

Nのあとで **N no ato de** *après N*
さそって **sasotte** *inviter* (du verbe **sasou**)
V-てくださって **V-te kudasatte** auxiliaire, action au bénéfice du locuteur, registre poli (du verbe **kudasaru**)
ひさしぶりに **hisashiburi ni** *pour la première fois depuis longtemps*
はじめて **hajimete** *pour la première fois*
まえに **mae ni** *avant*
そのおかげで **sono o-kage de** *grâce à cela*
かぶきざ **kabuki-za** *salle de théâtre de kabuki*
ぶたい **butai** *scène, spectacle*
いしょう **ishô** *costumes*
きる **kiru** *mettre, porter* (un vêtement)
V + ことがありますか **V + koto ga arimasu ka** *t'arrive-t-il de... ?* (éventualité)
とくべつ（な） **tokubetsu(na)** *particulier, spécial*
とき **toki** *temps, moment*
にねんまえ **ni-nen-mae** *il y a deux ans, deux ans auparavant*
せいじんしき **seijin-shiki** *cérémonie pour le passage à l'âge adulte*
さんがつはつか **san-gatsu hatsuka** *le 20 mars*
そつぎょうしき **sotsugyô-shiki** *cérémonie de remise de diplôme*
きかた **ki-kata** *façon d'enfiler, de mettre* (un vêtement)
むずかしそうです **muzukashisô desu** *cela a l'air difficile*
そぼ **sobo** *ma grand-mère*
てつだって **tetsudatte** *aider* (du verbe **tetsudau**)
びよういん **biyô-in** *salon de coiffure*
きせて **kisete** *habiller qqn* (du verbe **kiseru**)

◆ EXERCICES

1. ÉCOUTEZ, ÉCRIVEZ ET TRADUISEZ.

a. ....
b. ....
c. ....
d. ....

2. TRANSFORMEZ LES PHRASES SUIVANTES EN EXPRESSIONS D'APPARENCE AVEC *SÔ DESU*.

a. このりょうりはおいしいです。
   Kono ryôri wa oishii desu. Ce plat est délicieux.
   ....

b. このみせはたかいです。
   Kono mise wa takai desu. Ce magasin est cher.
   ....

c. このほんはいいです。
   Kono hon wa ii desu. Ce livre est bien.
   ....

d. そんなにやすくないです。
   Sonna ni yasuku nai desu. Ce n'est pas si bon marché.
   ....

3. CHOISISSEZ ENTRE *MAE* ET *ATO* POUR COMPLÉTER LES PHRASES.

a. ロランさんとあかりさんは、かぶきの (................) で、すこしはなしました。
   Roran-san to Akari-san wa, kabuki no (................) de, sukoshi hanashimashita.

b. ロランさんは、しあいの (................) に、にかげつやきゅうのれんしゅうをしました。 Roran-san wa, shiai no (................) ni, ni-kagetsu yakyû no renshû o shimashita.

c. ロランさんは、おつかいの (................) に、たかださんからちずをもらいました。 Roran-san wa, o-tsukai no (................) ni, Takada-san kara chizu o moraimashita.

d. ロランさんは、やきゅうのしあいの (................) で、かぶきのチケットをもらいました。 Roran-san wa, yakyû no shiai no (................) de, kabuki no chiketto o moraimashita.

4. THÈME. TRADUISEZ LES PHRASES SUIVANTES EN JAPONAIS.

a. Comme je ne peux pas écrire tout seul un mémoire en anglais, je me suis fait aider par un ami.
   ....

b. C'était amusant de me promener avec vous pour la première fois depuis longtemps.
   ....

c. Roland ne savait pas qu'Akari ne peut enfiler seule son kimono.
   ....

d. Merci d'avoir fait le 110 lors de l'accident. Grâce à cela, j'ai été sauvé.
   ....

25. EXPÉRIENCE DE CALLIGRAPHIE

SHODÔ NO TAIKEN

OBJECTIFS

- RACONTER UNE EXPÉRIENCE PERSONNELLE
- SITUER UNE EXPÉRIENCE PERSONNELLE DANS LE TEMPS
- PRÉCISER LA DURÉE D'UN ÉVÉNEMENT
- FORMULER UNE HYPOTHÈSE

NOTIONS

- *TSUITE IMASU*
- VERBE + *KOTO NI SHITA* (RAPPEL)
- *OMOSHIROSÔ DATTA* : APPARENCE AU PASSÉ
- *IKKAI* : EXPRESSION DE LA FRÉQUENCE
- *ITTE MIMASHITA* (RAPPEL)
- VERBE + *KOTO GA ARIMASU / ARIMASHITA*
- *SEIZA NI NAREREBA* : HYPOTHÈSE
- *NI-JIKAN* : EXPRESSION DE DURÉE
- LES PARTICULES *NI* ET *TO*

しょどうのたいけん
SHODÔ NO TAIKEN
EXPÉRIENCE DE CALLIGRAPHIE

たかだ： ロランさん、てに、なにかくろいものがついていますよ。
Takada : Roran-san, te ni, nanika kuroi mono ga tsuite imasu yo.
Takada : Roland, tu as quelque chose de noir à la main, dis donc.

ロラン： ああ、これはすみです。きのう、すみをすったんです。
Roran : Â, kore wa sumi desu. Kinô, sumi o sutta n desu.
Roland : Ah, c'est de l'encre. Hier, j'ai frotté de l'encre.

たかだ： へえ、しょどうをやったんですか。どこでですか。
Takada : Hê, shodô o yatta n desu ka. Doko de desu ka.
Takada : Hein, tu as fait de la calligraphie ? Où ça ?

ロラン： わたしのアパートのそばに、しょどうきょうしつがあるんです。
Roran : Watashi no apâto no soba ni, shodô kyôshitsu ga aru n desu.
Roland : À côté de mon appartement, il y a un cours de calligraphie.

たかだ： そのきょうしつに、かようことにしたんですか。
Takada : Sono kyôshitsu ni, kayou koto ni shita n desu ka.
Takada : Tu as décidé de te rendre à ce cours régulièrement ?

ロラン： いいえ、「たいけんにゅうがくはむりょう」とかいてあって、おもしろそうだったので、いっかいだけいってみました。
Roran : Iie, « Taiken nyûgaku wa muryô » to kaite atte, omoshirosô datta node, ikkai dake itte mimashita.
Roland : Non, il était écrit « Cours d'essai gratuit », et comme cela avait l'air intéressant, je suis juste allé voir une fois.

たかだ： ロランさんはゆうきがありますね。それで、どうでしたか。
Takada : Roran-san wa yûki ga arimasu ne. Sore de, dô deshita ka.
Takada : Tu es audacieux, dis donc. Et c'était comment ?

ロラン：たのしいたいけんでした。わたしは、ふでペンをつかったことは、ありましたが、ほんとうのふででかいたことは、ありませんでした。
Roran : Tanoshii taiken deshita. Watashi wa, fude-pen o tsukatta koto wa, arimashita ga, hontô no fude de kaita koto wa, arimasen deshita.
Roland : Ce fut une expérience amusante. J'avais déjà utilisé un stylo-pinceau, mais je n'avais jamais écrit avec un vrai pinceau.

たかだ：わたしも、しょどうきょうしつにかよったことがあります。
Takada : Watashi mo, shodô kyôshitsu ni kayotta koto ga arimasu.
Takada : Moi aussi j'ai déjà suivi des cours de calligraphie.

ロラン：こどものときですか。どのぐらいかよったのですか。
Roran : Kodomo no toki desu ka. Donogurai kayotta no desu ka.
Roland : Quand vous étiez enfant ? Pendant combien de temps environ ?

たかだ：しょうがくせいのとき、さんねんはんぐらいかよいました。
Takada : Shô-gakusei no toki, san-nen han gurai kayoimashita.
Takada : Pendant trois ans et demi environ, quand j'étais en primaire.

ロラン：せいざはたいへんですね。きのう、たたみのうえにながくすわっていて、あしがいたくなりました。
Roran : Seiza wa taihen desu ne. Kinô, tatami no ue ni nagaku suwatte ite, ashi ga itaku narimashita.
Roland : La position assise à genoux, c'est terrible n'est-ce pas ? Hier, je suis resté longtemps assis sur le tatami, et j'ai eu mal aux jambes.

たかだ：せいざになれれば、にじかんぐらい、すわっていられますよ。
Takada : Seiza ni narereba, ni-jikan gurai, suwatte iraremasu yo.
Takada : Si tu t'habitues à la position assise à genoux, tu pourras rester environ deux heures, tu sais !

■ COMPRENDRE LE DIALOGUE
FORMULES ET EXPRESSIONS

- → **Yûki ga arimasu ne**, *Tu es audacieux, dis donc.* **Yûki** signifie *courage*. Il nous semble difficile de dire en français *Tu as du courage !* à quelqu'un qui a simplement osé se rendre à un cours d'essai. L'expression est toutefois souvent utilisée en japonais.
- → **Shodô kyôshitsu ni kayotta**, *J'ai suivi des cours de calligraphie.* Le verbe **kayou** signifie *se rendre régulièrement quelque part*. On l'utilise notamment pour dire que l'on suit des cours. Le lieu où l'on se rend est marqué par la particule **ni**.
- → **Ashi ga itaku narimashita** (litt. « mes jambes sont devenues douloureuses »), *J'ai eu mal aux jambes.* **Itai**, *avoir mal, être douloureux*, est un adjectif en **-i**. Ici, il est construit avec le verbe **naru**, *devenir* ; le **-i** de terminaison disparaît et est remplacé par la terminaison en **-ku** (voir module 19).

NOTE CULTURELLE

Shodô, *calligraphie*, litt. « voie de l'écriture ». Cet art fait partie des domaines artistiques traditionnels. Autrefois, toute bonne éducation supposait un apprentissage sérieux du tracé des caractères et des différents styles. Transmis de la Chine à l'époque Heian (794-1185), cet art se divise en plusieurs écoles. De nos jours, l'apprentissage se fait encore à l'école, mais moins intensivement. De nombreux cours se sont ouverts en ville sous le nom de **shodô kyôshitsu** (litt. « classe de calligraphie »), et la calligraphie constitue maintenant un passe-temps pour beaucoup de personnes.

Sumi, *encre de Chine*. L'encre utilisée pour la calligraphie se présente sous la forme de bâtonnets que l'on *frotte* (**suru**, **surimasu** en japonais) sur une pierre avec un peu d'eau pour obtenir de l'encre liquide.

Fude-pen, *stylo-pinceau*. Invention relativement récente, ce stylo à la pointe longue et souple permet d'imiter l'effet du pinceau sans avoir à se préoccuper de préparer l'encre. **Fude** désigne le *pinceau* et **pen** est le mot anglais pour *stylo*. Les Japonais les utilisent beaucoup de nos jours au moment de rédiger leurs cartes de vœux pour la nouvelle année.

Shô-gakusei, *écolier, élève de primaire*. L'école primaire est **shô-gakkô**, qui signifie « la petite école » et elle dure six ans.

Seiza, *position assise à genoux*, littéralement, cette expression signifie « position assise correcte ». Les genoux serrés, appuyé sur ses talons, on se tient droit. Pour les personnes qui n'y sont pas habituées, c'est une posture redoutable, mais elle est exigée dans les occasions un peu solennelles ou les cérémonies (thé, mais aussi mariages, enterrements). Dans une pièce à tatamis, c'est également la position ordinaire pour les femmes, alors que les hommes seront assis en tailleur.

Tatami, *tatami*. Natte de paille d'une taille fixe (182 cm x 91 cm). De nos jours, la plupart des intérieurs ne sont plus entièrement équipés de tatamis. Dans les appartements notamment, on garde une seule pièce à la japonaise, qui est la pièce pour les invités. Le tatami reste cependant une unité de mesure de la taille des pièces et est encore couramment utilisé dans les conversations pour évoquer la taille d'un logement.

◆ GRAMMAIRE
TSUITE IMASU

Tsuite imasu vient du verbe **tsuku** (intransitif) qui signifie « être en contact », d'où l'idée de quelque chose qui s'est fixé et qui reste là. La forme **tsuite imasu** exprime le résultatif, c'est-à-dire l'état qui résulte du contact de quelque chose, ici, l'encre au contact de la peau. De la même manière **suwatte ite**, *être assis*, décrit non pas une personne en train de s'asseoir, mais une personne assise. C'est un état.

VERBE + *KOTO NI SHITA* (RAPPEL)

Kayou koto ni shita n desu ka, *Est-ce que tu as décidé de t'y rendre régulièrement ?* Dans le module 17, nous avions vu **Sore o riyô suru koto ni shimasu**, *Je vais utiliser ce service.* Cette construction exprime une décision prise. Dans notre nouveau dialogue, la prise de décision est vue au passé.

OMOSHIROSÔ DATTA : APPARENCE AU PASSÉ

Cela avait l'air intéressant. Un adjectif suivi du suffixe **sô** d'apparence se conjugue comme un adjectif en **-na**, d'où la forme passée neutre : **Omoshirosô datta**, *Cela avait l'air intéressant.*

IKKAI : EXPRESSION DE LA FRÉQUENCE

Ikkai, *une fois*, permet d'exprimer la fréquence. Le suffixe **kai** suit les nombres de la série sino-japonaise, ainsi de 1 à 10 : **ikkai, ni-kai, san-kai, yon-kai, go-kai, rokkai, nana-kai, hachi-kai, kyû-kai, jukkai**.

Nan-kai, *Combien de fois ?*

ITTE MIMASHITA (RAPPEL)

Nous avons déjà vu dans le module 14 cette construction (forme en **-te** suivie du verbe **miru**) qui signifie *essayer de faire quelque chose, faire pour voir*. Ici, Roland veut dire qu'il a poussé la porte du cours de calligraphie pour voir.

VERBE + *KOTO GA ARIMASU/ARIMASHITA*

Nous avons vu dans le module 23 la construction **koto ga arimasu** qui permet de relater une expérience vécue. **Arimashita/arimasen deshita** à la place de **arimasu/arimasen** permet de situer les faits plus loin dans le passé, ce qui correspond à notre plus-que-parfait : **Watashi wa fude-pen o tsukatta koto wa arimashita ga, hontô no fude de kaita koto wa arimasen deshita**, *J'avais déjà utilisé un stylo-pinceau, mais je n'avais jamais écrit avec un vrai pinceau.*

SEIZA NI NAREREBA : HYPOTHÈSE

Le verbe **nareru**, **naremasu**, unibase, qui signifie *s'habituer à* est ici utilisé à la forme conditionnelle (radical + **reba**) : **Seiza ni narereba, ni-jikan gurai suwatte iraremasu yo**, *Si tu t'habitues à la position assise à genoux, tu pourras rester environ deux heures, tu sais.* Cette forme conditionnelle exprime donc une hypothèse qui débouche sur un résultat.

NI-JIKAN : EXPRESSION DE LA DURÉE

Expression de la durée : *deux heures*. **Jikan** signifie à la fois *le temps* en général et la *durée d'une heure*, soit *soixante minutes*. Nous avions déjà vu **ji** pour désigner *l'heure* dans le module 8 : **Nan-ji kara desu ka**, *C'est à partir de quelle heure ?*

LES PARTICULES *NI* ET *TO*

Te ni nanika kuroi mono ga tsuite imasu yo, *Tu as quelque chose de noir à la main, dis donc*. Remarquons la particule de sujet **ga** puisque **tsuku** est intransitif, la particule **ni** pour indiquer l'endroit où cette tache s'est fixée, et la particule finale **yo** qui montre qu'il ne s'agit pas d'une description simplement objective, mais que l'on attire l'attention de Roland.

« Taiken nyûgaku wa muryô » to kaite atte, *Il était écrit « cours d'essai gratuit »*. Nous avons déjà rencontré **kaite aru**, *être écrit*, dans le module 19 (**Namae ga kaite arimasu**, *Le nom est écrit*), mais ici, nous citons une phrase écrite et nous utilisons donc la particule **to** de citation et non pas la particule de sujet **ga**.

Tatami no ue ni nagaku suwatte ite, *Je suis resté longtemps assis sur le tatami*. **Suwatte iru** est la forme **-te iru** du verbe **suwaru**, *s'asseoir*. Cette forme décrit le résultat de l'action et donc un état. La particule qui accompagne ce verbe pour marquer le lieu est **ni**.

Seiza ni nareru, *s'habituer à la position assise à genoux*.

● VOCABULAIRE

しょどう **shodô** *calligraphie*
たいけん **taiken** *expérience personnelle*
て **te** *main, bras*
くろい **kuroi** *noir*
ついています **tsuite imasu** *il y a, être fixé, être en contact* (du verbe **tsuku**)
すみ **sumi** *encre de Chine*
(すみを)すった **(sumi o) sutta** *avoir frotté (de l'encre)* (du verbe **suru**)
アパート **apâto** *appartement*
きょうしつ **kyôshitsu** *(salle de) classe, cours, école*
かよう **kayou** *aller à, fréquenter*
たいけんにゅうがく **taiken nyûgaku** *cours d'essai*
むりょう **muryô** *gratuit*
いっかい **ikkai** *une fois*
ゆうきがあります **yûki ga arimasu** *avoir du courage, être audacieux* (du verbe **aru**)
それで **sore de** *alors, et*
ふでペン **fude-pen** *stylo-pinceau*
ふで **fude** *pinceau*
こども **kodomo** *enfant*
どのぐらい **donogurai** *combien (de temps)*
しょうがくせい **shô-gakusei** *élève d'une école primaire*
さんねんはん **san-nen han** *trois ans et demi*
せいざ **seiza** *position assise à genoux*
たたみ **tatami** *tatami*
うえ **ue** *sur*
ながく **nagaku** *pendant longtemps, longuement*
すわっていて **suwatte ite** *être assis* (du verbe **suwaru**)
いたくなりました **itaku narimashita** *avoir eu mal, être devenu douloureux* (du verbe **naru**)
なれれば **narereba** *si tu t'habitues à* (du verbe **nareru**)
にじかん **ni-jikan** *deux heures* (durée)

⬢ EXERCICES

1. ÉCOUTEZ, ÉCRIVEZ ET TRADUISEZ.

🔊 27

a. ....
b. ....
c. ....
d. ....
e. ....

2. RÉPONDEZ AUX QUESTIONS CONCERNANT LE DIALOGUE DE CE MODULE.

a. ロランさんのてになにがついていますか。
   Roran-san no te ni nani ga tsuite imasu ka. Qu'est-ce qu'il y a sur la main de Roland ?
   ....

b. ロランさんはいつしょどうをやりましたか。 Roran-san wa itsu shodô o yarimashita ka. Quand Roland a-t-il fait de la calligraphie ?
. . . .

c. ロランさんは、どこでしょどうをやりましたか。 Roran-san wa doko de shodô o yarimashita ka. Où Roland a-t-il fait de la calligraphie ?
. . . .

d. たかださんはしょどうきょうしつにかよったことがありますか。 Takada-san wa shodô kyôshitsu ni kayotta koto ga arimasu ka. Mme Takada a-t-elle déjà suivi des cours de calligraphie ?
. . . .

e. どのぐらいかよいましたか。
Donogurai kayoimashita ka. Pendant combien de temps en a-t-elle suivi ?
. . . .

3. COMPLÉTEZ LES PHRASES À L'AIDE DES PARTICULES QUI CONVIENNENT.

a. ロランさん (................) て (................) すみ (................) ついています。
Roran-san (................) te (................) sumi (................) tsuite imasu.
Il y a de l'encre sur la main de Roland.

b. ロランさん (................) きのうしょどうきょうしつ (................) すみ (................) すりました。 Roran-san (................) kinô shodô kyôshitsu (................) sumi (................) surimashita. Roland a frotté de l'encre hier au cours de calligraphie.

c. そのきょうしつ (................) ロランさん (................) アパート (................) そば (................) あります。 Sono kyôshitsu (................) Roran-san (................) apâto (................) soba (................) arimasu.
Ce cours se situe à côté de l'appartement de Roland.

d. たかださん (................) 、こども (................) とき、しょどうきょうしつ (................) かよったこと (................) あります。 Takada-san (................), kodomo (................) toki, shodô kyôshitsu (................) kayotta koto (................) arimasu. Mme Takada a suivi des cours de calligraphie quand elle était enfant.

e. ロランさん (................) せいざ (................) なれていないので、あし (................) いたくなりました。 Roran-san (................) seiza (................) narete inai node, ashi (................) itaku narimashita. Comme Roland n'est pas habitué à la position assise sur les genoux, il a eu mal aux jambes.

4. THÈME. TRADUISEZ LES PHRASES SUIVANTES EN JAPONAIS.

a. Roland avait déjà vu du base-ball, mais il n'y avait jamais joué.
. . . .

b. Si tu t'habitues aux kimonos, tu pourras les mettre seule, tu sais !
. . . .

c. Hier soir, j'ai marché longtemps et cela m'a fatigué. J'ai eu aussi mal aux pieds.
. . . .

d. Quand j'étais enfant, je n'aimais pas les légumes.
. . . .

26.
NOUVEL AN

SHÔGATSU

OBJECTIFS

- VŒUX ET RITUELS DU NOUVEL AN
- DÉCRIRE LA MÉTÉO
- SE RÉFÉRER À UNE SOURCE D'INFORMATIONS

NOTIONS

- LA PROPOSITION TERMINÉE PAR *NONI*
- L'EXPRESSION DU OUÏ-DIRE *SÔ DESU*
- N + *NI YORU TO*
- LA FORME NEUTRE + *TO II*
- VERBE À LA FORME EN *-NAIDE*
- LES PARTICULES *TO* ET *NI*

しょうがつ
SHÔGATSU
NOUVEL AN

◀ 28

ロラン： こんにちは。あけましておめでとうございます。
Roran : Konnichi wa. Akemashite omedetô gozaimasu.
Roland : Bonjour ! Je te souhaite une bonne année !

あかり：いらっしゃい。そとはさむかったでしょう。どうぞ、なかへ。
Akari : Irasshai. Soto wa samukatta deshô. Dôzo, naka e.
Akari : Bienvenue ! Il devait faire froid dehors. Entre.

ロラン： このあいだまであたたかかったのに、きゅうにさむくなりましたね。でも、きょうは、はれてよかったです。
Roran : Kono aida made atatakakatta noni, kyû ni samuku narimashita ne. Demo, kyô wa, harete yokatta desu.
Roland : Alors qu'il faisait encore doux il y a peu, il s'est mis à faire froid brutalement n'est-ce pas ? Mais heureusement, il fait beau aujourd'hui.

あかり：そうですね。きのうは、ひどいあめでしたね。
Akari : Sô desu ne. Kinô wa, hidoi ame deshita ne.
Akari : Effectivement. Hier, la pluie était horrible, n'est-ce pas ?

ロラン： てんきよほうによると、らいしゅうは、ゆきがふるそうですよ。ごりょうしんはおるすですか。
Roran : Tenki yohô ni yoru to, raishû wa, yuki ga furu sô desu yo. Go-ryôshin wa o-rusu desu ka.
Roland : D'après la météo, il paraît qu'il va neiger la semaine prochaine. Tes parents sont absents ?

あかり：ちちとははは、じんじゃへはつもうでにいっていますが、すぐにかえってきます。わたしたちも、あとではつもうでをしましょうか。
Akari : Chichi to haha wa, jinja e hatsu-môde ni itte imasu ga, sugu ni kaette kimasu. Watashi-tachi mo, ato de hatsu-môde o shimashô ka.
Akari : Mon père et ma mère sont partis au sanctuaire pour la première prière de l'année, mais ils reviennent tout de suite. Tu veux qu'après, on fasse la première prière nous aussi ?

ロラン：ええ、じんじゃでおみくじをひいてみたいです。
Roran : Ê, jinja de omikuji o hiite mitai desu.
Roland : Oui, j'aimerais tirer ma bonne fortune au sanctuaire.

あかり：じゃ、そうしましょう。「きち」とでるといいですね。
Akari : Jâ, sô shimashô. « Kichi » to deru to ii desu ne.
Akari : Bon, d'accord. J'espère que tu auras [un message de] « bonheur ».

ロラン：きょうは、おうちによんでくださって、ありがとうございます。
Roran : Kyô wa, o-uchi ni yonde kudasatte, arigatô gozaimasu.
Roland : Merci de m'avoir invité chez toi aujourd'hui.

あかり：ははとふたりで、がんばっておせちりょうりをつくりました。たくさんたべてくださいね。
Akari : Haha to futari de, ganbatte o-sechi ryôri o tsukurimashita. Takusan tabete kudasai ne.
Akari : Avec ma mère, on s'est donné du mal pour faire la cuisine du Nouvel An. J'espère que tu vas beaucoup manger (mange beaucoup) !

ロラン：はい、そのために、あさごはんをたべないできました。
Roran : Hai, sono tame ni, asa-gohan o tabenaide kimashita.
Roland : Oui, pour cela, je suis venu sans prendre de petit-déjeuner.

あかり：じゃ、おもちもたくさんやきましょう。
Akari : Ja, o-mochi mo takusan yakimashô.
Akari : Alors, on va faire griller aussi beaucoup de gâteaux de riz !

COMPRENDRE LE DIALOGUE
FORMULES ET EXPRESSIONS

→ **Konnichi wa**, *bonjour*. Cette formule s'emploie à partir du milieu de la journée. Le matin on dit **o-hayô gozaimasu** (module 11) et le soir ; **konban wa**.

→ **Akemashite omedetô gozaimasu**, *Je te souhaite une bonne année !* La formule pourrait être moins soutenue : **akemashite omedetô** (tout simplement « bonne année »). C'est pourquoi ici, nous avons choisi de traduire par « je te souhaite une bonne année ».

→ **Samukatta**, *il faisait froid* ; **atatakakatta**, *il faisait doux*. Les adjectifs **samui** et **atatakai** décrivent la température. **Samui**, *froid*, ne peut s'utiliser que pour l'atmosphère. **Atatakai**, *doux*, peut s'employer aussi pour un objet, une boisson ou le corps. **Samui** est clairement négatif, alors qu'**atatakai** évoque une température agréable.

→ **Dôzo, naka e**, *Entre ! Dôzo* (tenez dans le module 9) suppose ici un geste d'invitation. **Naka e**, *intérieur* + particule de direction **e** montre la direction dans laquelle Roland doit se diriger. On omet le verbe car c'est clair.

→ **Kono aida**, *il y a peu* (de temps), *l'autre jour*. Cette expression évoque un moment relativement récent.

→ **Kyô wa harete yokatta desu**, *Heureusement qu'il fait beau aujourd'hui*. **Hareru** est un verbe qui signifie *se dégager* (pour le ciel). Dans cette phrase, **hareru** à la forme en **-te** fonctionne comme une cause pour le sentiment **yokatta**, ce qui ressemble à la construction **Akari-san ni aete ureshikatta desu**, *J'étais content de te voir, Akari* (module 24).

→ **Ame deshita**, *il pleuvait* (litt. « c'était la pluie »).

→ Notons aussi le verbe **furu**, *tomber* (**yuki ga furu**, *il neige(ra)*) qui s'emploie spécifiquement pour la pluie ou la neige car il décrit quelque chose qui tombe du ciel.

→ **Raishû**, *la semaine prochaine*. Nous pouvons rapprocher cette expression de **raigetsu**, *le mois prochain* (module 15). Notez également que **rainen** signifie *l'année prochaine*.

→ **Go-ryôshin wa o-rusu desu ka**, *Tes parents sont absents ?* **Go** et **o** sont des préfixes de politesse que nous avons déjà rencontrés. On trouve **go** plutôt devant des mots d'origine sino-japonaise et **o** plutôt devant des mots d'origine japonaise.

→ **Jinja ni itte imasu**, *Ils sont partis au sanctuaire*. Il s'agit du verbe **iku**, *aller*, à la forme en **-te iru**, qui ici décrit le résultat : ils sont allés au sanctuaire et ils y sont encore. C'est un résultatif.

→ **Kaette kimasu**, *ils reviennent (vont revenir)*. Le verbe **kaeru** signifie *rentrer chez soi*. Ici, on décrit le retour des parents. Le verbe **kaeru** est suivi de l'auxiliaire de mouvement **kuru**, *venir*, parce que la situation est décrite du point de vue d'Akari, qui est à la maison. Il est très courant de souligner le dernier mouvement après une action. Voir le module 12 : **Pasokon o motte kita**, *Tu as apporté ton ordinateur.*

→ **Watashi-tachi**, *nous*. **Watashi**, *je*, est suivi de **tachi**, suffixe de pluralisation.

NOTE CULTURELLE

Shôgatsu, *Nouvel An*, *1ᵉʳ janvier* (synonyme de **ichi-gatsu tsuitachi**). À la différence des Chinois, les Japonais sont complètement passés au calendrier grégorien.

Jinja, *sanctuaire shinto*. Le shinto est la religion née au Japon. Elle cohabite avec le bouddhisme, venu d'Inde via la Chine. Les Japonais se tournent vers le shinto pour certaines circonstances et vers le bouddhisme pour d'autres. Ainsi, le dernier jour de l'année, ils vont au temple bouddhiste pour sonner les cloches de fin d'année, mais le lendemain, premier jour de l'année, ils se rendent au sanctuaire shinto pour leur *première prière de l'année*, appelée **hatsu-môde**.

Omlkuji o hiku, *tirer la bonne fortune*. Dans les sanctuaires shinto, on peut obtenir des prédictions pour son avenir. Tout le monde espère tomber sur le message **kichi**, *bonheur*. Mais quand la malchance s'en mêle, le mot affiché est **kyô**, *mauvais présage*.

O-sechi ryôri, *cuisine du Nouvel An*. Fin décembre, la cuisine est préparée pour plusieurs jours, pour que toute la famille puisse se reposer en début d'année.

O-mochi, *gâteau de riz*. Ces gâteaux sont obtenus en pilant du riz gluant cuit à la vapeur. Quand ils sont froids, on les découpe en carrés ou en ronds, et ils sont dégustés grillés (**yaku**, *griller*) ou réchauffés dans une soupe.

◆ GRAMMAIRE
LA PROPOSITION TERMINÉE PAR *NONI*

Noni, *bien que*, *alors que*. **Noni** introduit une concession forte entre deux propositions. Il s'accroche à la forme neutre des verbes ou des adjectifs en **-i** (**atatakakatta noni**, *alors qu'il faisait doux*). Pour les propositions se terminant par un adjectif en **-na** ou un nom suivi de **desu**, au présent affirmatif, on a **-na noni** (**gakusei na noni**, *alors que je suis étudiant*), mais au passé ou à la négation, **noni** vient derrière la forme neutre (**gakusei datta noni**, *alors que j'étais étudiant*).

L'EXPRESSION DU OUÏ-DIRE AVEC *SÔ DESU*

Forme neutre + **sô desu**, *il paraît que*.
Raishû yuki ga furu sô desu, *Il paraît qu'il va neiger la semaine prochaine.*
Ashita wa ame da sô desu, *Il paraît qu'il va pleuvoir demain.*

Kinô ame datta sô desu, *Il paraît qu'il a plu hier.*
Ashita wa atatakai sô desu, *Il paraît qu'il fera doux demain.*
Attention : Ce **sô desu** n'a rien à voir avec celui que nous avons vu dans le module 24, qui décrivait une apparence. Remarquez que derrière un adjectif, le **sô** d'apparence remplaçait le **-i** de terminaison, par ex. **Muzukashisô desu**, *Cela a l'air difficile*, alors que le **sô desu** de ouï-dire se met derrière la forme neutre, donc **Muzukashii sô desu**. signifie *Il paraît que c'est difficile.*

N + *NI YORU TO*

Tenki yohô ni yoru to, *d'après la météo*. On trouve **-ni yoru to** derrière des noms désignant plutôt des institutions (gouvernement, école, journaux) pour indiquer la source d'une information.

LA FORME NEUTRE + *TO II*

« Kichi » to <u>deru to ii</u> desu ne, *J'espère que tu auras [un message de] « bonheur »*. Le verbe **deru** à la forme neutre est suivi de la particule connective **to**, qui relie des propositions pour poser une hypothèse dont le résultat est **ii**, *bien*. Cette construction sert à exprimer un souhait. Le verbe devant la particule connective **to** ne peut pas être au passé.

VERBE À LA FORME EN *-NAIDE*

Tabenaide kimashita, *Je suis venu sans manger.* La forme neutre négative **nai** suivie de **de** donne l'idée de « en ne faisant pas », donc *sans faire.*

LES PARTICULES *TO* ET *NI*

• **La particule *to***

« Kichi » <u>to</u> deru, *Tu auras un message de « bonheur »*, litt. « il sort « kichi » ». La particule **to** ici est celle de citation. Elle permet d'annoncer le contenu du message qui va apparaître.

• **La particule *ni***

Uchi <u>ni</u> yonde kudasatte arigatô gozaimasu, *Merci de m'avoir invité chez toi.*
Yobu signifie *appeler*, *inviter*.

Uchi <u>ni</u> yobu : la particule **ni** marque la destination de cette invitation. Attention la forme en **-te** du verbe **yobu** est la même que celle de **yomu**, *lire*. Le contexte permet de ne pas les confondre. Voir les annexes p. 290 pour vous familiariser avec la forme en **-te**.

VOCABULAIRE

しょうがつ **shôgatsu** Nouvel An
こんにちは **konnichi wa** bonjour !
あけましておめでとうございます **akemashite omedetô gozaimasu** je te souhaite une bonne année !
そと **soto** dehors, extérieur
さむかった **samukatta** froid (forme passée de **samui**)
このあいだ **kono aida** il y a quelque temps, l'autre jour
あたたかかった **atatakakatta** doux (forme passée de **atatakai**)
のに **noni** bien que, alors que
きゅうに **kyû ni** brutalement, soudain
はれて **harete** faire beau, s'éclaircir (du verbe **hareru**)
ひどい **hidoi** horrible
あめ **ame** pluie
てんき **tenki** temps, météo
よほう **yohô** prévisions
によると **ni yoru to** d'après, selon
らいしゅう **raishû** la semaine prochaine
ゆきがふる **yuki ga furu** neiger, la neige tombe
(お)るす **(o-)rusu** absent
じんじゃ **jinja** sanctuaire (shinto)
はつもうで **hatsu-môde** première prière de l'année
いっています **itte imasu** ils sont partis
かえってきます **kaette kimasu** ils vont revenir
わたしたち **watashi-tachi** nous
おみくじをひく **omikuji o hiku** tirer la bonne fortune
「きち」とでる **« kichi » to deru** avoir [un message de] « bonheur »
よんで **yonde** inviter, faire venir (du verbe **yobu**)
ふたりで **futari de** à deux, toutes les deux
おせちりょうり **o-sechi ryôri** cuisine du Nouvel An
そのために **sono tame ni** pour cela
たべないで **tabenaide** sans manger
(お)もち **(o-)mochi** gâteau de riz
やきましょう **yakimashô** faisons griller (du verbe **yaku**)

EXERCICES

1. ÉCOUTEZ, ÉCRIVEZ ET TRADUISEZ.

a. ....
b. ....
c. ....
d. ....

2. MODIFIEZ LES PHRASES EN UTILISANT *NONI* « ALORS QUE ».

a. ともだちのうちにいきましたが、ともだちはるすでした。
Tomodachi no uchi ni ikimashita ga, tomodachi wa rusu deshita.
Je suis allé chez mon ami, mais mon ami était absent.
....

b. きのうはさむかったですが、きょうはあたたかいです。 Kinô wa samukatta desu ga, kyô wa atatakai desu. Hier il faisait froid, mais aujourd'hui, il fait doux.
....

c. きのうははれていましたが、きょうはひどいあめです。 Kinô wa harete imashita ga, kyô wa hidoi ame desu. Hier il faisait beau, mais aujourd'hui, la pluie est horrible.
....

d. あまりれんしゅうしませんでしたが、しあいにかちました。
Amari renshû-shimasen deshita ga, shiai ni kachimashita.
Nous ne nous sommes pas tellement entraînés, mais nous avons gagné le match.
....

e. あのふたりはともだちですが、あまりいっしょにいません。
Ano futari wa tomodachi desu ga, amari issho ni imasen.
Tous les deux sont amis, mais ils ne sont pas tellement ensemble.
....

3. MODIFIEZ LES PHRASES EN UTILISANT *SÔ DESU*, EXPRESSION DE OUÏ-DIRE.

a. あしたはあめがふります。 Ashita wa ame ga furimasu. Il va pleuvoir demain.
....

b. こんばんはあめです。 Konban wa ame desu.
Ce soir il va pleuvoir (litt. « ce sera la pluie »).
....

c. らいしゅうはさむくなります。 Raishû wa samuku narimasu.
La semaine prochaine, il va faire plus froid.
....

d. こんばん、ゆきはふりません。 Konban, yuki wa furimasen. Ce soir, il ne neigera pas.
....

4. THÈME. TRADUISEZ LES PHRASES SUIVANTES EN JAPONAIS.

a. J'étais content de pouvoir manger de la délicieuse cuisine du Nouvel An.
....

b. Il paraît qu'il y a un magnifique étang dans ce parc.
....

c. J'espère que tu pourras faire un stage dans une entreprise réputée.
....

d. Hier j'étais très fatigué, et je me suis couché sans dîner.
....

27.

AU SANCTUAIRE SHINTO

JINJA DE

OBJECTIFS

- ÉVOQUER LES RITES DE LA NOUVELLE ANNÉE
- DONNER UN ORDRE NÉGATIF
- COMPARER
- PRÉDIRE DES ÉVÉNEMENTS

NOTIONS

- VERBE À LA FORME EN -*NAIDE KUDASAI*
- LA FORME EN -*TE* + *MO II DESU* OU -*TE* + *MÔ DAIJÔBU DESU*
- PROPOSITION DÉTERMINANTE + *HITO GA ÔI*
- *ASOKO*
- LES PARTICULES *NI* ET *GA*

じんじゃで
JINJA DE
AU SANCTUAIRE SHINTO

ロラン：わたしのひいたおみくじは、「だいきち」でした。
Roran : Watashi no hiita omikuji wa, « dai-kichi » deshita.
Roland : Le message que j'ai tiré était « grand bonheur ».

あかり：わたしのは、「しょうきち」でした。
Akari : Watashi no wa, « shô-kichi » deshita.
Akari : Le mien était « petit bonheur ».

ロラン：わたしのほうがことしのうんがいいんですね。
Roran : Watashi no hô ga kotoshi no un ga ii n desu ne.
Roland : Je vais avoir plus de chance que toi cette année, n'est-ce pas ?

あかり：でも、ここに「じこにちゅうい」とかいてありますよ。
Akari : Demo, koko ni « Jiko ni chûi » to kaite arimasu yo.
Akari : Mais, ici il est écrit « Attention aux accidents » !

ロラン：きょねんのじゅうがつに、じてんしゃとぶつかりましたから、もうだいじょうぶでしょう。
Roran : Kyonen no jû-gatsu ni, jiten-sha to butsukarimashita kara, mô daijôbu deshô.
Roland : Puisque j'ai eu une collision avec un vélo en octobre de l'année dernière, ça doit aller maintenant.

あかり：ことしは、くるまとぶつかるかもしれませんよ。
Akari : Kotoshi wa, kuruma to butsukaru kamoshiremasen yo.
Akari : Peut-être que cette année, ce sera avec une voiture !

ロラン：おどかさないでください。このおみくじは、もってかえってもいいんですか。
Roran : Odokasanaide kudasai. Kono omikuji wa, motte kaette mo ii n desu ka.
Roland : Ne me fais pas peur ! Est-ce que je peux emporter ce message ?

あかり： きのえだにむすぶひともおおいですね。ほら。
Akari : Ki no eda ni musubu hito mo ôi desu ne. Hora.
Akari : Beaucoup de gens les attachent aux branches des arbres. Regarde !

ロラン： わたしは、きねんにもっていたいです。
Roran : Watashi wa, kinen ni motte itai desu.
Roland : J'aimerais le garder en souvenir.

あかり： もっていてもだいじょうぶだとおもいます。
Akari : Motte ite mo daijôbu da to omoimasu.
Akari : Je pense que (même si tu le gardes,) c'est bon.

ロラン： あ、あそこでおまもりをうっていますね。
Roran : A, asoko de o-mamori o utte imasu ne.
Roland : Ah, là-bas, ils vendent des porte-bonheur, tu as vu ?

あかり： あねにひとつかいます。しがつに、こどもがうまれるんです。
Akari : Ane ni hitotsu kaimasu. Shigatsu ni, kodomo ga umareru n desu.
Akari : Je vais en acheter un à ma sœur. Elle va avoir un bébé en avril.

ロラン： いいですね。わたしも「しゅっせ」のおまもりがほしいです。
Roran : Ii desu ne. Watashi mo « shusse » no o-mamori ga hoshii desu.
Roland : Bonne idée ! Moi aussi je voudrais un porte-bonheur pour la « réussite dans la vie » !

COMPRENDRE LE DIALOGUE
FORMULES ET EXPRESSIONS

→ **Watashi no hiita omikuji**, *le message que j'ai tiré*. **Watashi no hiita** est une proposition déterminante qui précise **omikuji**. **Watashi** est le sujet de cette proposition. On a remplacé la particule **ga** par **no** parce que la proposition est très courte (voir le module 21).

→ **Watashi no wa « shôkichi » deshita**, *Le mien était « petit bonheur »*. Dans **watashi no wa**, on a fait l'ellipse de **omikuji** (**watashi no omikuji wa**) puisque ce mot apparaissait juste avant (voir le module 2).

→ **Un ga ii**, *avoir de la chance*. **Watashi wa un ga ii**, *J'ai de la chance*, litt. « en ce qui me concerne, la chance est bonne ». Dans le dialogue, il y a une comparaison **watashi no hô ga**, litt. « c'est moi qui », donc *j'aurai plus de chance*. Notons que *avoir de la malchance*, ou *ne pas avoir de chance* se dit **un ga warui**.

→ **Kyonen**, *l'année dernière* ; **kotoshi**, *cette année* ; **rainen**, *l'année prochaine*. **Nen** et **toshi** signifient *année*. Le premier est une lecture sino-japonaise du caractère chinois et le second, la lecture japonaise.

→ **Mô daijôbu deshô**, *Cela doit aller maintenant*. **Mô** en japonais signifie *déjà*. Il souligne donc une rupture avec le temps précédent.

→ **Kono omikuji wa motte kaette mo ii n desu ka**, *Est-ce que je peux remporter ce message ?* La construction **-te mo ii n desu ka** sert à demander une autorisation (voir le module 16). **Motte kaeru** (**motsu**, *tenir* + **kaeru**, *rentrer chez soi*) décrit le mouvement de la personne rentrant chez elle avec le message. Nous avons déjà vu **motte iku**, *emporter*, et **motte kuru**, *apporter*.

→ **Hora**, *Regarde !* **Hora** sert à attirer l'attention sur ce qu'il se passe, non pas uniquement ce que l'on a sous les yeux mais aussi parfois sur ce que l'on entend.

→ **Motte itai**, *J'aimerais le garder*. **Motte iru** signifie *posséder*, *garder*. **Motsu** tout seul signifie plutôt *tenir*, *porter*. L'auxiliaire **iru** permet donc de donner un caractère durable au fait d'avoir quelque chose en main.

→ **Kodomo ga umareru**, litt. « un enfant va naître », donc *elle va avoir un enfant*.

NOTE CULTURELLE

Dai-kichi/shô-kichi, *grand/petit bonheur*. **Dai** signifie *grand* comme dans **dai-gakusei**, *étudiant d'université* (litt. « grande étude »), **shô** signifie *petit* comme dans **shô-gakusei**, *écolier*. Attention, certains sanctuaires interdisent que l'on accroche les messages aux arbres, afin de protéger ces derniers.

O-mamori, *porte-bonheur*. Ce terme vient de **mamoru** qui signifie *protéger*. Il est courant de se procurer des porte-bonheur de toutes sortes afin de parer à toute éventualité. Les plus courants sont ceux que l'on accroche dans sa voiture pour prévenir les accidents. On en offre aux personnes malades ou aux femmes enceintes. Les parents en offrent à leurs enfants l'année des concours d'entrée. Roland choisit un porte-bonheur qui lui « assurera » une bonne carrière.

◆ GRAMMAIRE
VERBE À LA FORME EN -*NAIDE KUDASAI*

Odokasanaide kudasai, *Ne me fais pas peur.* Cette construction sert à demander de ne pas faire quelque chose.

LA FORME EN -*TE* + *MO II DESU* OU -*TE* + *MO DAIJÔBU DESU*

Motte kaette mo ii n desu ka, *Est-ce que je peux emporter ce message ?* Cette forme de question sert à demander une autorisation, comme nous l'avons déjà vu au module 16. **Daijôbu da/desu**, *pas de problème*, *ça va*, peut remplacer **ii** dans ce genre de cas, d'où la réponse d'Akari : **Motte itte mo daijôbu da to omoimasu**, *Je pense que c'est bon* (litt. « même si tu le gardes, c'est bon »).

PROPOSITION DÉTERMINANTE + *HITO GA ÔI*

Ki no eda ni musubu hito ga ôi desu, *Beaucoup de gens les attachent aux branches des arbres.* Pour exprimer qu'un grand nombre de personnes font quelque chose, on est obligé de construire une phrase sous la forme « les gens qui font ceci ou cela sont nombreux ». On procèdera de la même façon s'il s'agit d'un petit nombre de personnes ; on remplacera alors **ôi** par **sukunai**, qui signifie *peu nombreux.*

ASOKO

Asoko de o-mamori o utte imasu ne, *Là-bas, ils vendent des porte-bonheur, tu as vu ?* **Asoko** désigne un lieu éloigné des deux personnes en présence, mais à portée de vue, d'où la traduction de la particule finale **ne** par *Tu as vu ?*, **Asoko** fait partie de la série **ko so a** pour les lieux (**koko**, **soko**, **asoko**).

Koko ni « jiko ni chûi » to kaite arimasu yo, *Ici, il est écrit « Attention aux accidents ! ».* Cette phrase, au contraire, suppose qu'Akari désigne quelque chose qui se trouve juste devant elle et Roland.

LES PARTICULES *NI* ET *GA*

• **La particule *ni***

Jiko ni chûi, *Attention aux accidents !* **Chûi** signifie *l'attention* (**chûi shite kudasai**, *faites attention*) et la particule **ni** est utilisée pour désigner ce à quoi il faut faire attention.

Ki no eda ni musubu, *attacher aux branches des arbres*. La particule **ni** est à nouveau utilisée ici pour désigner le lieu où l'on accroche quelque chose.

Kinen ni, *en souvenir*. La particule **ni** est à nouveau utilisée pour attribuer une fonction à quelque chose.

• **La particule *ga***

O-mamori ga hoshii, *Je voudrais un porte-bonheur*. Nous avons déjà vu **hoshii** au module 16. Ici, nous voyons que la particule **ga** est utilisée. C'est le porte-bonheur qui est sujet de la proposition : « un porte-bonheur est désiré », en quelque sorte.

EXERCICES

1. ÉCOUTEZ, ÉCRIVEZ ET TRADUISEZ.

a. . . . .
b. . . . .
c. . . . .

2. MODIFIEZ LES PHRASES EN UTILISANT *-NAIDE KUDASAI*, « NE FAITES PAS ».

a. ワインをもっていく。
Wain o motte iku.
Emporter du vin.
. . . .

b. たかいやさいをかう。
Takai yasai o kau.
Acheter des légumes chers.
. . . .

c. おみくじをきのえだにむすぶ。
Omikuji o ki no eda ni musubu.
Attacher le message de bonne fortune aux branches des arbres.
. . . .

d. としょかんのほんをもってかえる。
Tosho-kan no hon o motte kaeru.
Emporter un livre de la bibliothèque.
. . . .

VOCABULAIRE

だいきち **dai-kichi** grand bonheur
しょうきち **shô-kichi** petit bonheur
ことし **kotoshi** cette année
うんがいい **un ga ii** avoir
 de la chance
ちゅうい **chûi** attention
きょねん **kyonen** l'année dernière
じゅうがつ **jû-gatsu** octobre
おどかさないでください
 odokasanaide kudasai ne me fais
 pas peur ! (du verbe **odokasu**)
もってかえって **motte kaette**
 remporter (du verbe **motte kaeru**)
き **ki** arbre
えだ **eda** branche

むすぶ **musubu** attacher, nouer
おおい **ôi** nombreux
きねんに **kinen ni** en souvenir
もっていたい **motte itai** vouloir
 garder (du verbe **motte iru**)
あそこ **asoko** là-bas
おまもり **o-mamori** porte-bonheur
うっています **utte imasu**
 être en vente (du verbe **uru**)
あね **ane** ma sœur aînée
しがつ **shi-gatsu** avril
うまれる **umareru** naître,
 venir au monde
しゅっせ **shusse** succès dans la vie,
 réussite sociale

3. RÉPONDEZ AUX QUESTIONS CONCERNANT LE DIALOGUE DE CE MODULE.

a. ロランさんのひいたおみくじは「しょうきち」でしたか。
 Roran-san no hiita omikuji wa « shô-kichi » deshita ka.
 Le message que Roland a tiré était-il « petit bonheur » ?
 . . . .

b. ロランさんのおみくじに、なににちゅうい、とかいてありましたか。
 Roran-san no omikuji ni, nani ni chûi, to kaite arimashita ka.
 Sur le message de Roland, il était écrit de faire attention à quoi ?
 . . . .

c. ロランさんはいつじてんしゃとぶつかりましたか。
 Roran-san wa itsu jiten-sha to butsukarimashita ka.
 Quand Roland a-t-il eu une collision avec un vélo ?
 . . . .

d. ロランさんは、ひいたおみくじをきのえだにむすびますか。
   Roran-san wa, hiita omikuji o ki no eda ni musubimasu ka.
   Est-ce que Roland va attacher son message à une branche d'arbre ?
   . . . .

e. ロランさんはどんなおまもりがほしいですか。
   Roran-san wa donna o-mamori ga hoshii desu ka.
   De quel porte-bonheur Roland a-t-il envie ?
   . . . .

4. THÈME. TRADUISEZ LES PHRASES SUIVANTES EN JAPONAIS.

a. Roland, qui a de la chance, était sain et sauf alors qu'il a eu un accident.
   . . . .

b. Le vieux monsieur qui était à vélo s'est fait une fracture. Il n'a pas eu de chance.
   . . . .

c. Beaucoup de personnes vont au bureau (à l'entreprise) sans prendre de petit-déjeuner.
   . . . .

d. Sur le message de bonne fortune que j'ai tiré, il était écrit « attention aux vols ».
   . . . .

28.
LE SPECTACLE DES CERISIERS DE NUIT

YOZAKURA KENBUTSU

OBJECTIFS	NOTIONS
• EXPRIMER UNE COMPARAISON, UNE IMAGE • INFORMER SUR UN CHANGEMENT DE SITUATION • ÉVOQUER LES RÉPERCUSSIONS D'UN CHANGEMENT • EXPRIMER UN SOUHAIT DE LONGUE DATE	• *MARU DE* N *NO YÔ DESU* • N *NO HITOTSU DA* • VERBE FORME DU DICTIONNAIRE + *MAE NI* • VERBE FORME EN *-TAI* + *TO OMOTTE IMASHITA* • VERBE FORME NEUTRE + *TO* • VERBE À LA NÉGATION + *NARU* (RAPPEL) • LE SUFFIXE *-GARU* • LA PARTICULE *DE*

よざくらけんぶつ
YOZAKURA KENBUTSU
LE SPECTACLE DES CERISIERS DE NUIT

◀ 30

ロラン： これが、ゆうめいな「しだれざくら」ですね。
Roran : Kore ga, yûmeina « shidarezakura » desu ne.
Roland : Ce sont les célèbres « cerisiers pleureurs », n'est-ce pas ?

あかり：わあ、きれい。まるで、ながれるたきのようですね。
Akari : Wâ, kirei. Marude, nagareru taki no yô desu ne.
Akari : Waouh, c'est beau ! On dirait vraiment les flots de cascades, non ?

ロラン：ひるまのさくらもすばらしいですが、よざくらはロマンチックですね。このこうえんは、よざくらのめいしょのひとつだそうです。
Roran : Hiru-ma no sakura mo subarashii desu ga, yozakura wa romanchikku desu ne. Kono kôen wa, yozakura no meisho no hitotsu da sô desu.
Roland : Les cerisiers de jour sont aussi magnifiques, mais les cerisiers de nuit sont romantiques, tu ne trouves pas ? Il paraît que ce parc est un des lieux célèbres pour les cerisiers de nuit.

あかり：テレビでみてしっていましたが、はじめてきました。
Akari : Terebi de mite shitte imashita ga, hajimete kimashita.
Akari : Je connaissais parce que je l'avais vu à la télévision, mais c'est la première fois que je viens.

ロラン：それはよかったです。あかりさん、そつぎょう、おめでとう。
Roran : Sore wa yokatta desu. Akari-san, sotsugyô, omedetô.
Roland : Tant mieux. Akari, félicitations pour ton diplôme !

あかり：ありがとうございます。しゅうしょくさきもきまって、ほっとしました。きねんに、こんなきれいなさくらがみられて、うれしいです。
Akari : Arigatô gozaimasu. Shûshoku-saki mo kimatte, hotto shimashita. Kinen ni, konna kireina sakura ga mirarete, ureshii desu.
Akari : Merci beaucoup. J'ai même trouvé un emploi et je suis soulagée. Je suis contente de pouvoir admirer des cerisiers aussi magnifiques en souvenir.

ロラン：わたしも、くににかえるまえに、ぜひ、あかりさんとよざくらがみたいとおもっていました。
Roran : Watashi mo, kuni ni kaeru mae ni, zehi, Akari-san to yozakura ga mitai to omotte imashita.
Roland : Moi aussi, je voulais absolument voir les cerisiers de nuit avec toi avant de repartir dans mon pays.

あかり：ロランさんがいなくなると、さびしくなります。
Akari : Roran-san ga inaku naru to, sabishiku narimasu.
Akari : Quand tu seras parti, je vais me sentir seule.

ロラン：さびしがらないでください。はんとしごに、もどってきます。
Roran : Sabishigaranaide kudasai. Hantoshi-go ni, modotte kimasu.
Roland : Ne sois pas triste. Je reviens dans six mois.

あかり：えっ、どういうことですか。
Akari : E, dô iu koto desu ka.
Akari : Hein, qu'est-ce que tu veux dire ?

ロラン：じつは、いまのかいしゃで、じゅうがつから、せいしゃいんとして、はたらくことになったんです。
Roran : Jitsu wa, ima no kaisha de, jû-gatsu kara, sei-shain to shite, hataraku koto ni natta n desu.
Roland : En fait, à partir d'octobre, je vais travailler dans la société actuelle en tant que salarié en CDI.

COMPRENDRE LE DIALOGUE
FORMULES ET EXPRESSIONS

→ **Shitte imashita**, *je savais, je connaissais*. À la forme affirmative, le verbe **shiru**, *connaître, savoir*, s'emploie quasiment toujours à la forme **-te iru** du résultatif. **Shitte imasu** veut dire *je sais, je connais*. Par contre *je ne sais pas, je ne connais pas* reste **shirimasen**, **shiranai** (module 23).

→ **Shûshoku**, *entrée sur le marché du travail*. Ce nom désigne le fait d'être embauché. Le modèle d'emploi à la japonaise suppose que l'on recrute une fois par an, début avril, quand les étudiants ont fini leurs études. Si l'emploi trouvé est un CDI, la personne fera le plus souvent sa carrière entière dans la même société et progressera à l'ancienneté.

→ **Shûshoku-saki**, *lieu de l'emploi*. **Saki** (nous l'avons déjà vu dans **torihiki-saki**, *client*, module 20) désigne le lieu. L'expression permet d'évoquer ici la société dans laquelle Akari a trouvé un emploi.

→ **Shûshoku-saki mo kimatte**, *J'ai même trouvé un emploi*. La formulation japonaise dit littéralement « mon emploi a été décidé » ; le verbe **kimaru**, *se décider*, est intransitif.

→ **Hotto shimashita**, *Je suis soulagée*. Cette expression est composée au départ du verbe **suru** précédé de **ho** (*ouf !* son du souffle d'air que l'on expire quand on est soulagé), puis la particule **to** de citation. Cependant, de nos jours, **hotto** est devenu un seul mot pour exprimer *le soulagement*. Il fait toutefois bien partie de ces très nombreux termes en japonais venant d'une onomatopée.

→ **Zehi**, *vraiment, absolument*. Cet adverbe (déjà vu au module 11) souligne l'intensité d'un souhait ou un désir, ou encore un ordre ou une demande. Il ne peut pas être utilisé avec une négation.

→ **Modotte kimasu**, *je reviens*. **Modoru** veut dire *revenir à son point de départ*. Ceci dit, comme nous l'avons déjà vu, la langue japonaise met l'accent sur le dernier mouvement en utilisant l'auxiliaire de déplacement **kuru** (puisque Roland va revenir au Japon).

→ **Dô iu koto desu ka**, *Qu'est-ce que tu veux dire ?* Akari est vraiment très étonnée et ne comprend pas comment Roland peut parler de revenir. Cette construction permet de formuler une interrogation, une incompréhension très forte.

→ **Sei-shain**, *salarié en CDI*. Ce terme désigne des personnes recrutées pour un emploi permanent, avec les avantages sociaux qui s'y rattachent. Roland étant un étranger, il est recruté en dehors des périodes habituelles. De nos jours au Japon, l'emploi s'est beaucoup précarisé et le statut de **sei-shain** est devenu un privilège. Les conditions de rémunération sont bien meilleures que tous les statuts précaires.

→ **Hataraku koto ni natta n desu**, *Je vais travailler*. La construction en japonais est plus compliquée parce qu'on souligne que la situation a soudain changé, sous l'effet d'une décision qui a échappé au principal intéressé (voir le module 15).

NOTE CULTURELLE

Yozakura, *cerisiers de nuit*. Expression composée de **yo**, qui vient de **yoru**, *la nuit*, et **zakura** ou en fait **sakura**, *les cerisiers*. Dans certains lieux célèbres, les cerisiers sont illuminés le soir et attirent surtout les jeunes couples. Le spectacle des *cerisiers pleureurs*, **shidarezakura**, est particulièrement prisé.

Meisho, *lieu célèbre*. Depuis toujours, les Japonais cultivent le culte de lieux particulièrement beaux ou intéressants. À l'époque d'Edo (1603-1868), les peintres d'estampes les réunissaient dans des recueils de peintures qui pourraient s'apparenter à des catalogues touristiques.

◆ GRAMMAIRE
MARU DE N NO YÔ DESU

Marude nagareru taki no yô desu, *On dirait vraiment les flots de cascades*. **Marude** est un adverbe qui veut dire *vraiment*, *complètement*. **Yô** désigne *l'aspect* et est utilisé dans des comparaisons ou des images. Il est précisé par un nom (**N no yô**). Ici, le mouvement des branches de cerisiers pleureurs est comparé aux flots de cascades. Remarquons que dans notre phrase, le nom qui vient préciser **yô** est lui-même déterminé par un verbe (**nagareru**, *couler*). Le sens littéral serait « comme une/des cascade(s) qui coule(nt) ».

N NO HITOTSU DA

Yozakura no meisho no hitotsu da, *C'est l'un des lieux célèbres pour les cerisiers de nuit*. Cette construction permet d'isoler un élément dans un ensemble. Il faut cependant faire attention au nombre utilisé, puisque nous avons vu que les nombres sont accompagnés d'un suffixe en fonction du type de choses comptées. Si nous avions parlé de personnes, nous aurions dit **hitori** : **shain no hitori**, *un des employés*. Si nous avions parlé de tickets, nous aurions dit **chiketto no ichimai**, *un des billets*.

VERBE FORME DU DICTIONNAIRE + MAE NI

Kuni ni kaeru mae ni, *avant de rentrer dans mon pays*. Nous avions déjà vu dans le module 24 **shiai no mae ni**, *avant le match*, où **mae** était déterminé par un nom. Ici, **mae** est déterminé par un verbe, qui est à la forme neutre présent affirmatif, donc la forme du dictionnaire. Autre ex. : **sotsugyô suru mae ni**, *avant de finir mes études*.

VERBE FORME EN -TAI + TO OMOTTE IMASHITA

Zehi Akari-san to yozakura ga mitai to omotte imashita, *Je voulais absolument voir les cerisiers de nuit avec toi, Akari*. Nous avons vu le suffixe **-tai** de désir dans le module 11 (**ikitai desu**, *j'aimerais aller*). Ici, la forme en **-tai** est suivie de **to omou** (module 12), qui a deux effets. D'abord, il adoucit l'expression du désir et la forme **-te imashita**, le duratif, donne plus de poids à cette expression. Le désir exprimé relève du long terme et non de quelque chose de ponctuel. Roland souhaitait depuis longtemps faire cette sortie avec Akari.

VERBE FORME NEUTRE + *TO*

Roran-san ga inaku naru to sabishiku narimasu, *Quand tu seras parti, je vais me sentir seule*. Nous avons déjà vu la construction avec la particule connective **to** dans le module 20 (**Go-fun gurai aruku to byôin ga arimasu**, *Au bout de cinq minutes de marche tu verras un hôpital*), mais ce qui diffère ici, c'est qu'il s'agit d'une situation personnelle et non d'un état de lieu immuable. Le départ de Roland va avoir un effet sur les sentiments d'Akari. Les deux parties de la phrase contiennent le verbe **naru**, *devenir*, qui marque un changement. Toutefois dans les deux cas, la concrétisation de l'hypothèse entraîne forcément le résultat constaté.

VERBE À LA NÉGATION + *NARU* (RAPPEL)

Inaku naru, *partir*, *disparaître* litt. « devenir absent, pas là ». **Iru** signifie *être présent*. **Inai** signifie *ne pas être là*. **Inaku naru** décrit le processus par lequel la personne cesse d'être présente. La forme **inai** de la négation se conjugue comme un adjectif, elle devient donc **inaku** (voir le module 15 **naku naru**, *disparaître* pour un objet).

LE SUFFIXE *-GARU*

Sabishigaranaide kudasai, *Ne sois pas triste*. Le verbe **sabishigaru** est formé de l'adjectif en **-i sabishii**, *seul*, *triste*, auquel on a ajouté (en enlevant le **-i** de terminaison) le suffixe **-garu**. Ce verbe décrit la manifestation des sentiments des personnes. Ce suffixe s'emploiera derrière des adjectifs exprimant des sentiments (**ureshii**) **ureshigaru**, *manifester sa joie*, ou des adjectifs de sensation (**samui**) **samugaru**, *montrer qu'on a froid*.

LA PARTICULE *DE*

Terebi de mite, *J'ai vu à la télévision et…* Attention à la particule utilisée, le **de** de moyen.

VOCABULAIRE

よざくら **yozakura** *cerisiers de nuit*
けんぶつ **kenbutsu** *spectacle, le fait de voir*
しだれざくら **shidarezakura** *cerisiers pleureurs*
まるで **marude** *complètement, vraiment*
ながれる **nagareru** *couler*
たき **taki** *cascade*
よう **yô** *aspect, apparence*
ひるま **hiru-ma** *journée* (par opposition à la nuit ou au soir et au matin)
めいしょ **meisho** *lieu célèbre*
テレビ **terebi** *télévision*
しっていました **shitte imashita** *[je] connaissais, savais* (du verbe **shiru**)
しゅうしょくさき **shûshoku-saki** *emploi, employeur*
きまって **kimatte** *être décidé, se décider* (du verbe **kimaru**)
ほっとしました **hotto shimashita** *(je suis) soulagé*
くに **kuni** *pays*
いなくなる **inaku naru** *disparaître, partir, ne plus être là*
さびしくなります **sabishiku narimasu** *je vais me sentir seule, tu vas me manquer* (de l'adjectif **sabishii**)
さびしがらないでください **sabishigaranaide kudasai** *ne sois pas triste* (du verbe **sabishigaru**)
はんとしご **hantoshi-go** *dans six mois* (**hantoshi** *demi année*)
もどってきます **modotte kimasu** *je reviendrai* (du verbe **modoru** + **kuru**)
どういうことですか **dô iu koto desu ka** *qu'est-ce que tu veux dire ?*
せいしゃいん **sei-shain** *salarié en CDI*
として **to shite** *en tant que*

EXERCICES

1. ÉCOUTEZ, ÉCRIVEZ ET TRADUISEZ.

30

a. ....
b. ....
c. ....
d. ....

2. RELIEZ LES PHRASES PROPOSÉES EN UTILISANT LA CONSTRUCTION VERBE FORME DU DICTIONNAIRE + TO.

a. あのこうさてんをみぎへまがります。ゆうびんきょくがあります。
Ano kôsaten o migi e magarimasu. Yûbin-kyoku ga arimasu.
Vous tournez à droite à ce croisement. Il y a un bureau de poste.
. . . .

b. たくさんあるきます。つかれます。
Takusan arukimasu. Tsukaremasu.
On marche beaucoup. C'est fatigant.
. . . .

c. パスポートをなくします。あたらしいパスポートをつくらなければなりません。
Pasupôto o nakushimasu. Atarashii pasupôto o tsuranakereba narimasen.
On perd son passeport. Il faut faire un nouveau passeport.
. . . .

d. おかねがなくなります。はたらかなければなりません。
O-kane ga naku narimasu. Hatarakanakereba narimasen.
On n'a plus d'argent (litt. « l'argent disparaît »). On doit travailler.
. . . .

3. RÉPONDEZ AUX QUESTIONS CONCERNANT LE DIALOGUE DE CE MODULE.

a. ロランさんとあかりさんはいまなにをみていますか。
Roran-san to Akari-san wa ima nani o mite imasu ka.
Que regardent Roland et Akari en ce moment ?
. . . .

b. このこうえんはどんなこうえんですか。
Kono kôen wa donna kôen desu ka.
Ce parc est quelle sorte de parc ?
. . . .

c. あかりさんはこのこうえんにきたことがありましたか。
Akari-san wa kono kôen ni kita koto ga arimashita ka.
Akari était-elle déjà venue dans ce parc ?
. . . .

d. ロランさんはいつにほんにもどってきますか。
Roran-san wa itsu nihon ni modotte kimasu ka.
Quand Roland reviendra-t-il au Japon ?
. . . .

4. THÈME. TRADUISEZ LES PHRASES SUIVANTES EN JAPONAIS.

a. Akari a été soulagée d'être capable d'écrire un bon mémoire.

b. Je vais acheter du vin avant que mes amis n'arrivent.

c. Roland souhaitait devenir salarié en CDI dans son entreprise actuelle.

d. Akari n'a pas compris ce que signifiait l'histoire de Roland.

LES CORRIGÉS DES EXERCICES

NOTE

Vous trouverez dans les pages qui suivent tous les corrigés des exercices proposés dans les modules qui précèdent. Les exercices enregistrés sont signalés par le pictogramme 🔊 accompagné du n° de piste en streaming. Ils se trouvent sur la même piste que le dialogue de la leçon, à la suite de celui-ci ; ils portent donc le même numéro de piste.

1. À L'AÉROPORT

03 🔊 **1. a.** 8 hachi – **b.** 4 yon – **c.** 9 kyû – **d.** 1 ichi – **e.** 7 nana

03 🔊 **2. a.** kûkô くうこう – **b.** kûko くうこ – **c.** tokyô ときょう – **d.** tôkyô とうきょう – **e.** dozô どぞう – **f.** dôzô どうぞう – **g.** yôkoso ようこそ – **h.** ano あの – **i.** sô desu そうです

3. a. wa は, iie いいえ – **b.** wa は, no の, hai はい – **c.** wa は, no の, hai はい – **d.** wa は, no の, hai はい – **e.** wa は, no の, no の, iie いいえ

4. Hajimemashite .... desu. Dôzo yoroshiku o-negai-shimasu. はじめまして。〇〇です。どうぞよろしくおねがいします。

2. UNE BELLE VOITURE

1. a. omoi kuruma おもいくるま – **b.** shinsetsuna gakusei しんせつながくせい – **c.** fukuzatsuna kazoku ふくざつなかぞく – **d.** sutekina kuruma すてきなくるま – **e.** omoshiroi gakusei おもしろいがくせい

2. a. Iie, Roran-san no (kuruma) dewa arimasen. Roran-san no o-kâsan no (kuruma) desu. いいえ、ロランさんの（くるま）ではありません。ロランさんのおかあさんの（くるま）です。 – **b.** Iie, itaria-jin dewa arimasen. Doitsu-jin desu. いいえ、イタリアじんではありません。ドイツじんです。 – **c.** Iie, furansu no (kuruma) dewa arimasen. Doitsu no (kuruma) desu. いいえ、フランスの（くるま）ではありません。ドイツの（くるま）です。

04 🔊 **3. a.** haha はは – **b.** haha, chichi はは、ちち

4. a. Daigaku wa achira desu. Ikimashô. だいがくはあちらです。いきましょう。 – **b.** Sutekina kuruma desu ne. Doko no (kuruma) desu ka. – Itaria no (kuruma) desu. すてきなくるまですね。どこの（くるま）ですか。–イタリアの（くるま）です。 – **c.** Zannen desu ga, watashi wa doitsu-jin dewa arimasen. ざんねんですが、わたしはドイツじんではありません。

3. TOURISME

05 🔊 **1. a.** (voir みます) mimasen ka. みませんか。 – **b.** (visiter かんこうします) kankô-shimasen ka. かんこうしませんか。 – **c.** (parler はなします) hanashimasen ka. はなしませんか。 – **d.** (aller いきます) ikimasen ka. いきませんか。

2. a. Hai, suki desu. はい、すきです。 – **b.** Iie, bijutsu-kan dewa arimasen. いいえ、びじゅつかんではありません。 – **c.** Hai, mimasu. はい、みます。 – **d.** Hai, suki desu. はい、すきです。

3. a. doko どこ – **b.** doko どこ – **c.** nan なん

4. a. Akari-san to issho ni nihon no eiga o mimasu. あかりさんといっしょににほんのえいがをみます。 – **b.** Haha to kireina machi o kankô-shimashita. ははときれいなまちをかんこうしました。 – **c.** Roran-san no o-tôsan wa totemo shinsetsu desu. ロランさんのおとうさんはとてもしんせつです。 – **d.** Koko wa machi no chûshin desu. Iroirona mise ga arimasu (yo). ここはまちのちゅうしんです。いろいろなみせがあります（よ）。

4. DISCUSSION SUR LE CINÉMA

06 🔊 **1. a.** R3 – **b.** R4

2. a. Iie, sô dewa arimasen. Nihon-go no gakusei desu. いいえ、そうで

はありません。にほんごのがく
せいです。 / Iie, ei-go no gakusei
dewa arimasen. いいえ、えいご
のがくせいではありません。 – **b.**
Hai, sô desu. / Hai, Momiji daigaku
no gakusei desu. はい、そうです。
／はい、もみじだいがくのがくせ
いです。 – **c.** Iie, sô dewa arimasen.
(Roran-san no okâsan no kuruma wa)
doitsu no kuruma desu. いいえ、そ
うではありません。 (ロランさん
のおかあさんのくるまは)ドイツの
くるまです。 – **d.** Hai, (Roran-san
wa nihon no eiga ga) suki desu. は
い、(ロランさんはにほんのえい
がが)すきです。 – **e.** Iie,
(Akari-san wa horâ-eiga wa) suki
dewa arimasen. いいえ、(あかりさ
んはホラーえいがは)すきではあり
ません。
3. a. wa は, de で, no の, o を – **b.** no
の, o を – **c.** no の, wa は *ou* to と,
to と *ou* wa は, de で
4. a. Akari-san wa, donna eiga ga
suki desu ka. Romanchikkuna eiga
ga suki desu. あかりさんは、どん
なえいががすきですか。ロマン
チックなえいががすきです。 – **b.**
Roran-san no kazoku wa omoshiroi
kazoku desu. ロランさんのかぞく
はおもしろいかぞくです。 – **c.**
Momiji daigaku wa yûmeina daigaku
dewa arimasen. もみじだいがくは
ゆうめいなだいがくではありま
せん。 – **d.** Akari-san no okâsan wa
nihon no bijutsu-kan de furansu no
bijutsu o mimasu. あかりさんのおか
あさんはにほんのびじゅつかんで
フランスのびじゅつをみます。

5. MANGER DES GLACES

1. a. kyû 9 – **b.** ni 2 – **c.** ichi 1 – **d.**
san-ten-go 3.5 – **e.** yon 4 – **f.** nana-
ten-go 7.5 – **g.** hachi 8 – **h.** go 5 – **i.**
ichi-ten-go 1.5 – **j.** jû-ni 12 – **k.** jû-
hachi-ten-go 18.5

2. a. jû-roku – **b.** jû-shichi – **c.** jû –
d. san-ten-go – **e.** hachi-ten-yon
– **f.** jû-san-ten-go – **g.** jû-ni
3. futatsu ふたつ, mittsu みっつ –
muttsu むっつ, nanatsu ななつ,
yattsu やっつ – tô とお
4. a. Hai, tabemashita. はい、たべ
ました。 – **b.** Kûkô de shimashita.
くうこうでしました。 – **c.** Hai,
oishikatta desu. はい、おいしかっ
たです。 – **d.** Hai, haraimashita. は
い、はらいました。 – **e.** Kôn ni
shimashita. コーンにしました。 –
f. Jû-san-yûro ni narimashita. じゅう
さんユーロになりました。
5. a. Banira no aisukurîmu wa
pisutachio no aisukurîmu hodo
oishiku nai desu. バニラのアイスク
リームはピスタチオのアイスクリ
ームほどおいしくないです。 – **b.**
Machi no chûshin no mise wa sonna
ni yoku nai desu. まちのちゅうし
んのみせはそんなによくないで
す。 – **c.** Nihon no eiga to itaria no
eiga to dochira ga suki desu ka. にほ
んのえいがとイタリアのえいがと
どちらがすきですか。 – **d.** Kôhî
wa ni-ten-go-yûro desu kara, futatsu
de go-yûro ni narimasu. コーヒーは
にてんごユーロですから、ふた
つでごユーロになります。 – **e.**
Iroirona kôhî ga arimasu. Dore ga
ichiban suki desu ka. いろいろなコ
ーヒーがあります。どれがいちば
んすきですか。 – **f.** Sakki machi
no chûshin de ryôgae-shimashita. さ
っきまちのちゅうしんでりょうが
えしました。

6. INVITATION

1. a. getsu-yôbi げつようび ／
kin-yôbi きんようび – **b.** ni に／shi
し ／ shichi しち ／ kyû きゅう

08 🔊 **2. a.** Ashita wa, kin-yôbi dewa arimasen. あしたは、きんようびではありません。Demain, ce n'est pas vendredi. – **b.** Kyô wa, getsu-yôbi desu ka. きょうは、げつようびですか。Sommes-nous lundi aujourd'hui ? – **c.** Konban wa, hoteru ni tomarimasen. こんばんは、ホテルにとまりません。Ce soir, je ne passe pas la nuit dans un hôtel. – **d.** Akari-san wa, pasuta ga suki desu. あかりさんは、パスタがすきです。Akari aime les pâtes. – **e.** Roran-san no o-tôsan wa, ryôri ga jôzu desu. ロランさんのおとうさんは、りょうりがじょうずです。Le père de Roland fait bien la cuisine.
3. a. Iie, tomarimasen. いいえ、とまりません。 – **b.** Iie, shimasen deshita. いいえ、しませんでした。 – **c.** Iie, kirai dewa arimasen. いいえ、きらいではありません。 – **d.** Iie, amari arimasen. いいえ、あまりありません。
4. a. kara から, made まで, ni に – **b.** ni に, wa は, ga が – **c.** wa は / ga が, no の, ga が – **d.** wa は, wa は
5. a. Roran-san wa Akari-san to bijutsu-kan ni ikitai desu. ロランさんはあかりさんとびじゅつかんにいきたいです。 – **b.** Akari-san wa konban Roran-san no kazoku to pasuta o tabemasu. あかりさんはこんばんロランさんのかぞくとパスタをたべます。 – **c.** Akari-san wa aisukurîmu ga dai-suki desu. あかりさんはアイスクリームがだいすきです。 – **d.** Akari-san wa konban mo ashita mo asatte mo Roran-san no uchi ni tomarimasu. あかりさんはこんばんもあしたもあさってもロランさんのうちにとまります。 – **e.** Machi no chûshin ni wa mise ga takusan arimasu. まちのちゅうしんにはみせがたくさんあります。

7. ACHATS

09 🔊 **1. a.** yon-hyaku-ni-jû-kyû よんひゃくにじゅうきゅう 429 – **b.** sanbyaku-roku-jû-hachi さんびゃくろくじゅうはち 368 – **c.** go-hyaku-nana-jû-ichi ごひゃくななじゅういち 571 – **d.** happyaku-yon-jû-san はっぴゃくよんじゅうさん 843 – **e.** kyû-hyaku-san-jû-ni きゅうひゃくさんじゅうに 932 – **f.** roppyaku-go-jû-yon ろっぴゃくごじゅうよん 654 – **g.** hyaku-hachi-jû-nana ひゃくはちじゅうなな 187
2. a. Iie, oishiku nai desu. いいえ、おいしくないです。 – **b.** Iie, suki dewa arimasen. いいえ、すきではありません。 – **c.** Iie, takaku nakatta desu. いいえ、たかくなかったです。 – **d.** Iie, mimasen. いいえ、みません。 – **e.** Iie, amari nomimasen deshita. いいえ、あまりのみませんでした。 – **f.** Iie, sui-yôbi dewa arimasen. いいえ、すいようびではありません。
3. a. Aisukurîmu wa totemo oishii desu ka. アイスクリームはとてもおいしいですか。 – **b.** Kudamono ga sukoshi kaitai desu. くだものがすこしかいたいです。 – **c.** Hon o takusan yomimasu. ほんをたくさんよみます。 – **d.** Pasuta wa amari oishiku nakatta desu. パスタはあまりおいしくなかったです。 – **e.** Nashi o go-hyaku-guramu kaimasu. なしをごひゃくグラムかいます。
4. a. Furansu no wain wa nihon no wain yori zutto yûmei desu. フランスのワインはにほんのワインよりずっとゆうめいです。 – **b.** Kyô no eiga wa sore hodo omoshiroku nakatta desu. きょうのえいがはそれほどおもしろくなかったです。 – **c.** Kôhî ga sukoshi nomitai desu. コ

― ヒーがすこしのみたいです。 – **d.** Kono mise ni wa kudamono no uriba ga arimasu ka. このみせにはくだもののうりばがありますか。

8. L'AMI DE ROLAND

10 🔊 **1. a.** san-ji さんじ 3 heures – **b.** shichi-ji しちじ 7 heures – **c.** ku-ji くじ 9 heures – **d.** ichi-ji ni-juppun いちじにじゅっぷん 1 h 20 – **e.** yo-ji san-juppun よじさんじゅっぷん 4 h 30 – **f.** roku-ji yon-jû-go-fun ろくじよんじゅうごふん 6 h 45 – **g.** jû-ni-ji go-jû-happun じゅうにじごじゅうはっぷん 12 h 58
2. a. go-dan – **b.** ichi-dan – **c.** go-dan – **d.** irrégulier – **e.** go-dan – **f.** go-dan – **g.** go-dan
3. a. Hachi-ji ni kimasu. はちじにきます。 – **b.** Hai, tabemasu. はい、たべます。 – **c.** Hai, yoku kimasu. はい、よくきます。 – **d.** Iie, hanashimasen. いいえ、はなしません。 – **e.** Iie, ganbari-ya dewa arimasen. / Iie, sô dewa arimasen / Iie, sugu ni benkyô o yamemashita. いいえ、がんばりやではありません。／いいえ、そうではありません。／いいえ、すぐにべんきょうをやめました。
4. a. Akari-san no tomodachi wa machi no chûshin made arukimashita. あかりさんのともだちはまちのちゅうしんまであるきました。 – **b.** Kyô (wa) daigaku no tosho-kan ni benkyô shi ni ikimashô. きょう（は）だいがくのとしょかんにべんきょうしにいきましょう。 – **c.** Bijutsu-kan wa kono chikaku desu ka. びじゅつかんはこのちかくですか。 Iie, kuruma de san-juppun desu. ーいいえ、くるまでさんじゅっぷんです。 – **d.** Horâ eiga wa nan-ji kara desu ka. ホラーえいがはなんじからですか。 Yo-ji san-juppun kara desu. よじさんじゅっぷんからです。

9. PRÉPARATION DU DÎNER

11 🔊 **1. a.** tsukatte, tsukaimasu つかって、つかいます utiliser – **b.** dashite, dashimasu だして、だします sortir qqch. – **c.** mite, mimasu みて、みます regarder – **d.** yasunde, yasumimasu やすんで、やすみます se reposer – **e.** aruite, arukimasu あるいて、あるきます marcher – **f.** kitte, kirimasu きって、きります couper – **g.** isoide, isogimasu いそいで、いそぎます se dépêcher
2. a. hanashite kudasai はなしてください – **b.** hajimete kudasai はじめてください – **c.** tabete kudasai たべてください – **d.** kite kudasai きてください – **e.** katte kudasai かってください
3. a. to と – o を – **b.** no の – ni に – ga が – **c.** wa は – de で – no の – to と – no の
4. a. Heya ga futatsu arimasu ga, ôkii hô o tsukatte kudasai. へやがふたつありますが、おおきいほうをつかってください。 – **b.** Koko de sukoshi yasunde kudasai. Sore kara ban-gohan o tabemashô. ここですこしやすんでください。それからばんごはんをたべましょう。 – **c.** Roran-san no tomodachi desu kara, Akari to yonde kudasai. ロランさんのともだちですから、あかりとよんでください。 – **d.** Ashita wa nichi-yôbi desu kara, jû-ji made nemashô. あしたはにちようびですから、じゅうじまでねましょう。

10. SOUVENIRS

12 🔊 **1. a.** arimasu, aru あります、ある : atte あって – **b.** ikimasu, iku いきます、いく : itte いって – **c.** hairimasu, hairu はいります、はいる : haitte はいって – **d.** shimasu, suru します、する : shite して

263

– **e.** utaimasu, utau うたいます、うたう : utatte うたって
2. a. Toshokan ni <u>itte</u>, hon o yomimashita. としょかんに<u>いって</u>、ほんをよみました。– **b.** Nimotsu o <u>motte</u>, arukimashita. にもつを<u>もって</u>、あるきました。– **c.** Machi o <u>kankô-shite</u>, tomodachi no uchi ni ikimasu. まちを<u>かんこうして</u>、ともだちのうちにいきます。– **d.** <u>Tsukarete</u>, hoteru ni ikimashita. <u>つかれて</u>、ホテルにいきました。– **e.** Konban tomodachi to eiga o <u>mite</u>, ban-gohan o tabemasu. こんばんともだちとえいがを<u>みて</u>、ばんごはんをたべます。 – **f.** Kono machi wa <u>kirei de</u>, shizuka desu. このまちは<u>きれいで</u>、しずかです。 – **g.** Kono eiga wa <u>omoshirokute</u>, romanchikku desu. このえいがは<u>おもしろくて</u>、ロマンチックです。
3. a. これはかわいくてあんぜんなくるまです。 Kore wa kawaikute anzenna kuruma desu. – **b.** ともだちとうたをたくさんうたって、たのしかったです。 Tomodachi to uta o takusan utatte, tanoshikatta desu. – **c.** パスタがだいすきで、よくたべます。 Pasuta ga dai-suki de, yoku tabemasu. – **d.** れいぞうこからやさいをだして、あらって、きりました。 Reizôko kara yasai o dashite, aratte, kirimashita. – **e.** にせんじゅうごねんにイタリアをかんこうして、にせんじゅうななねんにドイツにいきました。 Ni-sen-jû-go-nen ni itaria o kankô-shite, ni-sen-jû-nana-nen ni doitsu ni ikimashita.

11. PROMENADE MATINALE

1. a. Akari-san wa, Momiji daigaku no gakusei desu. あかりさんは、もみじだいがくのがくせいです。 Akari est étudiante à l'université Momiji. – **b.** Akari-san wa, gakubu no yo-nen-sei desu. あかりさんは、がくぶのよねんせいです。 Akari est en quatrième année. – **c.** Akari-san wa, ongaku-shi no benkyô o shite imasu. あかりさんは、おんがくしのべんきょうをしています。 Akari étudie l'histoire de la musique. – **d.** Akari-san wa, sotsuron o kaite imasu. あかりさんは、そつろんをかいています。 Akari est en train d'écrire un mémoire de fin d'études. – **e.** Akari-san wa, Roran-san no uchi ni tomatte imasu. あかりさんは、ロランさんのうちにとまっています。 Akari séjourne chez Roland. – **f.** Akari-san wa, Roran-san no o-tôsan to sanpo o shite imasu. あかりさんは、ロランさんのおとうさんとさんぽをしています。 Akari fait une promenade avec le père de Roland.
2. a. dô どう / ikaga いかが – **b.** donna どんな – **c.** itsu いつ – **d.** nan-ji なんじ – **e.** ikura いくら – **f.** doko どこ
3. a. Roran-san no o-tôsan wa, mainichi roku-ji goro okimasu. ロランさんのおとうさんは、まいにちろくじごろおきます。– **b.** Roran-san wa, haya-oki dewa arimasen kara, mada nete imasu. ロランさんは、はやおきではありませんから、まだねています。– **c.** Iroirona hana ga saite ite, ôkii ike mo atte, totemo kireina kôen desu. いろいろなはながさいていて、おおきいいけもあって、とてもきれいなこうえんです。 – **d.** Issho ni eiga o mi ni ikimasen ka. –Hai, zehi (mi ni) ikitai desu. いっしょにえいがをみにいきませんか。-はい、ぜひ（みに）いきたいです。

12. LECTURE DES E-MAILS

1. a. ロランさんは、<u>しんせつだ</u>とおもいます。 Roran-san wa,

shinsetsu da to omoimasu. Je pense que Roland est gentil. (しんせつです。 Shinsetsu desu.) – **b.** あかりさんは、そつろんを<u>かいている</u>んです。 Akari-san wa, sotsuron o <u>kaite iru</u> n desu. Akari est en train d'écrire son mémoire de fin d'études. (かいています Kaite imasu.) – **c.** アイスクリームが<u>たべたい</u>とおもいます。 Aisukurîmu ga <u>tabetai</u> to omoimasu. J'aimerais manger une glace. (たべたいです。 Tabetai desu.) – **d.** きのうともだちが<u>きた</u>んです。 Kinô tomodachi ga <u>kita</u> n desu. Hier, un ami est venu. (きました。 Kimashita)

2. a. よまない。 Yomanai. – **b.** りょうがえした。 Ryôgae-shita. – **c.** あそびにくる。 Asobi ni kuru. – **d.** えいがかんだ。 Eiga-kan da. – **e.** ゆうめいだ。 Yûmei da. – **f.** うたっている。 Utatte iru. – **g.** たすけたい。 Tasuketai.

3. a. の no – は wa – が ga – **b.** が ga – の no – と to – **c.** は wa – が ga

4. a. どうしたんですか。まだよじですよ。 Dô shita n desu ka. Mada yo-ji desu yo. じさではやくめがさめたんです。 Jisa de hayaku me ga sameta n desu. – **b.** くだものがたべたいですから、かいにいきましょう。 Kudamono ga tabetai desu kara, kai ni ikimashô. – **c.** にほんりょうりはおいしくてヘルシーだとおもいます。 Nihon ryôri wa oishikute herushî da to omoimasu.

13. LA CHAMBRE DE LA RÉSIDENCE

1. a. よんひゃくごごうしつ yon-hyaku-go-gô-shitsu, chambre 405 – **b.** はちかげつ hachi-kagetsu, huit mois – **c.** よねんせい yo-nen-sei, étudiant(e) de quatrième année – **d.** ろくじはん roku-ji han, six heures et demie – **e.** せんきゅうひゃくななじゅうきゅうねん sen-kyû-hyaku-nana-jû-kyû-nen, 1979 – **f.** しちじごじゅっぷん shichi-ji-go-juppun, 7 h 50 – **g.** さんびゃくグラム sanbyaku-guramu, 300 g – **h.** じゅうさんてんごユーロ jû-san-ten-go-yûro, 13,50 euros

2. a. Q かわなければなりませんか。/ Kawanakereba narimasen ka. / R いいえ、かわなくてもいいです。/ Iie, kawanakute mo ii desu. – **b.** Q みなければなりませんか。/ Minakereba narimasen ka. / R いいえ、みなくてもいいです。/ Iie, minakute mo ii desu. – **c.** Q もってこなければなりませんか。/ Motte konakereba narimasen ka. / R いいえ、もってこなくてもいいです。/ Iie, motte konakute mo ii desu. – **d.** Q がまんしなければなりませんか。/ Gaman-shinakereba narimasen ka. / R いいえ、がまんしなくてもいいです。/ Iie, gaman-shinakute mo ii desu. – **e.** Q またなければなりませんか。/ Matanakereba narimasen ka. / R いいえ、またなくてもいいです。/ Iie, matanakute mo ii desu.

3. a. <u>だいじょうぶだ</u>とおもいます。 <u>Daijôbu da</u> to omoimasu. Je pense que ça va aller. – **b.** あかりさんを<u>たすける</u>ことができません。 Akari-san o <u>tasukeru</u> koto ga dekimasen. Je ne peux pas venir en aide à Akari. – **c.** メールのチェックが<u>したい</u>んです。 Mêru no chekku ga <u>shitai</u> n desu. Je voudrais lire mes e-mails. – **d.** りょうしんが<u>しんぱいしている</u>とおもいます。 Ryôshin ga <u>shinpai-shite iru</u> to omoimasu. Je pense que mes parents s'inquiètent.

4. a. あかりさんはいまだいがくのよねんせいですから、そつろんをかかなければなりません。

Akari-san wa ima daigaku no yo-nen-sei desu kara, sotsuron o kakanakereba narimasen. – **b.** ロランさんのりょうしんはにほんにいくことができません。 Roran-san no ryôshin wa nihon ni iku koto ga dekimasen. – **c.** なにかひつようなものはありますか。 Nanika hitsuyôna mono wa arimasu ka. – いいえ、なにもありません。 Iie, nani mo arimasen.

14. LE COLIS

16 🔊 **1. a.** ロランさんとあかりさんは、でんわではなしています。 Roran-san to Akari-san wa, denwa de hanashite imasu. Roland et Akari parlent au téléphone. – **b.** あかりさんのおかあさんは、にほんからこづつみをおくりました。 Akari-san no o-kâsan wa, nihon kara kozutsumi o okurimashita. La mère d'Akari (lui) a envoyé un colis du Japon. – **c.** そのこづつみは、どこかへいってしまいました。 Sono kozutsumi wa, dokoka e itte shimaimashita. Ce colis a disparu. – **d.** なかに、のりや、おちゃや、つけものがはいっています。 Naka ni, nori ya, o-cha ya, tsuke-mono ga haitte imasu. À l'intérieur, il y a des algues séchées, du thé et des légumes en saumure. – **e.** ロランさんは、わがしがだいすきです。 Roran-san wa, wagashi ga daisuki desu. Roland adore les gâteaux japonais. – **f.** ロランさんは、あかりさんとゆうびんきょくにいきます。 Roran-san wa, Akari-san to yûbin-kyoku ni ikimasu. Roland va à la poste avec Akari.

2. a. いいえ、まだみていません。 Iie, mada mite imasen. – **b.** いいえ、まだしていません。 Iie, mada shite imasen. – **c.** いいえ、まだよんでいません。 Iie, mada yonde imasen. – **d.** いいえ、まだかっていません。 Iie, mada katte imasen.

3. a. どこ doko – **b.** なに nani – **c.** どう dô – **d.** どちら dochira – **e.** いつ Itsu

4. a. ひとりでこのにもつをもつことができないとおもいます。 Hitori de kono nimotsu o motsu koto ga dekinai to omoimasu. – **b.** フライパンがひとつひつようですから、かいにいきましょう。 Furaipan ga hitotsu hitsuyô desu kara, kai ni ikimashô. – **c.** れいぞうこのなかにいろいろなやさいがはいっています。 Reizôko no naka ni iroirona yasai ga haitte imasu.

15. VOL DANS UN FAST-FOOD

17 🔊 **1. a.** ロランさんは、らいげつにほんにいくといいました。 Roran-san wa, raigetsu nihon ni iku to iimashita. Roland a dit qu'il allait au Japon le mois prochain. – **b.** あかりさんは、バッグがなくなったといいました。 Akari-san wa, baggu ga nakunatta to iimashita. Akari a dit que son sac avait disparu. – **c.** あかりさんは、まだけいさつへいっていないといいました。 Akari-san wa, mada keisatsu e itte inai to iimashita. Akari a dit qu'elle n'était pas encore allée à la police. – **d.** ロランさんは、あかりさんはげんきがないといいました。 Roran-san wa, Akari-san wa genki ga nai to iimashita. Roland a dit qu'Akari n'avait pas la forme. – **e.** あかりさんは、ロランさんがいったとおりだったといいました。 Akari-san wa, Roran-san ga itta tôri datta to iimashita. Akari a dit que Roland avait raison.

2. a. あかりさんはロランさんのうちにとまることになりました。 Akari-san wa Roran-san no uchi ni tomaru koto ni narimashita. – **b.** ロ

ランさんとあかりさんはこづつみをさがしにいくことになりました。 Roran-san to Akari-san wa kozutsumi o sagashi ni iku koto ni narimashita. – **c.** ロランさんはりょうのそばであかりさんをまつことになりました。 Roran-san wa ryô no soba de Akari-san o matsu koto ni narimashita. – **d.** あかりさんはロランさんのおとうさんとあさのさんぽをすることになりました。 Akari-san wa Roran-san no o-tôsan to asa no sanpo o suru koto ni narimashita. – **e.** あかりさんとロランさんはいっしょにえいがをみることになりました。 Akari-san to Roran-san wa issho ni eiga o miru koto ni narimashita.

3. a. もの mono – **b.** こと koto – **c.** こと koto – **d.** もの mono

4. a. ―げんきがありませんね。どうしたんですか。 Genki ga arimasen ne. Dô shita n desu ka. ―じさであさはやくめがさめてしまうんです。 Jisa de asa hayaku me ga samete shimau n desu. – **b.** なにをさがしているんですか。 Nani o sagashite iru n desu ka. ―ノートパソコンがなくなったんです。 Nôto pasokon ga nakunatta n desu. – **c.** いいニュースがあります。 Ii nyûsu ga arimasu. ―なんですか。 – Nan desu ka. ―ともだちがてつだってくれることになりました。 – Tomodachi ga tetsudatte kureru koto ni narimashita.

16. DANS L'AVION

1. a. ひこうきのなかでたべたごはんは、おいしくなかったです。 Hikôki no naka de tabeta gohan wa, oishiku nakatta desu. Le repas que j'ai mangé dans l'avion n'était pas bon. – **b.** にほんからきたこづつみに、わがしがはいっていました。 Nihon kara kita kozutsumi ni, wagashi ga haitte imashita. Dans le colis [qui est] arrivé du Japon, il y avait des gâteaux japonais. – **c.** りょうのちかくにあるゆうびんきょくへいきました。 Ryô no chikaku ni aru yûbin-kyoku e ikimashita. Je suis allée à la poste qui se trouve près de la résidence. – **d.** きのうともだちとみたえいがは、とてもよかったです。 Kinô tomodachi to mita eiga wa, totemo yokatta desu. Le film que j'ai vu hier avec des amis était très bien.

2. a. は wa, の no, で de, を o – **b.** は wa, へ/に e/ni, に ni – **c.** が ga, を o, は wa – **d.** の no, の no, は wa, に ni, に ni, へ/に e/ni

3. a. ひとつ hitotsu – **b.** ひとり hitori – **c.** いちキロ ichi-kiro – **d.** いっかげつ ikkagetsu

4. a. でんわのそばにあるパソコンをつかってもいいですか。 Denwa no soba ni aru pasokon o tsukatte mo ii desu ka. ―どうぞ。 – Dôzo. – **b.** となりのへやにすんでいるじょせいはドイツじんです。 Tonari no heya ni sunde iru josei wa dotsu-jin desu. – **c.** きのうとしょかんでよんだほんは、とてもおもしろかったです。 Kinô tosho-kan de yonda hon wa, totemo omoshirokatta desu.

17. AU BUREAU D'INFORMATION

1. a. さんじゅっぷんまえから、としょかんでほんをよんでいます。 San-juppun mae kara, tosho-kan de hon o yonde imasu. Je lis un livre à la bibliothèque depuis trente minutes. – **b.** にかげつまえから、だいがくのりょうにすんでいます。 Ni-kagetsu mae kara, daigaku no ryô ni sunde imasu. J'habite dans une résidence universitaire depuis deux mois. – **c.** ごふんまえから、

パソコンでメールチェックをしています。Go-fun mae kara, pasokon de mêru-chekku o shite imasu. Je lis mes e-mails sur mon ordinateur depuis cinq minutes. – **d.** らいげつから、にほんのかいしゃでけんしゅうをします。Raigetsu kara, nihon no kaisha de kenshû o shimasu. À partir du mois prochain, je fais un stage dans une société japonaise.

2. a. えん en – **b.** だいどころ daidokoro – **c.** じゅうにん jûnin – **d.** えいがかん eiga-kan

3. a. タクシーにのることにしました。 Takushî ni noru koto ni shimashita. – **b.** ゆうびんきょくへききにいくことにしました。Yûbin-kyoku e kiki ni iku koto ni shimashita. – **c.** ネットでにもつをついせきしてみることにしました。Netto de nimotsu o tsuiseki-shite miru koto ni shimashita. – **d.** あたらしいなべをひとつかうことにしました。Atarashii nabe o hitotsu kau koto ni shimashita. – **e.** くうこうでりょうがえすることにしました。Kûkô de ryôgae-suru koto ni shimashita.

4. a. くうこうからホテルまでくるまでじゅうごふんぐらいです。Kûkô kara hoteru made kuruma de jû-go-fun gurai desu. – **b.** 「ホテル」というのは、おかねをはらってとまるところです。« Hoteru » to iu no wa, o-kane o haratte tomaru tokoro desu. – **c.** くうこうたくはいをりようしてスーツケースをじたくまでおくることにしました。Kûkô takuhai o riyô-shite sûtsukêsu o jitaku made okuru koto ni shimashita. – **d.** このみせのアイスクリームがたべたくて、さっきからずっとまっています。Kono mise no aisukurîmu ga tabetakute, sakki kara zutto matte imasu.

18. PREMIER JOUR DE STAGE

20 🔊 **1. a.** きょうからけんしゅうでおせわになるロランです。Kyô kara kenshû de o-sewa ni naru Roran desu. Mon nom est Roland et à partir d'aujourd'hui, je compte sur vous pour mon stage. – **b.** さっき、へやをよやくしたやまだです。Sakki, heya o yoyaku-shita Yamada desu. Mon nom est Yamada, je vous ai réservé une chambre tout à l'heure. – **c.** きのうメールをおおくりしたいしいです。Kinô mêru o o-okuri-shita Ishii desu. Mon nom est Ishii, c'est moi qui vous ai envoyé un e-mail hier. – **d.** きんようびのばん、いざかやでいっしょにしゃしんをとったきのしたです。Kin-yôbi no ban, izaka-ya de issho ni shashin o totta Kinoshita desu. Mon nom est Kinoshita et nous nous sommes pris en photo ensemble vendredi soir au bistrot japonais.

2. a. にほんごがはなせます。Nihon-go ga hanasemasu. – **b.** えいごのほんがよめます。Ei-go no hon ga yomemasu. – **c.** ネットでワインがかえます。Netto de wain ga kaemasu. – **d.** あした、あさはやくこられますか。Ashita, asa hayaku koraremasu ka. – **e.** くうこうたくはいでスーツケースがおくれます。Kûkô takuhai de sûtsukêsu ga okuremasu.

3. a. いいえ、ちいさいかいしゃです。/いいえ、おおきいかいしゃではありません。Iie, chîsai kaisha desu./Iie, ôkii kaisha dewa arimasen. – **b.** ぜんいんのなまえとかおをおぼえることです。Zen.in no kao to namae o oboeru koto desu. – **c.** すばらしいです。 Subarashii desu. – **d.** いざかやでやります。Izaka-ya de yarimasu.

4. a. ちいさいだいがくですから、

がくせいがさんびゃくにんしかいません。 Chîsai daigaku desu kara, gakusei ga sanbyaku-nin shika imasen. – **b.** わたしのしごとは、やすくておいしいりょうりをつくることです。 Watashi no shigoto wa, yasukute oishii ryôri o tsukuru koto desu. – **c.** –カラオケというのはどんなところですか。 Karaoke to iu no wa donna tokoro desu ka. –うたをうたうところです。 Uta o utau tokoro desu.

19. LE TRAVAIL DU DEUXIÈME JOUR

21 🔊 **1. a.** ロランさんは、きのうあれからどこへいきましたか。
Roran-san wa, kinô are kara doko e ikimashita ka. カラオケへいきました。 Karaoke e ikimashita. – **b.** なんにんでいきましたか。 Nan-nin de ikimashita ka. はちにんでいきました。 Hachi-nin de ikimashita. – **c.** ゆうびんぶつは、なんじごろきますか。 Yûbin-butsu wa, nan-ji goro kimasu ka. じゅうじごろきます。 Jû-ji goro kimasu. – **d.** それをだれにわたしますか。 Sore o dare ni watashimasu ka. あてなのひとにわたします。 Atena no hito ni watashimasu. – **e.** そのあと、ロランさんはなにをしますか。 Sono ato, Roran-san wa nani o shimasu ka. みんなにたべたいおべんとうをききます。 Minna ni tabetai o-bentô o kikimasu.
2. a. うえ ue – **b.** なか naka – **c.** そば soba
3. a. やすくなりました。 Yasuku narimashita. Maintenant, c'est bon marché/Le prix a baissé. – **b.** のみたくなりました。 Nomitaku narimashita. Maintenant, j'ai envie de boire. – **c.** とてもよくなりました。 Totemo yoku narimashita. Cela s'est beaucoup amélioré. – **d.** マスターのにねんせいになりました。 Masutâ no ni-nensei ni narimashita. Je suis passé en deuxième année de master. – **e.** すきになりました。 Suki ni narimashita. Maintenant, j'aime bien.
4. a. なんでもたべたいものをかってください。 Nan demo tabetai mono o katte kudasai. – **b.** じゅうにじにくるがくせいにこのてがみをわたしてください。 Jû-ni-ji ni kuru gakusei ni kono tegami o watashite kudasai. – **c.** にもつがおもくてひとりでくるままではこべません。 Nimotsu ga omokute hitori de kuruma made hakobemasen. – **d.** ちゅうもんしたおべんとうがまだきていません。どうしたらいいですか。 Chûmon-shita o-bentô ga mada kite imasen. Dô shitara ii desu ka.

20. ALLER FAIRE UNE COURSE

22 🔊 **1. a.** ここからえきのほうへじゅっぷんぐらいあるくと、こうえんがあります。 Koko kara eki no hô e juppun gurai aruku to, kôen ga arimasu. Si vous marchez dix minutes d'ici en direction de la gare, vous trouverez un parc (litt. « il y a un parc »). – **b.** そのこうさてんをひだりにまがると、おおきいえいがかんがあります。 Sono kôsaten o hidari ni magaru to, ôkii eiga-kan ga arimasu. Si vous tournez à gauche à ce croisement, vous verrez un grand cinéma (litt. « il y a un grand cinéma »). – **c.** にしぐちではなくて、ひがしぐちでまっています。 Nishi-guchi dewa nakute, higashi-guchi de matte imasu. Je vous attends à la sortie est et non pas la sortie ouest. – **d.** このほんにかいてあるとおりにすれば、だいじょうぶです。 Kono hon ni kaite aru tôri ni sureba, daijôbu

desu. Tout ira bien si vous faites comme il est écrit dans ce livre.
2. a. きて kite – **b.** いきます ikimasu – **c.** いきました ikimashita
3. a. だいじなしょるいをもっていきます。 Daijina shorui o motte ikimasu. – **b.** もりのみやにいきます。 Mori no miya ni ikimasu. – **c.** なまえはありません。 Namae wa arimasen. – **d.** びょういんがあります。 Byôin ga arimasu. – **e.** いいえ、みぎではなくてひだりへまがります。 Iie, migi dewa nakute hidari e magarimasu.
4. a. でぐちがたくさんあってふくざつですから、きをつけてください。 Deguchi ga takusan atte fukuzatsu desu kara, ki o tsukete kudasai. – **b.** パスポートがなくてもひこうきにのれますか。 Pasupôto ga nakute mo hikôki ni noremasu ka. –いいえ、のれません。 Iie, noremasen. – **c.** ロランさん、いまけんしゅうをしているかいしゃのじゅうしょをおしえてくれませんか。 Roran-san, ima kenshû o shite iru kaisha no jûsho o oshiete kuremasen ka.

21. PERDRE SON CHEMIN

1. a. ロランさんは、おつかいにいって、まいごになりました。 Roran-san wa, o-tsukai ni itte, maigo ni narimashita. En allant faire une course, Roland s'est perdu. – **b.** ロランさんは、けいたいでんわをわすれたので、れんらくできませんでした。 Roran-san wa, keitai-denwa o wasureta node, renraku-dekimasen deshita. Comme Roland avait oublié son portable, il n'a pas pu prévenir. – **c.** ロランさんは、そそっかしくて、ひとつまえのえきでおりてしまいました。 Roran-san wa, sosokkashikute, hitotsu mae no eki de orite shimaimashita. Étourdi, Roland est descendu à l'arrêt précédent. – **d.** ロランさんは、こうばんのおまわりさんに、みちをおしえてもらいました。 Roran-san wa, kôban no o-mawari-san ni, michi o oshiete moraimashita. Roland a demandé à l'agent du poste de police de lui expliquer le chemin.
2. a. の no – は wa – の no – に ni – **b.** は wa – に ni – を o – **c.** は wa – を o – の no – で de
3. a. はやくおきられなくてすみませんでした。 Hayaku okirarenakute sumimasen deshita. – **b.** きのうかんげいかいにいけなくてすみませんでした。 Kinô kangei-kai ni ikenakute sumimasen deshita. – **c.** じぶんのパソコンをもってこられなくてすみませんでした。 Jibun no pasokon o motte korarenakute sumimasen deshita.
4. a. もらいました moraimashita – **b.** くれました kuremashita – **c.** もらいました moraimashita – **d.** くれました kuremashita
5. a. えきのアナウンスがよくきこえなくて、のるでんしゃをまちがえました。 Eki no anaunsu ga yoku kikoenakute, noru densha o machigaemashita. – **b.** ほんにかいてあるとおりにりょうりをつくりましたが、おいしくなかったです。 Hon ni kaite aru tôri ni ryôri o tsukurimashita ga, oishiku nakatta desu. – **c.** パスポートはこのつくえのひきだしのなかにはいっています。 Pasupôto wa kono tsukue no hikidashi no naka ni haitte imasu. – **d.** ともだちがおしえてくれたかいしゃのでんわばんごうは、せいかくではありませんでした。 Tomodachi ga oshiete kureta kaisha no denwa bangô wa, seikaku dewa arimasen deshita.

22. ACCIDENT

1. a. ロランさんは、じこにあいましたが、ぶじでした。 Roran-san wa, jiko ni aimashita ga, buji deshita. Roland a eu un accident, mais il est sain et sauf. – **b.** ロランさんは、あさ、つうきんのとちゅうで、じてんしゃとぶつかりました。 Roran-san wa, asa, tsûkin no tochû de, jiten-sha to butsukarimashita. Roland est entré en collision avec un vélo le matin en se rendant au travail. – **c.** じてんしゃにのっていたおじいさんは、ほねがおれたかもしれません。 Jiten-sha ni notte ita o-jîsan wa, hone ga oreta kamoshiremasen. Le vieux monsieur qui était à vélo s'est peut-être fait une fracture. – **d.** ロランさんは、ばしょがせつめいできないので、ほかのひとにひゃくとおばんをしてもらいました。 Roran-san wa, basho ga setsumei-dekinai node, hoka no hito ni hyaku-tô-ban o shite moraimashita. Comme Roland ne pouvait expliquer où ils se trouvaient, il a demandé à une autre personne de faire le 110. – **e.** ロランさんは、たかださんにでんわをして、じこにあったといいました。 Roran-san wa, Takada-san ni denwa o shite, jiko ni atta to iimashita. Roland a téléphoné à Mme Takada et lui a dit qu'il avait eu un accident.

2. a. どこだかわかりません。 Doko da ka wakarimasen. – **b.** なんじにおきるかわかりません。 Nan-ji ni okiru ka wakarimasen. – **c.** どちらがすきだかわかりません。 Dochira ga suki da ka wakarimasen. – **d.** どんなしごとをしているかわかりません。 Donna shigoto o shite iru ka wakarimasen. – **e.** なにをしたかわかりません。 Nani o shita ka wakarimasen.

3. a. じこにあいました。 Jiko ni aimashita. / じてんしゃとぶつかりました。 Jiten-sha to butsukarimashita. – **b.** いいえ、ぶじでした。 Iie, buji deshita. / けがはしませんでした。 Kega wa shimasen deshita. – **c.** どちらがわるいかわかりません。 Dochira ga warui ka wakarimasen. – **d.** はい、れんらくしました。 Hai, renraku-shimashita. – **e.** はい、います。 Hai, imasu.

4. a. こうばんのおまわりさんは、ロランさんにわかりやすくみちをおしえました。 Kôban no o-mawari-san wa, Roran-san ni wakariyasuku michi o oshiemashita. – **b.** わたしは、まいあさ、つうきんのとちゅうで、おいしいコーヒーをかってえきでのみます。 Watashi wa, maiasa, tsûkin no tochû de, oishii kôhî o katte eki de nomimasu. – **c.** きゅうきゅうしゃというのは、けがをしたひとをびょういんにはこぶくるまです。 Kyûkyû-sha to iu no wa, kega o shita hito o byôin ni hakobu kuruma desu. – **d.** じこででんしゃがうごかないので、なんじにかいしゃにいけるかわかりません。 Jiko de densha ga ugokanai node, nan-ji ni kaisha ni ikeru ka wakarimasen.

23. BASE-BALL

1. a. れんしゅうにさんかしたら、じょうずになるかもしれません。 Renshû ni sanka shitara, jôzu ni naru kamoshiremasen. Si tu participes aux entraînements, tu progresseras peut-être. – **b.** だいじょうぶですよ。ちゃんとれんしゅうすれば、じょうずになりますよ。 Daijôbu desu yo. Chanto renshû sureba, jôzu ni narimasu yo. Pas de problème. Si tu t'entraînes bien, tu progresseras.

– **c.** そのこうさてんをひだりにまがると、びじゅつかんがあります。 Sono kôsaten o hidari ni magaru to, bijutsu-kan ga arimasu. Si vous tournez à gauche à ce croisement, vous trouverez le musée. – **d.** リムジンバスなら、あそこでのれます。 Rimujin-basu nara, asoko de noremasu. Le bus limousine, vous pouvez le prendre là-bas.
2. a. このみせのアイスクリームをたべたことがあります。 Kono mise no aisukurîmu o tabeta koto ga arimasu. – **b.** にほんりょうりをつくったことがあります。 Nihon ryôri o tsukutta koto ga arimasu. – **c.** かぶきをみにいったことがあります。 Kabuki o mi ni itta koto ga arimasu. – **d.** そのまちをかんこうしたことがあります。 Sono machi o kankô-shita koto ga arimasu. – **e.** うちのかいしゃにきたことがありますか。 Uchi no kaisha ni kita koto ga arimasu ka.
3. a. は wa – に ni – の no – に ni – **b.** の no – の no – は wa – に ni – を o – が ga – **c.** の no – が ga – **d.** は wa – を o – から kara – と to
4. a. えいごはとくいですが、ドイツごはあまりわかりません。 Ei-go wa tokui desu ga, doitsu-go wa amari wakarimasen. – **b.** あしたあさはやくかいしゃにこられますか。 Ashita asa hayaku kaisha ni koraremasu ka. —あしたはちょっと… Ashita wa chotto… – **c.** ロランさんは、こうこうじだいに、ともだちといっしょににほんごのべんきょうをはじめました。 Roran-san wa, kôkô-jidai ni, tomodachi to issho ni nihon-go no benkyô o hajimemashita. – **d.** ロランさんはやきゅうのしあいにでることになりました。 Roran-san wa yakyû no shiai ni deru koto ni narimashita.

24. APRÈS LE KABUKI

26 🔊 **1. a.** あかりさんのそつぎょうしきは、さんがつはつかです。 Akari-san no sotsugyô-shiki wa, sangatsu hatsuka desu. La cérémonie de remise de diplômes d'Akari aura lieu le 20 mars. – **b.** ロランさんは、くがつついたちに、けんしゅうをはじめました。 Roran-san wa, kugatsu tsuitachi ni, kenshû o hajimemashita. Roland a commencé son stage le 1er septembre. – **c.** やきゅうのしあいは、じゅういちがつとおかでした。 Yakyû no shiai wa, jû-ichi-gatsu tôka deshita. Le match de base-ball a eu lieu le 10 novembre. – **d.** ロランさんとあかりさんは、じゅうにがつついたちに、かぶきをみにいきました。 Roran-san to Akari-san wa, jû-ni-gatsu tsuitachi ni, kabuki o mi ni ikimashita. Roland et Akari sont allés voir du kabuki le 1er décembre.
2. a. このりょうりはおいしそうです。 Kono ryôri wa oishisô desu. – **b.** このみせはたかそうです。 Kono mise wa takasô desu. – **c.** このほんはよさそうです。 Kono hon wa yosasô desu. – **d.** そんなにやすくなさそうです。 Sonna ni yasuku nasasô desu.
3. a. あと ato – **b.** まえ mae – **c.** まえ mae – **d.** あと ato
4. a. えいごのろんぶんはひとりでかけないので、ともだちにてつだってもらいました。 Eigo no ronbun wa hitori de kakenai node, tomodachi ni tetsudatte moraimashita. – **b.** ひさしぶりにいっしょにさんぽができてたのしかったです。 Hisashiburi ni issho ni sanpo ga dekite tanoshikatta desu. – **c.** ロランさんは、あかりさんがひとりできものがきられないことをしりませんでした。 Roran-san wa, Akari-san ga hitori de

kimono ga kirarenai koto o shirimasen deshita. – **d.** あのじこのとき、ひゃくとおばん（を）してくださってありがとうございました。そのおかげでたすかりました。　Ano jiko no toki. hyaku-tô-ban (o) shite kudasatte arigatô gozaimashita. Sono o-kage de tasukarimashita.

25. EXPÉRIENCE DE CALLIGRAPHIE

27 🔊 **1. a.** じゅっぷんしか、たたみのうえにすわっていられません。 Juppun shika, tatami no ue ni suwatte iraremasen. Je ne peux rester assis sur un tatami que dix minutes. – **b.** いま、くじよんじゅうごふんです。　Ima, ku-ji yon-jû-go-fun desu. Il est 9 h 45. – **c.** いちじかんはんぐらい、さんぽしました。　Ichi-jikan han gurai, sanpo-shimashita. Je me suis promené une heure et demie environ. – **d.** さんねんまえに、ドイツにいきました。　San-nen mae ni, doitsu ni ikimashita. Il y a trois ans, je suis allé en Allemagne. – **e.** ななかげつ、ゆうびんきょくでけんしゅうをしました。　Nana-kagetsu, yûbin-kyoku de kenshû o shimashita. J'ai fait un stage de sept mois à la poste.

2. a. すみがついています。　Sumi ga tsuite imasu. / くろいものがついています。Kuroi mono ga tsuite imasu. – **b.** きのうやりました。 Kinô yarimashita. – **c.** アパートのそばのしょどうきょうしつでやりました。　Apâto no soba no shodô kyôshitsu de yarimashita. / アパートのそばにあるしょどうきょうしつでやりました。　Apâto no soba ni aru shodô kyôshitsu de yarimashita. – **d.** はい、あります。　Hai, arimasu. – **e.** さんねんはんぐらいかよいました。　San-nen han gurai kayoimashita.

3. a. の no – に ni – が ga – **b.** は wa – で de – を o – **c.** は wa – の no – の no – に ni – **d.** は wa – の no – に ni – が ga – **e.** は wa – に ni – が ga

4. a. ロランさんはやきゅうをみたことはありましたが、やったことはありませんでした。　Roran-san wa yakyû o mita koto wa arimashita ga, yatta koto wa arimasen deshita. – **b.** きものになれれば、ひとりできられますよ。　Kimono ni narereba, hitori de kiraremasu yo. – **c.** きのうのばん、ながくあるいてつかれました。あしもいたくなりました。　Kinô no ban, nagaku aruite tsukaremashita. Ashi mo itaku narimashita. – **d.** こどものとき、やさいがすきではありませんでした。　Kodomo no toki, yasai ga suki dewa arimasen deshita.

26. NOUVEL AN

28 🔊 **1. a.** ねないでべんきょうしたのに、だいがくにはいれませんでした。　Nenaide benkyô-shita noni, daigaku ni hairemasen deshita. Je n'ai pas pu entrer à l'université, alors que j'ai travaillé nuit et jour (sans dormir). – **b.** スイスにいっているともだちが、らいげつかえってきます。　Suisu ni itte iru tomodachi ga, raigetsu kaette kimasu. Un ami qui est parti en Suisse reviendra le mois prochain. – **c.** がんばってにほんごをべんきょうしているのに、あまりじょうずになりません。 Ganbatte nihon-go o benkyô-shite iru noni, amari jôzu ni narimasen. Alors que j'étudie le japonais avec ardeur, je ne fais pas de progrès. – **d.** あかりさん、いいそつろんがかけるといいですね。　Akari-san, ii sotsuron ga kakeru to ii desu ne. J'espère que tu arriveras à écrire un

bon mémoire de fin d'études, Akari.
2. a. ともだちのうちにいったのに、ともだちはるすでした。 Tomodachi no uchi ni itta noni, tomodachi wa rusu deshita. – **b.** きのうはさむかったのに、きょうはあたたかいです。 Kinô wa samukatta noni, kyô wa atatakai desu. – **c.** きのうははれていたのに、きょうはひどいあめです。 Kinô wa harete ita noni, kyô wa hidoi ame desu. – **d.** あまりれんしゅうしなかったのに、しあいにかちました。 Amari renshû-shinakatta noni, shiai ni kachimashita. – **e.** あのふたりはともだちなのに、あまりいっしょにいません。 Ano futari wa tomodachi na noni, amari issho ni imasen.
3. a. あしたはあめがふるそうです。 Ashita wa ame ga furu sô desu. – **b.** こんばんはあめだそうです。 Konban wa ame da sô desu. – **c.** らいしゅうはさむくなるそうです。 Raishû wa samuku naru sô desu. – **d.** こんばん、ゆきはふらないそうです。 Konban, yuki wa furanai sô desu.
4. a. おいしいおせちりょうりがたべられてうれしかったです。 Oishii o-sechi ryôri ga taberarete ureshikatta desu. – **b.** このこうえんのなかにきれいないけがあるそうです。 Kono kôen no naka ni kireina ike ga aru sô desu. – **c.** ゆうめいなかいしゃでけんしゅうできるといいですね。 Yûmeina kaisha de kenshû-dekiru to ii desu ne. – **d.** きのうはとてもつかれて、ばんごはんをたべないでねてしまいました。 Kinô wa totemo tsukarete, ban-gohan o tabenaide nete shimaimashita.

27. AU SANCTUAIRE SHINTO

1. a. ロランさんは、いちがつついたちに、あかりさんのうちにあそびにいきました。 Roran-san wa, ichi-gatsu tsuitachi ni, Akari-san no uchi ni asobi ni ikimashita. Roland est allé passer un moment chez Akari le 1er janvier. – **b.** そして、あかりさんがおかあさんとふたりでつくったおせちりょうりを、たくさんたべました。 Soshite, Akari-san ga o-kâsan to futari de tsukutta o-sechi ryôri o, takusan tabemashita. Et il a mangé en grande quantité la cuisine du Nouvel An qu'Akari a préparée en duo avec sa mère. – **c.** そのあと、あかりさんとふたりで、じんじゃにはつもうでにいって、おみくじをひいて、おまもりをひとつかいました。 Sono ato, Akari-san to futari de, jinja ni hatsu-môde ni itte, omikuji o hiite, o-mamori o hitotsu kaimashita. Ensuite, il est allé au sanctuaire avec Akari pour la première prière de l'année, il a tiré un message de bonne fortune et il a acheté un porte-bonheur.
2. a. ワインをもっていかないでください。 Wain o motte ikanaide kudasai. – **b.** たかいやさいをかわないでください。 Takai yasai o kawanaide kudasai. – **c.** おみくじをきのえだにむすばないでください。 Omikuji o ki no eda ni musubanaide kudasai. – **d.** としょかんのほんをもってかえらないでください。 Tosho-kan no hon o motte kaeranaide kudasai.
3. a. いいえ、「だいきち」でした。 Iie, « dai-kichi » deshita. – **b.** 「じこにちゅうい」とかいてありました。 « Jiko ni chûi » to kaite arimashita. – **c.** きょねんのじゅうがつにぶつかりました。 Kyonen no jû-gatsu ni butsukarimashita. – **d.** いいえ、もってかえります。 Iie, motte kaerimasu. – **e.** しゅっせのおまもりがほしいです。 Shusse no o-mamori ga hoshii desu.

4. a. うんがいいロランさんは、じこにあったのに、ぶじでした。
Un ga ii Roran-san wa, jiko ni atta noni, buji deshita. – **b.** じてんしゃにのっていたおじいさんは、あしのほねがおれました。うんがわるかったです。 Jiten-sha ni notte ita o-jîsan wa, ashi no hone ga oremashita. Un ga warukatta desu. – **c.** あさごはんをたべないでかいしゃへいくひとがおおいです。 Asa-gohan o tabenaide kaisha e iku hito ga ôi desu. – **d.** わたしのひいたおみくじには「とうなんにちゅうい」とかいてありました。 Watashi no hiita omikuji ni wa « tônan ni chûi » to kaite arimashita.

28. LE SPECTACLE DES CERISIERS DE NUIT

1. a. たかださんは、まるでロランさんのおかあさんのようです。
Takada-san wa, marude Roran-san no o-kâsan no yô desu. Mme Takada est absolument comme une mère pour Roland. – **b.** このたきは、にほんのめいしょのひとつです。
Kono taki wa, nihon no meisho no hitotsu desu. Cette cascade est un des lieux célèbres du Japon. – **c.** かぶきざはしっていますが、まだいったことはありません。
Kabuki-za wa shitte imasu ga, mada itta koto wa arimasen. Je connais le kabuki-za mais je n'y suis pas encore allée. – **d.** すぐにもどってきますから、ここでまっていてください。
Sugu ni modotte kimasu kara, koko de matte ite kudasai. Je reviens tout de suite, attends-moi ici.

2. a. あのこうさてんをみぎへまがると、ゆうびんきょくがあります。 Ano kôsaten o migi e magaru to, yûbin-kyoku ga arimasu. – **b.** たくさんあるくと、つかれます。
Takusan aruku to, tsukaremasu. – **c.** パスポートをなくすと、あたらしいパスポートをつくらなければなりません。 Pasupôto o nakusu to, atarashii pasupôto o tsuranakereba narimasen. – **d.** おかねがなくなると、はたらかなければなりません。 O-kane ga naku naru to, hatarakanakereba narimasen.

3. a. しだれざくらをみています。
Shidarezakura o mite imasu. – **b.** よざくらのめいしょのひとつです。
Yozakura no meisho no hitotsu desu. – **c.** いいえ、はじめてきました。
Iie, hajimete kimashita. – **d.** はんとしごにもどってきます。
Hantoshi-go ni modotte kimasu.

4. a. あかりさんは、いいろんぶんがかけて、ほっとしました。
Akari-san wa, ii ronbun ga kakete, hotto shimashita. – **b.** ともだちがくるまえに、ワインをかいにいきます。 Tomodachi ga kuru mae ni, wain o kai ni ikimasu. – **c.** ロランさんは、いまのかいしゃでせいしゃいんになりたいとおもっていました。 Roran-san wa, ima no kaisha de sei-shain ni naritai to omotte imashita. – **d.** あかりさんは、ロランさんのはなしがどういうことだかわかりませんでした。
Akari-san wa, Roran-san no hanashi ga dô iu koto da ka wakarimasen deshita.

ANNEXES

◆ LES CHIFFRES ET LES NOMBRES

(abordés dans les modules 1, 5, 7, 10, 13 et 17)

0	zero / rei	ゼロ / れい			
1	ichi	いち	11	jû-ichi	じゅういち
2	ni	に	12	jû-ni	じゅうに
3	san	さん	13	jû-san	じゅうさん
4	yon / shi	よん / し	14	jû-yon / jû-shi	じゅうよん / じゅうし
5	go	ご	15	jû-go	じゅうご
6	roku	ろく	16	jû-roku	じゅうろく
7	nana / shichi	なな / しち	17	jû-nana / jû-shichi	じゅうなな / じゅうしち
8	hachi	はち	18	jû-hachi	じゅうはち
9	kyû / ku	きゅう / く	19	jû-kyû / jû-ku	じゅうきゅう / じゅうく
10	jû	じゅう	20	ni-jû	にじゅう

30	san-jû	さんじゅう
40	yon-jû	よんじゅう
50	go-jû	ごじゅう
60	roku-jû	ろくじゅう
70	nana-jû / shichi-jû	ななじゅう / しちじゅう
80	hachi-jû	はちじゅう
90	kyû-jû	きゅうじゅう

100	hyaku	ひゃく
200	ni-hyaku	にひゃく
300	sanbyaku	さんびゃく
400	yon-hyaku	よんひゃく
500	go-hyaku	ごひゃく
600	roppyaku	ろっぴゃく
700	nana-hyaku	ななひゃく

800	**happyaku**	はっぴゃく
900	**kyû-hyaku**	きゅうひゃく

1 000	**sen**	せん
2 000	**ni-sen**	にせん
3 000	**sanzen**	さんぜん
4 000	**yon-sen**	よんせん
5 000	**go-sen**	ごせん
6 000	**roku-sen**	ろくせん
7 000	**nana-sen**	ななせん
8 000	**hassen**	はっせん
9 000	**kyû-sen**	きゅうせん

6,5	**roku-ten-go**	ろくてんご

◆ LES DEGRÉS SCOLAIRES
(abordés dans les modules 1 et 11)

élève/étudiant de première année	**ichi-nen-sei**	いちねんせい
élève/étudiant de deuxième année	**ni-nen-sei**	にねんせい
élève/étudiant de troisième année	**san-nen-sei**	さんねんせい
élève/étudiant de quatrième année	**yo-nen-sei**	よねんせい
élève/étudiant de cinquième année	**go-nen-sei**	ごねんせい
élève/étudiant de sixième année	**roku-nen-sei**	ろくねんせい
élève/étudiant de quelle année ?	**nan-nen-sei**	なんねんせい

◆ LES PAYS, LANGUES ET NATIONALITÉS

(abordés dans les modules 1, 2 et 16)

Pays			Langue		Nationalité	
Japon	**nihon**	にほん	**nihon-go**	にほんご	**nihon-jin**	にほんじん
France	**furansu**	フランス	**furansu-go**	フランスご	**furansu-jin**	フランスじん
Allemagne	**doitsu**	ドイツ	**doitsu-go**	ドイツご	**doitsu-jin**	ドイツじん
Italie	**itaria**	イタリア	**itaria-go**	イタリアご	**itaria-jin**	イタリアじん
Suisse	**suisu**	スイス			**suisu-jin**	スイスじん

◆ LES JOURS DE LA SEMAINE

(abordés dans le module 6)

dimanche	**nichi-yôbi**	にちようび
lundi	**getsu-yôbi**	げつようび
mardi	**ka-yôbi**	かようび
mercredi	**sui-yôbi**	すいようび
jeudi	**moku-yôbi**	もくようび
vendredi	**kin-yôbi**	きんようび
samedi	**do-yôbi**	どようび

quel jour ? **nan-yôbi** なんようび

◆ LES EXPRESSIONS TEMPORELLES

(abordées dans les modules 6, 7, 10, 15, 18, 19, 26)

Jour		
hier	**kinô**	きのう
aujourd'hui	**kyô**	きょう
demain	**ashita**	あした
après-demain	**asatte**	あさって
tous les jours	**mai-nichi**	まいにち

Matin		
hier matin	**kinô no asa**	きのうのあさ
ce matin	**kesa / kyô no asa**	けさ ／ きょうのあさ
demain matin	**ashita no asa**	あしたのあさ
après-demain matin	**asatte no asa**	あさってのあさ
tous les matins	**mai-asa**	まいあさ

Soir		
hier soir	**kinô no ban / kinô no yoru**	きのうのばん ／ きのうのよる
ce soir	**konban / kyô no yoru**	こんばん ／ きょうのよる
demain soir	**ashita no ban / ashita no yoru**	あしたのばん ／ あしたのよる
après-demain soir	**asatte no ban / asatte no yoru**	あさってのばん ／ あさってのよる
tous les soirs	**mai-ban**	まいばん

◆ LES HEURES ET LES MINUTES

(abordées dans les modules 8, 11, 19, 20, 25)

	Heure		Heure (durée)	
1	**ichi-ji**	いちじ	**ichi-jikan**	いちじかん
2	**ni-ji**	にじ	**ni-jikan**	にじかん
3	**san-ji**	さんじ	**san-jikan**	さんじかん
4	**yo-ji**	よじ	**yo-jikan**	よじかん
5	**go-ji**	ごじ	**go-jikan**	ごじかん
6	**roku-ji**	ろくじ	**roku-jikan**	ろくじかん
7	**shichi-ji**	しちじ	**shichi-jikan**	しちじかん
8	**hachi-ji**	はちじ	**hachi-jikan**	はちじかん
9	**ku-ji**	くじ	**ku-jikan**	くじかん
10	**jû-ji**	じゅうじ	**jû-jikan**	じゅうじかん
11	**jû-ichi-ji**	じゅういちじ	**jû-ichi-jikan**	じゅういちじかん
12	**jû-ni-ji**	じゅうにじ	**jû-ni-jikan**	じゅうにじかん

	Minute (ponctuelle et durée)	
1	**ippun**	いっぷん
2	**ni-fun**	にふん
3	**sanpun**	さんぷん
4	**yonpun**	よんぷん
5	**go-fun**	ごふん
6	**roppun**	ろっぷん
7	**nana-fun**	ななふん
8	**happun**	はっぷん
9	**kyû-fun**	きゅうふん
10	**juppun / jippun**	じゅっぷん / じっぷん
11	**jû-ippun**	じゅういっぷん
12	**jû-ni-fun**	じゅうにふん
13	**jû-sanpun**	じゅうさんぷん
14	**jû-yonpun**	じゅうよんぷん
15	**jû-go-fun**	じゅうごふん
16	**jû-roppun**	じゅうろっぷん
17	**jû-nana-fun**	じゅうななふん
18	**jû-happun**	じゅうはっぷん
19	**jû-kyû-fun**	じゅうきゅうふん
20	**ni-juppun / ni-jippun**	にじゅっぷん / にじっぷん
30	**san-juppun / san-jippun**	さんじゅっぷん / さんじっぷん
40	**yon-juppun / yon-jippun**	よんじゅっぷん / よんじっぷん
50	**go-juppun / go-jippun**	ごじゅっぷん / ごじっぷん

quelle heure ? **nan-ji** なんじ
combien d'heures ? **nan-jikan** なんじかん
combien de minutes ? **nanpun** なんぷん

◆ LES ANNÉES (PONCTUELLE ET DURÉE)

(abordées dans les modules 10 et 25)

1	l'année 1 et un an	**ichi-nen**	いちねん
10	l'année 10 et dix ans	**jû-nen**	じゅうねん
100	l'année 100 et 100 ans	**hyaku-nen**	ひゃくねん
1000	l'année 1000 et 1 000 ans	**sen-nen**	せんねん

3,5	trois ans et demi	**san-nen han**	さんねんはん

quelle année ? / combien d'années ? **nan-nen** なんねん
année 2019 (et 2019 ans) **ni-sen-jû-kyû-nen** にせんじゅうきゅうねん

◆ LES AUXILIAIRES NUMÉRAUX

(abordés dans les modules 9, 11, 13, 17-20, 22, 24-25)

	Choses		Personnes	
1	**hitotsu**	ひとつ	**hitori**	ひとり
2	**futatsu**	ふたつ	**futari**	ふたり
3	**mittsu**	みっつ	**san-nin**	さんにん
4	**yottsu**	よっつ	**yo-nin**	よにん
5	**itsutsu**	いつつ	**go-nin**	ごにん
6	**muttsu**	むっつ	**roku-nin**	ろくにん
7	**nanatsu**	ななつ	**nana-nin / shichi-nin**	ななにん / しちにん
8	**yattsu**	やっつ	**hachi-nin**	はちにん
9	**kokonotsu**	ここのつ	**kyû-nin**	きゅうにん
10	**tô**	とお	**jû-nin**	じゅうにん
?	**ikutsu**	いくつ	**nan-nin**	なんにん

	Chambre ou salle n°		Choses fines et plates	
1	**ichi-gô-shitsu**	いちごうしつ	**ichi-mai**	いちまい
2	**ni-gô-shitsu**	にごうしつ	**ni-mai**	にまい
3	**san-gô-shitsu**	さんごうしつ	**san-mai**	さんまい
4	**yon-gô-shitsu**	よんごうしつ	**yon-mai**	よんまい
5	**go-gô-shitsu**	ごごうしつ	**go-mai**	ごまい
6	**roku-gô-shitsu**	ろくごうしつ	**roku-mai**	ろくまい
7	**nana-gô-shitsu**	ななごうしつ	**nana-mai**	ななまい
8	**hachi-gô-shitsu**	はちごうしつ	**hachi-mai**	はちまい
9	**kyû-gô-shitsu**	きゅうごうしつ	**kyû-mai**	きゅうまい
10	**jû-gô-shitsu**	じゅうごうしつ	**jû-mai**	じゅうまい
?	**nan-gô-shitsu**	なんごうしつ	**nan-mai**	なんまい

	Ordre, numéro (de téléphone)		Fréquence	
1	**ichi-ban**	いちばん	**ikkai**	いっかい
2	**ni-ban**	にばん	**ni-kai**	にかい
3	**san-ban**	さんばん	**san-kai**	さんかい
4	**yon-ban**	よんばん	**yon-kai**	よんかい
5	**go-ban**	ごばん	**go-kai**	ごかい
6	**roku-ban**	ろくばん	**rokkai**	ろっかい
7	**nana-ban**	ななばん	**nana-kai**	ななかい
8	**hachi-ban**	はちばん	**hakkai**	はっかい
9	**kyû-ban**	きゅうばん	**kyû-kai**	きゅうかい
10	**jû-ban**	じゅうばん	**jukkai**	じゅっかい
?	**nan-ban**	なんばん	**nan-kai**	なんかい

◆ LES MOIS (DATE ET DURÉE)

(abordés dans les modules 13, 24 et 27)

Mois (date)		
janvier	**ichi-gatsu**	いちがつ
février	**ni-gatsu**	にがつ
mars	**san-gatsu**	さんがつ
avril	**shi-gatsu**	しがつ
mai	**go-gatsu**	ごがつ
juin	**roku-gatsu**	ろくがつ
juillet	**shichi-gatsu**	しちがつ
août	**hachi-gatsu**	はちがつ
septembre	**ku-gatsu**	くがつ
octobre	**jû-gatsu**	じゅうがつ
novembre	**jû-ichi-gatsu**	じゅういちがつ
décembre	**jû-ni-gatsu**	じゅうにがつ

quel mois ? **nan-gatsu** なんがつ

Mois (durée)		
un mois	**ikkagetsu**	いっかげつ
deux mois	**ni-kagetsu**	にかげつ
trois mois	**san-kagetsu**	さんかげつ
quatre mois	**yon-kagetsu**	よんかげつ
cinq mois	**go-kagetsu**	ごかげつ
six mois	**rokkagetsu/hantoshi**	ろっかげつ/はんとし
sept mois	**nana-kagetsu**	ななかげつ
huit mois	**hachi-kagetsu/ hakkagetsu**	はちかげつ/ はっかげつ
neuf mois	**kyû-kagetsu**	きゅうかげつ
dix mois	**jûkkagetsu**	じゅっかげつ
onze mois	**jû-ichi-kagetsu**	じゅういちかげつ
douze mois	**jû-ni-kagetsu**	じゅうにかげつ

combien de mois ? **nan-kagetsu** なんかげつ

◆ LA DATE : JOUR

(abordé dans les modules 19 et 24)

1	tsuitachi	ついたち	17	jû-shichi-nichi	じゅうしちにち
2	futsuka	ふつか	18	jû-hachi-nichi	じゅうはちにち
3	mikka	みっか	19	jû-ku-nichi	じゅうくにち
4	yokka	よっか	20	hatsuka	はつか
5	itsuka	いつか	21	ni-jû-ichi-nichi	にじゅういちにち
6	muika	むいか	22	ni-jû-ni-nichi	にじゅうににち
7	nanoka	なのか	23	ni-jû-san-nichi	にじゅうさんにち
8	yôka	ようか	24	ni-jû-yokka	にじゅうよっか
9	kokonoka	ここのか	25	ni-jû-go-nichi	にじゅうごにち
10	tôka	とおか	26	ni-jû-roku-nichi	にじゅうろくにち
11	jû-ichi-nichi	じゅういちにち	27	ni-jû-shichi-nichi	にじゅうしちにち
12	jû-ni-nichi	じゅうににち	28	ni-jû-hachi-nichi	にじゅうはちにち
13	jû-san-nichi	じゅうさんにち	29	ni-jû-ku-nichi	にじゅうくにち
14	jû-yokka	じゅうよっか	30	san-jû-nichi	さんじゅうにち
15	jû-go-nichi	じゅうごにち	31	san-jû-ichi-nichi	さんじゅういちにち
16	jû-roku-nichi	じゅうろくにち			

quel jour ? **nan-nichi** なんにち

01/05/2019 **ni-sen-jû-kyû-nen go-gatsu tsuitachi** にせんじゅうきゅうねんごがつついたち

◆ LES EXPRESSIONS TEMPORELLES : SEMAINE, MOIS, ANNÉE

(abordées dans les modules 15, 16, 22, 24, 26-28)

Semaine		
il y a quinze jours	**sen-sen-shû /** **ni-shûkan-mae**	せんせんしゅう / にしゅうかんまえ
la semaine dernière	**sen-shû**	せんしゅう
cette semaine	**kon-shû**	こんしゅう
la semaine prochaine	**rai-shû**	らいしゅう
dans deux semaines	**sa-rai-shû**	さらいしゅう
toutes les semaines	**mai-shû**	まいしゅう

Mois		
il y a deux mois	**sen-sen-getsu /** **ni-kagetsu-mae**	せんせんげつ / にかげつまえ
le mois dernier	**sen-getsu**	せんげつ
ce mois	**kon-getsu**	こんげつ
le mois prochain	**rai-getsu**	らいげつ
dans deux mois	**sa-rai-getsu /** **ni-kagetsu-go**	さらいげつ / にかげつご
tous les mois	**mai-tsuki**	まいつき

Année		
il y a deux ans	**ototoshi**	おととし
l'année dernière	**kyo-nen**	きょねん
cette année	**kotoshi**	ことし
l'année prochaine	**rai-nen**	らいねん
dans deux ans	**sa-rai-nen**	さらいねん
tous les ans	**mai-toshi / mai-nen**	まいとし / まいねん

◆ LES DÉMONSTRATIFS

(abordés dans les modules 1-6, 8-9, 13, 15-22, 24-25, 27-28)

				Mot interrogatif
Objet	これ **kore** *ceci*	それ **sore** *cela*	あれ **are ce** *qui est là-bas*	どれ **dore** *lequel*
Forme déterminant le nom	この **kono** *ce, cette*	その **sono** *ce, cette*	あの **ano** *ce, cette*	どの **dono** *quel*
Lieu	ここ **koko** *ici*	そこ **soko** *là*	あそこ **asoko** *là-bas*	どこ **doko** *où, quel endroit*
Direction (= forme polie de lieu), forme polie de la pers.	こちら **kochira** *par ici, cette personne*	そちら **sochira** *par là, cette personne*	あちら **achira** *par là-bas, la personne là-bas*	どちら **dochira** *par où, qui, lequel des deux*
Manière	こう **kô** *comme ceci*	そう **sô** *comme ça*	ああ **â** *comme ça*	どう **dô** *comment*
Manière (forme déterminant le nom)	こんな **konna** *ce genre de*	そんな **sonna** *ce genre (là) de*	あんな **anna** *ce genre de*	どんな **donna** *quel genre de*

Quelques expressions construites avec un mot démonstratif de la série **so** :

(rencontrées dans les modules 9, 17, 19, 21, 24)

sore kara	それから	*ensuite*
sore de wa	それでは	*dans ce cas*
sono ato	そのあと	*ensuite*
sono ue	そのうえ	*en plus*
sono o-kage de	そのおかげで	*grâce à cela*
sore de	それで	*et, alors, donc*
sono tame ni	そのために	*pour cela*

◆ LES GROUPES DE VERBES

Radical unibase (**ichidan**)	Radical multibase (**godan**)	Verbes irréguliers
Tabemasu (taberu)	Hanashimasu (hanasu)	Kimasu (kuru)
Oshiemasu (oshieru)	Sagashimasu (sagasu)	Shimasu (suru)
Nemasu (neru)	Machimasu (matsu)	N-shimasu (N + suru)
Mimasu (miru)	Haraimasu (harau)	
Imasu (iru)	Moraimasu (morau)	
	Kaimasu (kau)	
	Tomarimasu (tomaru)	
	Norimasu (noru)	
	Wakarimasu (wakaru)	
	Arimasu (aru)	
	Yomimasu (yomu)	
	Yobimasu (yobu)	
	Arukimasu (aruku)	
	Ikimasu (iku)	

▲ LES FORMES EN *-TE* VERBALES

(abordées dans les modules 9 et 10)

Radical unibase (**ichidan**)	Radical multibase (**godan**)	Verbes irréguliers
tabemasu (taberu, tabete)	**hanashimasu** (hanasu, hanashite)	**kimasu** (kuru, kite)
oshiemasu (oshieru, oshiete)	**sagashimasu** (sagasu, sagashite)	**shimasu** (suru, shite)
nemasu (neru, nete)	**machimasu** (matsu, matte)	**N-shimasu** (N-suru, N-shite)
mimasu (miru, mite)	**haraimasu** (harau, haratte)	
imasu (iru, ite)	**moraimasu** (morau, moratte)	
	kaimasu (kau, katte)	
	tomarimasu (tomaru, tomatte)	
	norimasu (noru, notte)	
	wakarimasu (wakaru, wakatte)	
	arimasu (aru, atte)	
	yomimasu (yomu, yonde)	
	yobimasu (yobu, yonde)	
	arukimasu (aruku, aruite)	
	ikimasu* (iku, itte)	

▲ LES FORMES EN -TE NON VERBALES

(abordées dans les modules 10, 16 et 23)

Adjectifs en **-i**	Adjectifs en **-na**	Nom **desu/deshita**
wakai, wakakute	shizukana, shizuka de	yo-nen-sei desu, yo-nen-sei de
oishii, oishikute	sukina, suki de	kyaputen deshita, kyaputen de
samui, samukute	kireina, kirei de	
noritai, noritakute		

▲ LES FORMES POLIES ET NEUTRES

		Formes polies
Verbes multibases	yomimasu	よみます
	yomimasen	よみません
	yomimashita	よみました
	yomimasen deshita	よみませんでした
Verbes unibases	tabemasu	たべます
	tabemasen	たべません
	tabemashita	たべました
	tabemasen deshita	たべませんでした
Verbes irréguliers	kimasu	きます
	kimasen	きません
	kimashita	きました
	kimasen deshita	きませんでした
	shimasu	します
	shimasen	しません
	shimashita	しました
	shimasen deshita	しませんでした

Adjectifs en **-i**	takai desu	たかいです	
	takaku nai desu	たかくないです	
	takakatta desu	たかかったです	
	takaku nakatta desu	たかくなかったです	
Adjectifs en **-na**	shizuka desu	しずかです	
	shizuka dewa arimasen	しずかではありません	
	shizuka deshita	しずかでした	
	shizuka dewa arimasen deshita	しずかではありませんでした	
Noms	kyaputen desu	キャプテンです	
	kyaputen dewa arimasen	キャプテンではありません	
	kyaputen deshita	キャプテンでした	
	kyaputen dewa arimasen deshita	キャプテンではありませんでした	

		Formes neutres	
Verbes multibases	yomu	よむ	
	yomanai	よまない	
	yonda	よんだ	
	yomanakatta	よまなかった	
Verbes unibases	taberu	たべる	
	tabenai	たべない	
	tabeta	たべた	
	tabenakatta	たべなかった	
Verbes irréguliers	kuru	くる	
	konai	こない	
	kita	きた	
	konakatta	こなかった	

	suru	する
	shinai	しない
	shita	した
	shinakatta	しなかった
Adjectifs en -i	takai	たかい
	takaku nai	たかくない
	takakatta	たかかった
	takaku nakatta	たかくなかった
Adjectifs en -na	shizuka da	しずかだ
	shizuka dewa nai	しずかではない
	shizuka datta	しずかだった
	shizuka dewa nakatta	しずかではなかった
Noms	kyaputen da	キャプテンだ
	kyaputen dewa nai	キャプテンではない
	kyaputen datta	キャプテンだった
	kyaputen dewa nakatta	キャプテンではなかった

▲ RÉCAPITULATIF SUR LA FORME NEUTRE

	Forme polie	Forme neutre
	N + desu	
présent affirm.	kore desu	kore da
présent nég.	kore dewa arimasen	kore dewa nai
passé affirm.	kore deshita	kore datta
passé nég.	kore dewa arimasen deshita	kore dewa nakatta

	Adj. en **-na** + **desu**	
présent affirm.	hitsuyô desu	hitsuyô da
présent nég.	hitsuyô dewa arimasen	hitsuyô dewa nai
passé affirm.	hitsuyô deshita	hitsuyô datta
passé nég.	hitsuyô dewa arimasen deshita	hitsuyô dewa nakatta
	Adj. en **-i** + **desu**	
présent affirm.	omoshiroi desu	omoshiroi
présent nég.	omoshiroku nai desu	omoshiroku nai
passé affirm.	omoshirokatta desu	omoshirokatta
passé nég.	omoshiroku nakatta desu	omoshiroku nakatta
	Verbes (multibases, **go-dan**)	
présent affirm.	wakarimasu/yomimasu	wakaru/yomu
présent nég.	wakarimasen/yomimasen	wakaranai/yomanai
passé affirm.	wakarimashita/yomimashita	wakatta/yonda
passé nég.	wakarimasen deshita / yomimasen deshita	wakaranakatta / yomanakatta
	Verbes (unibases, **ichi-dan**)	
présent affirm.	imasu/nemasu	iru/neru
présent nég.	imasen/nemasen	inai/nenai
passé affirm.	imashita/nemashita	ita/neta
passé nég.	imasen deshita / nemasen deshita	inakatta / nenakatta
	Verbes irréguliers	
présent affirm.	shimasu/kimasu	suru/kuru
présent nég.	shimasen/kimasen	shinai/konai
passé affirm.	shimashita/kimashita	shita/kita
passé nég.	shimasen deshita / kimasen deshita	shinakatta / konakatta

Conception graphique, couverture et intérieur : Sarah Boris
Ingénieur du son : Léonard Mule @ Studio du Poisson Barbu

© 2020, Assimil.
Dépôt légal : mars 2020
N° d'édition : 4289 - juillet 2023
ISBN : 978 2 7005 7109 7
www.assimil.com

Achevé d'imprimer par Ganboa en Espagne